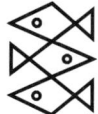

Steffe

Film und Kino prägen – wie Musik und Mode auch – die Kultur und den Lebensstil junger Menschen. »Leben wie im Kino« befaßt sich mit den Kino-Spielfilmen als einem Medium, das die jugendlichen Lebenswelten aufnimmt, widerspiegelt und weiterentwickelt.

Im Mittelpunkt des Buches stehen die Filme, in denen das Verhältnis von Jugend und Filmästhetik deutlich wird und deren Produktionsgeschichte der Entwicklung der Jugendbewegungen entspricht. Dabei wird auch die Vermarktung von Jugendkulturen und des Jugendthemas angesprochen. Die Bandbreite der Filme reicht von den »Halbstarken«- und »Schlager«-Filmen der 50er Jahre über die »Undergroundfilme«, »Musikfilme«, »Jugendbanden-Filme«, »Kultfilme« und »Szenen-Filme« bis hin zu den nostalgischen Rückblicken von heute. Besondere Bedeutung wird den Filmen beigemessen, die dem Lebensgefühl der Jugendlichen entsprechen, die Bedürfnisse und Erwartungen junger Menschen ernst nehmen und ihre Lebenswirklichkeit realistisch darstellen.

Das Buch informiert auch über die Jugendkulturen im 20. Jahrhundert, ihre Differenzierungen, ihre ästhetischen Anschauungen, ihre Lebensstile und ihre Haltung zu den Medien. Der Schwerpunkt liegt dabei auf der Zeit seit 1950.

Horst Schäfer ist Leiter des Kinder- und Jugendfilmzentrums in der Bundesrepublik Deutschland; Lehrbeauftragter für Medienpädagogik, Autor und Herausgeber zahlreicher Publikationen über Film, Medienpädagogik und Medienpolitik (u. a. »Fischer Film Almanach«, »Film im Film«, »Das zweite Kino« und »Polit-Thriller im Kino«).

Dieter Baacke ist Professor für Pädagogik an der Fakultät für Pädagogik der Universität Bielefeld; Vorsitzender der Gesellschaft für Medienpädagogik und Kommunikations-Kultur in der Bundesrepublik Deutschland e. V., Autor und Herausgeber zahlreicher Publikationen über Jugend und Jugendkulturen, Medienpädagogik und Jugend- und Medienforschung (u. a. »Jugend und Subkultur«, »Jugendkulturen und Popmusik« und »Medienwelten Jugendlicher«).

Horst Schäfer / Dieter Baacke

Leben wie im Kino

Jugendkulturen und Film

Fischer
Taschenbuch
Verlag

Fischer Cinema
Lektorat: Ingeborg Mues

Originalausgabe
Veröffentlicht im Fischer Taschenbuch Verlag GmbH,
Frankfurt am Main, Mai 1994

© Fischer Taschenbuch Verlag GmbH, Frankfurt am Main 1994
Gesamtherstellung: Clausen & Bosse, Leck
Printed in Germany
ISBN 3-596-10048-8

Gedruckt auf chlor- und säurefreiem Papier

Inhalt

Vorwort

»Wenn ich mehr Geld hätte, würde ich öfter ins Kino gehen« – so schildert die 18jährige Berufsschülerin Christine aus Hannover ihre Beziehung zum Kino; sie gehört mit zu den Jugendlichen, die ein Team von Jugendforschern und Pädagogen der Universität Bielefeld über ihren Umgang mit Medien interviewt hat. Die unter dem programmatischen Titel »Lebensgeschichten sind Mediengeschichten« veröffentlichten Aussagen unterstreichen den Stellenwert des Kinos als einen der zentralen Treffpunkte der Jugendlichen und des Films als imagestimulierendes Medium. Viele Erwachsene können diese Feststellung aus eigener Erfahrung bestätigen. Das gilt auch für uns, die Autoren dieses Buches, deren eigene Medienbiographien von der Liebe zum Film und der Lust auf Kino geprägt sind.

Nach der »Walkman«- und »Clip«-Generation wächst nun die »Multiplex«-Jugend heran. Dieses Buch zeigt auf, wie sich die Filminhalte und Sehgewohnheiten in der Bandbreite und Zeitspanne von THE WILD ONE bis WAYNE'S WORLD veränderten. Trotz vieler Krisen und einer expandierenden Freizeitindustrie hat das Kino überlebt. Sich auf Filme einzulassen, von ihnen fasziniert zu werden, darüber zu schwärmen oder zu spotten, Lebensstile oder Verhaltensmuster zu übernehmen – das alles gilt auch für die Jugendgeneration der neunziger Jahre, die in der Filmtheaterstatistik den überwiegenden Anteil der Besucher stellt. Die internationale Filmindustrie hat sich auf diese Zielgruppe eingestellt und produziert für sie Musik- und Tanzfilme, Action- und Abenteuerfilme sowie Science-fiction- und Fantasyfilme: Genres, die bei Jugendlichen äußerst populär sind. »Leben wie im Kino« beschreibt die Inhalte und Wirkungen dieser Filme, wobei wir uns einerseits auf die Zeit nach 1945 beschränkt haben und andererseits respektierten, daß explizit über Genre- und Kultfilme viele Bücher auf dem Markt sind, auf die wir in diesem Zusammenhang verweisen können. Wir haben uns dafür auf die Filme konzentriert, in denen Jugendliche die Protagonisten sind, in denen Jugendszenen und Jugendbewegungen dargestellt werden oder die auf Trends in den Jugendkulturen reagieren, bis hin zu den aktuellen Produktionen, die Skinheads, Hooligans und neofaschistische Cliquen zwar zeigen, der Lebenswirklichkeit dieser Jugendlichen aber nur selten gerecht werden.

Wer beschreibt, wie Filme in Jugendkulturen einfließen und was einzelne Titel oder Schauspieler individuell bedeuten, ist auf Belege angewiesen, muß Beweise anführen. Dieser Punkt erwies sich für uns als problematisch, weil es in der zeitgenössischen Literatur und in populären Liedertexten viele überzeugende Beispiele gibt, auf die wir bedauerlicherweise aus urheberrechtlichen und/oder finanziellen Gründen verzichten mußten. Wir bedanken uns daher sehr herzlich bei den Kollegen und Freunden, die uns über verlags- und vertragsrechtliche Regelungen hinaus – siehe Quellenhinweis – Zitate aus ihren Arbeiten erlaubt haben: Günter Anfang vom Medienzentrum München, Dr. Horst Königstein, Hamburg, und Prof. Dr. Peter Pleyer, Münster. Unser besonderer Dank gilt Irene Schoor aus Köln und Ippazio Fracasso aus Bielefeld, die uns bei der Auswahl, Zusammenstellung und Wertung der Filme kritisch begleitet und uns nach anstrengenden Sichtungsphasen zu neuem Schwung animiert haben.

Köln/Bielefeld, September 1993 Horst Schäfer und
Dieter Baacke

1 Jugend und Medien –
Vom Objekt zum Subjekt der Mediengestaltung

Der Film und das Kino sind nicht nur – im Vergleich zu Zeitung und Zeitschrift oder gar Büchern – junge Medien, sondern es handelt sich auch, gerade in heutiger Zeit, um Medien der Jugend. Aber die Jugendlichen leben heute natürlich nicht nur in den Vorstellungswelten der Spiel- und (seltener) Dokumentationsfilme, und sie suchen diese auch keineswegs ausschließlich in den Kinos. Wer heute heranwächst, lebt in reich aggregierten Medienwelten, dies meint: vom Radio über den Kassettenrecorder bis zum Schallplattenspieler und Walkman; vom Fernsehgerät über den Videorecorder bis zur Videokamera und zum Fotoapparat; vom Telespiel bis zum Computerprogramm; vom Telefontreff bis zur Mail Box – die neuen Kommunikationsmedien umgeben Heranwachsende mit einer Fülle von Kommunikationsreizen, Signalen, Klängen, deutbaren und rätselhaften Zeichen, mit Klischees und verzaubernden Symbolen, mit ritualisierter Langeweile und Faszination. Und es sind nicht nur die Apparate, die junge Menschen zu Mediennutzern großen Stils machen. Sie wiederum stehen in oft vielfältig ausgestatteten Medienumgebungen: Dazu gehören Kino und Kaufhaus, Diskothek und Videothek, Jeans-Shop und Teletreff, Kellerstudio und Jugendzimmer.
Günther Anders hat in seinem Buch »Die Antiquiertheit des Menschen« aufgrund amerikanischer Erfahrungen bereits 1956 von einer grundlegenden Verwandlung der Wirklichkeit gesprochen, die die Medien betreiben. Die Beschreibung des Menschen als »homo viator« (Gabriel Marcel), also als eines Wesens, das sich durch die Welt bewegt und sie dadurch erobert, wird inzwischen durch den im Kino- oder Haussessel sitzenden »Rezipienten« in Frage gestellt, weil es sich hier nicht mehr um eine wirkliche leibliche Bewegung handelt, sondern Medien den Menschen Omnipräsenz auch dann verschaffen, wenn er sich gar nicht bewegt. Für Anders ist diese neue Art des Daseins gekennzeichnet durch eine Beziehung »zur Welt von so abgründiger Verkehrtheit«, daß wir gar nicht erfassen können, was sich ver-

ändert hat. Denn:»Obwohl wir in Wahrheit in einer entfremdeten Welt leben, wird uns die Welt so dargeboten, als ob sie für uns da wäre, als ob sie unsere wäre und unseresgleichen. Als solche ›nehmen‹ (= betrachten und akzeptieren) wir sie, obwohl wir zu Hause im Fauteuil sitzen; d. h., obwohl wir sie nicht effektiv, wie das ›einfach fressende Tier‹ oder der Eroberer, nehmen und sie nicht effektiv zu unserer machen oder machen können; jedenfalls nicht wir, die durchschnittlichen Radio- und Fernsehkonsumenten. Vielmehr ›nehmen‹ wir sie so, weil sie uns so in Form von Bildern serviert wird. Dadurch werden wir zu voyeurhaften Herrschern über Weltphantome.«

Diese pessimistische Prognose einer Medienwelt, in der es weder Bewegung noch Ziele geben kann, der Mensch letztlich ausgeschlossen bleibt von dem, was er nur noch hört und sieht, gewinnt durch die Ausweitung der neuen Kommunikations- und Informationsmedien an Prägnanz. Kabel, Satellit, neue terrestrische Frequenzen und neue Endgeräte (der Bildschirm als integriertes Terminal), neue Dienstleistungen und elektronische Angebots- wie Arbeitsformen führen dazu, daß die hastigen Schnitte der Videoclips, die schnell ablaufenden Bilder der Actionszenen auf»Rezipienten« treffen, die an dem für sie vorgeführten Geschehen nur noch durch psychische Anspannung teilhaben – in Wahrheit sind sie von allem ausgeschlossen.

Solche kulturkritischen Überlegungen haben, wie gesagt, Tradition. Bezogen auf Jugendliche verschärfen sie sich. Denn Produzenten und Medienkontrolleure sind zumeist die Erwachsenen.

Jugendliche: Marginalisierte Berichterstattungsobjekte

Die Ereignisse, über die die Medien berichten, betreffen uns alle. Vom Tod Elvis Presleys und dem Mord an John Lennon über die Hochzeit von Lady Diana und Prinz Charles, vom Abstieg von Schalke 04 aus der Bundesliga bis zur Frauenbewegung, vom rechten Terror auf dem Münchner Oktoberfest bis zu Günter Wallraffs Bildzeitungsstudie und Vorfällen in Brokdorf und Gorleben, für all dies interessieren sich Jugendliche (Beispiele aus dem Jahr 1981, Shell-Jugendstudie,»Jugend '81«, Bd. 1, S. 115f.) in gleicher Weise. Thematische Relevanz der Themen, wie Jugendliche sie gewichten, und entsprechende Medienberichterstattung scheinen übereinzustimmen. Aber: Die großen und wichtigen Ereignisse der Jugendkultur sind in den Medien weniger oder kaum repräsentiert: Anti-Atom-Märsche, Straßenhappenings in Hamburg, Zürich, Berlin, Frankfurt, Freiburg, Hausbesetzer-Kongresse, zahlreiche Festivals und spontan inszenierte Ereignisse – sie alle kommen gar nicht oder schief ins Bild. Die Verfasser der hervorragend informierenden Studie »Jugend '81« resümieren (S. 431 f.): Die Jugend werde gern als Gegenstand von Berichterstattung und kritischem Kommentar ins publizistische Visier genommen. Authentische Äußerungen derer, über die geschrieben und geurteilt werde, gebe es entschieden weniger. Selbst lebensweltnahe Reportagen aus der Szene – eine doch klassische Form journalistischer Berichterstattung – gibt es selten. Statt dessen haben wir eine erdrückende Fülle von Grundsatzäußerungen und Polemiken zur Jugendfrage aus Politikermund und (in zweiter Linie) aus kirchlichen und anderen, weltlichen Autoritätskreisen. Die Seite der Erwachsenen und ihrer Funktionsträger erhält im Übermaß Gelegenheit, eigenen Motiven, Ängsten, Zielen und Kompetenzen über die vorhandenen Medien Ausdruck zu verleihen; hingegen sind die Selbstdeutungen, Selbstrechtfertigungen und Programme der jüngeren Generation kaum gefragt. Werden Jugendliche zum Thema, dann entweder als Problemgruppe (es wurde wieder randaliert), als SportlerInnen oder als brave Jungen und Mädchen, die eine »gute Tat« zur lobenden Erwähnung bringt (Retten eines kleinen Kindes aus dem Kanal etwa).

Auch die Filmwelt, von den großen Spielfilmen bis zu den neuen Fernsehserien, schildert Jugendliche traditionellerweise nach Maßgabe von Gesichtspunkten, die die (meist älteren) Regisseure ausgewählt haben. Auch in leicht kritischen, nicht affirmativ gemeinten Filmen war dies bis in die fünfziger Jahre hinein selbstverständlich (und natürlich gilt dies für viele Produkte bis heute und sicherlich auch in Zukunft). Ein Beispiel sind die Verfilmungen der Erich-Kästner-Romane. Der Film DAS DOPPELTE LOTTCHEN etwa zeigt Zwillingsschwestern, die ihre getrennt lebenden Eltern hereinlegen, indem sie sich austauschen und so die Lebenswelt der je anderen Schwester erkunden – mit dem Resultat, daß sie die Eltern schließlich wieder zusammenbringen. Auf den ersten Blick scheint es so zu sein – und genau dies hat Erich Kästner gemeint –, daß Kinder auch Erwachsene »lenken« können. Dahinter steht freilich auch: Dies ist nur dann der Fall, wenn die Erwachsenen wirklich nicht verstehen wollen, was Kinder sich wünschen. Im Film: mit der leiblichen Mutter und dem leiblichen Vater wieder zusammenzusein. Erst damit ist ein kindhaft-natürliches Verhältnis zu den Erwachsenen gegeben; kein Wunder, daß die Freundin des Vaters eher als lächerliche Figur erscheint, die – parfümiert und modisch überladen – schon durch ihr Erscheinungsbild zeigt, wie wenig sie für den Vater geeignet ist und wie schlecht sie als Mutter sein würde. Die aufbegehrenden Kinder werden also schließlich in einem ganz traditionellen Deutungsmuster eingefangen, und ihr Protest, der im Tausch der Rollen besteht, dient der Bestätigung einer von Erwachsenen gedachten und erwünschten Weltordnung. Insofern schlägt das pädagogische Verhältnis der Generationen auch in ganz unpädagogisch gemeinten Filmen immer wieder durch. Kinder und Jugendliche bestätigen, was die Erwachsenen für sie ausgedacht haben.

Doch inzwischen hat diese Grundfigur Risse bekommen, ja in vielen Szenen gilt sie als antiquiert, nicht mehr diskutierbar.

Jugendliche als Subjekt der Medienszenen

Seit den fünfziger Jahren gibt die eben geschilderte These nur die halbe Wahrheit wieder. Dies betrifft sowohl den Vorwurf, der moderne Mensch werde an den Kinosessel gebannt und die Welt bewege sich um ihn herum, als auch die Meinung, thematisiert werde ausschließlich das, was die Produzenten und ihre Auftraggeber für wichtig halten. Beide Aspekte lassen sich in Frage stellen.

So sind Jugendliche nach allen vorliegenden Daten relativ unbefangene und vorurteilsfreie Mediennutzer mit entschieden weniger Berührungsängsten gegenüber den neuen Medien (Computern etwa) als ihre Eltern. Zwar ist ihre häufigste Freizeitbeschäftigung die Mediennutzung (fernsehen, Zeitung lesen, Radio hören, Schallplatten/ Kassetten nutzen, ins Kino gehen, Video sehen). Sie folgen damit den omnipotenten Medienangeboten, denn Kindheit ist heute Medienkindheit, Jugend Medienjugend. Doch gleichzeitig steht das Zusammensein mit Gleichaltrigen oder sportliche Betätigung, jedenfalls den Wunschvorstellungen nach, an erster Stelle. Und die Mediennutzung erfolgt, soweit nur möglich, gesellig, also mit Freunden und Freundin-

nen, Geschwistern oder Eltern. Insofern besitzt die Altersgruppe Jugend ein eigenes Mediennutzungsprofil: Jugendliche benutzen unterschiedliche Medien am intensivsten und zugleich unterschiedlich. Sie nutzen unterschiedliche Medien, indem sie neben dem Fernsehgerät auch das Radio oder das Videogerät bevorzugen und vor allem gern ins Kino gehen – im Gegensatz zu den meisten Erwachsenen. Zugleich befriedigen Medien Erwartungen und Bedürfnisse unterschiedlicher Art. Dabei spielen mindestens fünf Funktionen eine wichtige Rolle:
– Erleichterung (die Sorgen vergessen);
– Erregung und Abenteuer, Aggression und Spannung, Action;
– Informationen erhalten, Neues erfahren;
– Konversationsangebote bekommen;
– Entspannung, Erheiterung (etwas bringt mich zum Lachen).

Jugendliche steuern also ihre Mediennutzung – und dazu gehört auch die Auswahl von Filmen und die Überlegung, welcher Kinobesuch geplant werden könnte – nach durchaus aktiven Interessen und verschiedenen Bedürfnissen. Auch in der Bevorzugung bestimmter Medien unterscheiden sie sich von anderen Altersgruppen. Wesentliche Leitmedien für Jugendliche sind auditive Medien: Radio, Schallplatten, Kassetten, auch Walkman. Es ist die Rock- und Popmusik, die für Jugendliche wichtig ist – neben dem audiovisuellen Filmangebot und dem Kino, das zunehmend zu einem Jugendfreizeit- und Treffort geworden ist. Hinzu kommt, daß Jugendliche auch die Orte, an denen sie Medien benutzen, weitgehend selbst festlegen und sich insofern nicht nur in den häuslichen Fauteuil oder den Kinosessel bannen lassen. Jugendliche verbringen zunehmend ihre Freizeit außer Haus und entziehen damit auch ihre Mediennutzung dem familiären Interaktionszusammenhang. Während 1974 noch 74% der Freizeit an Werktagen und 71% am Samstag zu Hause verbracht wurden, sank dieser Anteil 1984 an Werktagen auf 57% und an Samstagen sogar auf 53%. Die heutigen Jugendlichen und jungen Erwachsenen verbringen also einen viel größeren Anteil ihrer freien Zeit außer Haus, als dies früher der Fall war, nämlich unter der Woche 43% und an Samstagen 47% (Bonfadelli, 1985, S. 131). Insofern sind Jugendliche Mediensouveräne, weil sie nicht nur bestimmen, welche Medien sie aus welchen Gründen auswählen, sondern auch, wo und wann.

Aber auch das zweite kritische Argument geht in die Brüche, will es sich generalisieren und keine Ausnahmen im Spektrum zulassen. Es bestand ja in dem Vorwurf, daß Jugendliche allenfalls zu Objekten der Berichterstattung und der Mediendarstellung (auch im Kino) gemacht würden. Dies stimmt ohne Zweifel bis in die fünfziger Jahre und in manchen Bereichen darüber hinaus. Es ist aber auch, wie die folgenden Kapitel zeigen, gerade der Zeitraum der zurückliegenden Jahrzehnte, in denen im Filmbereich – aber auch anderswo – sich ein Wandel vollzog, dessen Akzentuierung und Ausmaß, aber auch ästhetische wie kulturpolitische Bedeutung in diesem Band erörtert werden. Jugendliche sind es nämlich vor allem, die zunehmend einen alternativen Medienmarkt bevorzugen – handele es sich um die neuen Szenezeitschriften, die Fanmagazine oder eine Fülle von Fachzeitschriften, gehe es um spezifische Filme und Filmerszenen nicht nur im Videobereich, oder handele es sich um freie Radiosender, Radiogruppen oder Piratensender. In zwei der neueren Filme wird diese Entwicklung auf den Punkt gebracht: PUMP UP THE VOLUME (HART AUF SENDUNG, USA 1990; Regie und Buch: Allan Moyle) handelt von einem intelligenten, aber eigenbrötlerischen Schüler in Arizona, der mit seinem illegalen Radiosender unangenehme und unterdrückte Wahrheiten aus dem Kleinstadtleben und dem Schulbetrieb verbreitet. Der ansonsten schüchterne Junge trifft als »Happy Harry mit dem Harten« den Nerv der Jugendlichen, die sich mit ihm und seinen Sprüchen identifizieren. Da er sich in unkonventioneller Weise Themen wie Drogenkonsum, Selbstmord und Homosexualität annimmt, ist ihm bald die Aufmerksamkeit der Schulleitung und der Behörden sicher. Durch eine unglückliche Verkettung von äußeren Umständen muß er seine Identität preisgeben und die Sendungen aufgeben. Bei seinen Altersgenossen hat er immerhin erreicht, daß sie sich solidarisieren und über Nacht ein neues Netz von Piratensendern entsteht.

Für den Piraten-DJ Happy Harry spielt die Auswahl der richtigen Musik eine wichtige Rolle; seine Eltern waren 1960er Hippies, und über sie ist er mit Klassikern wie Leonard Cohen herangewachsen. Kein Wunder, daß dessen Song »Everybody Knows« das Leitmotto der Musikprogramme von Harrys freiem Radio ist.

Einen anderen Aspekt des Radiomachens berührt Isaac Julien in seinem Film YOUNG SOUL REBELS (Großbritannien 1990). Anfang der

Die YOUNG SOUL REBELS machen Radio

achtziger Jahre war der in East London geborene Regisseur Mitbegründer einer Film- und Videofirma für engagierte, junge schwarze Filmemacher und ihre kompromißlosen Filmprojekte. YOUNG SOUL REBELS spielt im Juni 1977 in London. Queen Elizabeth II. feiert ihr 25jähriges Amtsjubiläum. Eine Woche lang wird Tag und Nacht in den Straßen gefeiert. Die Sex Pistols sind die Stars einer bestimmten Szene; »No Future« ist die Botschaft der Stunde. Während sich die Skins und Anhänger der Nationalen Front mit den Punks prügeln, kämpfen die Schwarzen um ihre Rechte und Freiräume; ihre Musik beginnt, die Welt zu erobern. Soul liegt in der Luft. Eine unter vielen Stationen ist der von einer Autowerkstatt aus betriebene Piratensender »Soul Patrol«. Von hier aus schicken schwarze Jugendliche ihre musikalische Botschaft in den Londoner Äther: »One Nation Under A Groove.« Soul liegt in der Luft. Für die beiden DJs Chris und Caz bedeutet das Radio ihr Leben. Chris will unbedingt DJ bei einem kommerziellen Radiosender werden, und er unternimmt alle Anstrengungen, ins Geschäft zu kommen. Als ein junger Farbiger, ein

Bekannter von Chris, nachts in einem von Homosexuellen besuchten Park ermordet wird, gerät Chris unter Verdacht und muß seine Karrierepläne vorübergehend zurückstecken, um den wahren Täter zu entlarven.

Die Kriminalgeschichte dient als Klammer einer Reportage über die Londoner Disco- und Radioszene, in der die jungen Schwarzen nicht nur die Konsumenten, sondern auch die Macher sind oder sein wollen. Der Film YOUNG SOUL REBELS ist entsprechend schrill, laut und schräg wie das Programm von »Soul Patrol«: Wie Single auf Single folgt rhythmisch montiert Szene auf Szene.

Dieser Wandel der Perspektive – Jugendliche werden von Objekten (Rezipienten, Nutzern, Käufern) zu Produzenten in der Medienszene – gilt auch generell und für alle Medien. Auch hier sind die Filme in eine allgemeine Entwicklung eingebunden. Sicherlich haben die auditiven Medien eine gewisse Vorreiterfunktion. So waren es die amerikanischen Radiostationen, die in den fünfziger Jahren zunehmend jugendspezifische Musik förderten und sich damit ein neues Publikum schufen. Die Discjockeys der Stationen waren und sind teilweise Stars, vor allem seit dem Aufkommen der neuen Rockmusik in den fünfziger Jahren. Diese Discjockeys stellten sich mit Vornamen vor, sprachen ihre jugendlichen Hörer ebenso mit Vornamen an und gehörten meist selbst der jungen Generation an. Hinzu kam eine wachsende publizistische Selbständigkeit der Rockszene, dokumentiert in der Gründung der Zeitschriften »Rolling Stone« oder »Sounds«. Die Rockszene begann, sich im Bereich ihrer eigenen Publizistik kritisch mit ihren Traditionen und Entwicklungsmöglichkeiten auseinanderzusetzen, und bald standen Janis Joplin, Rod Stuart, Joe Cocker oder Jim Morrison als Vertreter eines neuen Stils Ray Charles, Aretha Franklin und Tamlar Motown kritisch gegenüber. Gleichzeitig wurde die Aufnahme- und Wiedergabetechnik immer anspruchsvoller und schwieriger; es entstand eine eigene Studio-Welt mit unterschiedlichsten Ansprüchen und Realisationsmöglichkeiten (dazu: Baacke, 1988).

Daß gleiches für den Film gilt, ist die These dieses Buches. Zwar bleibt die Verkettung von jugendautonomen und authentischen Produktionen mit kommerziellen und marktgesteuerten Bestimmungsmomenten auch hier unaufhebbar. Aber zwischen einem DOPPELTEN LOTTCHEN und einem Film REBEL WITHOUT CAUSE liegen Welten ebenso wie zwischen den MÄDELN VOM IMMENHOF und den neuen Halbstarken- und Musikfilmen. Es gibt die neue Generation von Jugendfilm-Regisseuren, die sich mit ihren jugendlichen Darstellern identifizieren – bis zu Hark Bohm, der über viele Jahre hinweg Familienangehörige als Kinder und Jugendliche zu Hauptdarstellern seiner Filme machte. In diesem Verhältnis symbolisiert und verdichtet sich, was Trend ist, und das seit Jahren und in verschiedenster Ausprägung. Neben dem Mainstream erwachsenenorientierter und -kontrollierter Produktionen gibt es eine eigene Szene, die Situation und Stilistik der Jugendgenerationen stärker als je bisher zum Ausdruck bringt. Was für die Jugendliteratur, die Musik und die Print-Publizistik oder das Radio gilt, bestätigt sich auch für den Film: Er wird – in historisch wechselnder Art – zu einem Ausdruck, ja Träger von Jugendkultur, und dies in zweifacher Weise: Er ist nicht nur Botschafter für die anderen, der deutlich macht, was Jugend und Jugendlichkeit heute bestimmt; er wird auch zum Medium des Selbstverständnisses und der Binnenartikulation der Szenen und damit selbst zum Bestandteil von Jugendkultur.

2 Die Aneignung des Films durch Jugendkulturen

»Das Zusammenspiel zwischen jugendlicher Inszenierung und Medien-Inszenierung wurde in den fünfziger Jahren geprobt und erfuhr in diesen Jahren eine bleibende Prägung. Jugendliche lernten auf diese Weise rasch, daß sich die Wirksamkeit von Straßen-Action über Medien vervielfachen läßt. Erreicht man auf diesem Weg doch über das begrenzte, mehr oder weniger zufällig anwesende Straßenpublikum hinaus ein in die Hunderttausende und Millionen gehendes Medien-Publikum«: Das ist Jürgen Zinneckers These in seiner Darstellung der Jugendkultur im Zeitraum von 1940 bis 1985 (1987, S. 138). Es besteht also eine Komplizenschaft zwischen Jugend und Medien in der Weise, daß etwa die »Frankfurter Allgemeine Zeitung« schon am 7. September 1956 davon sprach, daß die Halbstarken durch die Medien erfunden seien. Indem die Straßen-Randale unterschiedlicher Gruppierungen immer wieder große Publizität erlangte, gerieten Jugendliche nicht nur in den Fokus einer allgemeinen Aufmerksamkeit, sondern sie konnten damit auch die Inszenierung ihrer Stile auf breiter Basis durchsetzen. Ohne Medien sind moderne Jugendkulturen nicht denkbar – dem ist zuzustimmen. Als in der ersten Hälfte der achtziger Jahre in einigen Magazinen und Zeitungen von den »Poppern« die Rede war, wurde das Inszenierungsverhältnis zwischen Jugendlichen und Medien noch deutlicher. Zwar gab es Jugendliche, die sich nach Popper-Art kleideten (gepflegt, mit Haartolle über einem Auge etc.), aber erst die Darstellung dieser Jugendlichen in den Medien machte sie zu einer Jugendkultur und führte andererseits dazu, daß sich bisher nicht von der Popper-Welle erfaßte Jugendliche veranlaßt sahen, das Popper-Design nachzuahmen.

Attraktiver waren freilich immer Jugendliche als Problemgruppe, als »verwildert«, aggressiv, gefährlich. G. Kaiser unterscheidet die alltägliche Straßen-Randale in bestimmten Revieren von der »Welle der Großkrawalle«. Zu enge Wohnverhältnisse, Entstabilisierung des Elternhauses, Arbeitslosigkeit und andere Faktoren treiben Jugendliche – meist junge Männer – auf die Straße, wo sie sich in Altersgruppen zusammenscharen und gegen die vorherrschende etablierte Kultur eigene herausfordernde Ausdrucksmittel setzen. Hier haben die Medien nichts zu suchen, im Gegenteil: Wenn über solche begrenzten Krawalle berichtet wird, führt solche Öffentlichkeit eher zur Diskriminierung von Jugendbanden und zu verstärkter Kriminalisierung. Anders, wenn überregionale Medien die Jugendbewegung zu einem internationalen Phänomen hochstilisieren und die alltägliche Straßen-Randale derart dramatisieren, daß sie zu überregionalen Großereignissen werden. Im Rahmen dieser internationalen Bewegungen entstehen dann auch die Filme über Jugendliche nicht nur als Dokumentation, hergestellt von internationalen Produktions- und Vertriebskonzernen, sondern auch als wirkungsvolle Konzentration neuer Bewegungen. Film als Bestandteil der Kulturindustrie bleibt also in einer grundsätzlichen Ambivalenz befangen: Er steigert das Bewußtsein von Bedeutung und Größe jugendkultureller Inszenierungen, benutzt sie aber gleichzeitig, um Gewinn daraus zu schlagen.

Aber das generelle Verhältnis von Jugend und Medien ist noch komplizierter. Immer geläufiger wird es nicht nur in der Fachliteratur, sondern auch in der sie popularisierenden Presse, bestimmte jugendliche Mediennutzer-Typen oder Medien-Milieus zu beschreiben (und wiederum: möglicherweise auch zu konstruieren). Beispiele sind:

– die Vielseher, denen nachgesagt wird, daß sie ihre gesamte Freizeit vor dem Bildschirm verbringen mit der Folge, daß Fernsehidole ihnen vertrauter sind als reale Personen ihrer Umwelt;

– die Computerfreaks, seien es die intellektuellen Hacker, die jüngeren Mail-Box-Gruppen in Großstädten, die Computer-Chaos-Clubs mit gesellschaftspolitischem Engagement oder, anders wieder, die EDV-Jungunternehmer, von denen wieder die Kenner der neuesten Computer-Fantasy- und Adventure-Spiele zu unterscheiden sind;

– die Videofans oder Videofreaks, vom Wohnzimmercineasten mit Kult- und Kulturfilmvorlieben bis zum Hard-Core-Horror-Fan;

– die Anhänger verschiedenster Musikkulturen, von den Heavy-Metal-Fans mit Tätowierungen am ganzen Körper über Rock 'n' Roller mit Tolle, Petticoat und Vorliebe für Milchmix bis zu ACID-Fanatikern und Independant-Puristen oder internationalen Komparatisten, die Sting ebenso sammeln wie Wagners Opern;

– die Discofreaks, beschäftigt mit Tanzexzentrik, Mädchenanmache und demonstrativer Darstellung unberührbarer Coolness;

– die Spielhallenfreaks mit ihrer nicht stoffgebundenen Sucht, gebannt an die Apparate und den Joy-Stick, der ihnen in ihrer Abhängigkeit dann kaum noch Freude bereitet;

– die neuen LiteratInnen, Großkonsumenten von bestimmten Literaturgattungen wie Jungen- oder Mädchenbücher, Fantasy-Literatur, Romane, Comics, Umwelt- und Gesundheits-Sachbücher aller Art;

– schließlich die Filmfans, die lange Filmnächte ebenso selbstverständlich finden wie den mehrmaligen Besuch eines bestimmten Films oder einen am Vormittag begonnenen und am späten Abend abgeschlossenen Kinobesuch mit mehreren Vorstellungen, wobei bestimmte Schauspieler, Regisseure, Musikgattungen besonders bevorzugt werden können etc.

Alle diese Zuordnungen und Beschreibungen erfassen nur insofern einen Teil der Wahrheit, weil Jugendliche in ihrem Medienverhalten sehr flexibel sind und, gleichsam aleatorisch, von einer Vorliebe zur anderen wechseln können. Und: So wesentlich Medien heute für alle Heranwachsenden sind, so wenig ist doch ihre Identität durch Medien allein bestimmt. Jugendkultur ist nur *auch* Medienkultur. Sie ist so in die jugendlichen Szenen eingegangen, daß es unmöglich ist, sie analytisch herauszuschneiden und genau anzugeben, welche Gruppeninszenierungen auf Medien-Appelle zurückgehen und welche außerhalb der Medien, also vor ihrer medialen Präsentation, sozusagen authentisch entstanden sind. Aber die immer neuen jugendkulturellen Orientierungen werden nicht nur durch »medialen Schein« hervorgerufen, sondern aufgrund sozialstruktureller Daten: »Der Exodus heutiger Jugendlicher aus der alten Heimat traditioneller sozialstruktureller Milieus in die neue Heimat individualisierter und dynamischer Jugendkulturen wird auf ökonomische, politische und soziale Umwälzungen zurückgeführt. Für die Zeit nach 1945 hat sich z. B. die Metapher der Individualisierung als Erklärung durchgesetzt. Die Vereinzelung von Existenzen in der großen Masse gleicher, die ›Transformation umfassender Gesinnungsgemeinschaften zu partikularen Interessengruppen‹... hat das Aufwachsen junger Menschen immer stärker entbunden von kollektiven und verbindlichen Mustern eines ›richtigen‹ Lebens und bereichert oder belastet (je nach Interpretation) mit der zunehmenden Notwendigkeit, die eigene Existenzform ›zum Zentrum ihrer eigenen Lebensplanung machen (zu müssen)‹... Individualisierungs-Pessimisten verweisen auf die Risiken des einzelnen in einer Gesellschaft mit schwindenden Solidaritäten. Sie machen die Folgen biographischer und beruflicher Unsicherheit, gesellschaftlicher Konkurrenz und Perspektivlosigkeit sowie ökologischer Katastrophen verantwortlich für ein heutiges Aufwachsen ohne sozialen Rückhalt und funktionierende Gemeinschaften. Ausdifferenzierung in Jugendkulturen und Auflösung traditioneller Bindungen erscheinen als ›düstere Vision der Zerstörung von Subjektivität und Gesellschaftlichkeit‹« (Ferchhoff/Sander/Vollbrecht, 1989).

Folgt man dieser auf sozialstrukturelle Daten zurückgreifenden Einschätzung der Bedeutung und Entwicklung immer neuer Jugendkulturen, dann können die Medien sie zwar aufbauen und verstärken, bleiben aber Reflex auf Vorgänge, die sie registrieren, auch dramatisieren können, aber nicht eigentlich geschaffen haben.

In diesem Buch wird eine andere Ansicht vertreten bzw. ein anderer Akzent gesetzt. Gerade am Beispiel des Films – handele es sich um eine Produktion über Jugendliche oder um Produktionen von jugendorientierten oder jugendlichen Gruppen – wird nämlich deutlich, daß die neuen Ablösungserscheinungen (vom Elternhaus bis zu umgreifenden sozialen Milieus) auch neue Potentiale ästhetischer Reflexion und Selbstdarstellung eröffnen. Damit erschlösse der Kulturbereich eine relative Autonomie der Jugendszene. Jugendkulturen als Ausdrucksformen junger Menschen realisieren sich über das Medium des Films, das freilich eingelagert bleibt in gesamtmedialen Arrangements. Dies ist wichtig: Gerade an den Jugendkulturen wird, sofern sie neue ästhetische Ansprüche setzen, überaus deutlich, daß Medien heute auf Totalität aus sind und Grenzüberschreitungen im kulturellen Raum an der Tagesordnung sind. Dies gilt insbesondere für den Bereich der künstlerischen Avantgarde, die bei der Beschreibung von Jugendkulturen meist übersehen wird. Viele von denen, die der alternativen Filmszene (welcher Art auch immer) zugerechnet werden, haben gleichzeitig Theaterstücke verfaßt, Platten produziert, Lyrik oder Romane publiziert, kurz: Vom Anderen Kino über Fluxus, den immer wieder belebten Futurismus, bis zum New American Cinema, ja bis zu den modernen Ganzheitsinszenierungen (populär geworden durch die Feuerwerke eines André Heller) zeigt sich, daß die Filmszene, jugendkulturell betrachtet, nicht von den anderen Ausdrucksmedien isoliert betrachtet werden darf (eindrucksvolle Belege für diese Behauptung bietet die zweibändige »Subgeschichte des Films« von Scheugl/Schmidt jr., auf die hier und im folgenden immer wieder wegen ihres Materialreichtums zurückgegriffen wird). Es gibt eine hier nicht aufzuarbeitende und zu thematisierende Fülle von Querverbindungen zwischen Szenen und Personen, Künsten und Ausdrucksmedien. Nur ein Beispiel: Yoko Ono, in Tokio 1933 geboren als Tochter einer wohlhabenden japanischen Juweliersfamilie, später mit John Lennon verheiratet, hat nicht nur die »Chamber Street Concerts« in New York gegründet oder am Contemporary Music Festival in Montreal teilgenommen; sie machte eine Japan-Tournee u. a. mit John Cage und David Tudor, nahm in den sechziger Jahren an Aufführungen in Tokio, Köln, Stockholm und New York teil; erarbeitete gleichzeitig ein Mixed Media Environment in der Judson Galery in New York, trat als Pop-Sängerin hervor – und nicht zuletzt als Filmemacherin. Auch als solche wechselt sie durch die Szenen und Mentalitäten.

Im Jahr 1967 etwa produziert sie den Film NO 4 in Schwarzweiß. Das 76minütige Werk (es liegt eine Kurzfassung für die Fluxus Anthology von fünfeinhalb Minuten vor) enthält in Großnahaufnahme durch Gehbewegungen bewegte »Hintern von 365 Heiligen unserer Zeit«: »Dieser Film ist tatsächlich wie eine ziellose Petition, von Leuten mit ihrem Anus unterschrieben. Nächstesmal, wenn wir einen Aufruf machen wollen, sollten wir diesen Film als Unterschriftenstrichliste senden« (nach: Scheugl/Schmidt jr., 1974, S. 666). Sie produziert Filme in Fluxus-Manier, etwa SMILE, der in extremer Zeitlupe das drei Minuten lang aufgenommene lächelnde Gesicht von John Lennon zeigt, gedehnt zu 52 Filmminuten. Später beschäftigt sie sich ausschließlich mit sich und ihrem geliebten John, etwa in TWO VERGIS, der übereinanderkopiert die regungslosen Gesichter von Yoko und Lennon zeigt, oder MR. AND MRS. LENNON'S HONEYMOON. Der Film FLY zeigt 23 Minuten lang eine Fliege auf dem nackten Körper eines Mädchens. Es erübrigt sich, alle Werke Yoko Onos aufzuzählen – sie ist nur ein Beispiel für die Vernetzung unterschiedlicher Künste in wechselnden Szenen und Faszinationen. Und: Mit den Auch- oder Nur-Filmemachern der jugendkulturellen Avantgarde ist nur ein Typus, eine Verarbeitungsform filmkünstlerischer Aneignung und Verwandlung von Wirklichkeit gezeigt. Es sind die produktiv-künstlerischen Anteile der Jugendkultur, die gerade über das Medium Film besonders deutlich werden. Die Berührung von Kunst und Film ist in den ästhetisch-avantgardistischen Szenen längst Gewohnheit und selbstverständlich.

Aber die Jugendkultur hat auch andere Formen des Umgangs mit dem Medium Film – immer im Kontext gesamtmedialer Inszenierungen – hervorgebracht. Dazu gehören die künstlerisch weniger anspruchsvollen, dafür aber massenwirksamen manieristischen Produktionen ebenso wie alternativ-kritische Orientierungen, die den Film als Ausdrucksvehikel von Protest und Widerstand betrachten. Anders wieder ist es mit Jugendlichen, die sich an oben erwähnten Straßenkrawallen orientieren: Für sie gelten Body, Action und Emotion als wesentliche Orientierung. Wieder anders die religiös-spirituellen Jugendlichen, die in eigenen Filmen eigene Ausdrucksmittel suchen. Oder der unauffällige Mainstream unter den Jugendlichen: die alltäglichen Kinogeher, ohne die neue Wellen und bemerkenswerte Wirkungen nicht denkbar sind.

Diese Liste wird im folgenden ein Stück weit entfaltet, um die These dieses Kapitels zu erhärten, daß der Film, multimedial in Jugendkulturen eingebunden, deren ästhetische Produktivkraft besonders deutlich machen kann. Anzumerken ist, daß es sich auch im folgenden nur um eine grobe Ordnung, den Versuch einer Übersicht handelt – denn der Reiz der Verbindung von Jugendkultur und Film besteht gerade darin, daß ein akademisches Resümee nicht zu ziehen ist inmitten einer Bewegung, die anhält. Ebensowenig ist derzeit letztlich zu entscheiden, wie die Verbindung von Kunst, Jugendkultur und Kommerz sich langfristig auswirkt: ob G. P. Straschek recht hat, der schon 1975 ein »Handbuch wider das Kino« herausbrachte mit der These, daß noch der Gestus von Kritik in der Mehrzahl der in den Kinos gezeigten Filmen kapitalistischem Gewinn-Kalkül unterliegt; oder ob solche Entgegensetzungen zwischen jugendlicher Authentik, reiner Kunst, avantgardistischem Film einerseits, kapitalistischer Mehrwert-Orientierung, künstlerischer Ausbeutung und struktureller An-passung im Gewande modischen Protests andererseits noch sinnvoll und gültig sind. Eins steht fest: Die unterschiedlichen Szenen haben aus den Medien und insbesondere dem Film eine bemerkenswerte Fülle von ästhetischem Mehrwert herausgeschlagen.

3 Jugend, Kultur und Film –
Akzente und Zuordnungen

Ästhetisch-avantgardistische Orientierung

Diese die Verbindung von Kunst, Musik und Film favorisierende Szene wird von denen oft übersehen, die unter »Jugendfilm« eher handlungsbezogene, das Thema traditionell behandelnde Produktionen meinen und die Avantgarde davon abgrenzen. Das Faszinierende gerade im Filmbereich ist jedoch, daß hier Alltagskultur, Trivialkultur und von Individuen und ihrem künstlerischen Impetus getragene Schöpfungen die alten Trennwände zwischen »hoher« und »niederer« Kunst niederreißen, auf der Suche nach neuen Gestaltungsmitteln, die nur insofern anspruchsvoll bleiben, als sie von vornherein nicht das große Hollywood-Kino zum Maßstab nehmen, sondern die Authentizität der Szene, des eigenen Gefühls, des spezifischen Ausdruckswillens. Daher darf es nicht erstaunen, wenn entscheidende Impulse für neue Filmgestaltungen wie Filminhalte gerade auch von der Avantgarde ausgehen. Zu ihr gehören meist Jugendliche im Stadium der Postadoleszenz, also jenseits der Zwanzig. Dazu gehören Künstler und Halbkünstler, Beatniks und Hippies, Besucher und Absolventen von Kunsthochschulen (ohne die auch die Rock-Bewegung kaum zu denken wäre), die Bewohner des Uni-Campus und der Studentenwohnheime. Das Milieu ist intellektualistisch, nicht notwendig intellektuell. Zur Intellektualität gehört nämlich die Anerkennung von Wissenschaft, strikter Argumentation und Abstraktion. Die ästhetisch orientierten Jugendkulturen mit ihrem starken kreativen Potential lehnen jedoch nicht durchweg, aber teilweise jede Form von Akademismus und argumentierender Abstraktion gerade ab, weil auf diese Weise die angestrebte Spontaneität und Ganzheit verworfen werden.

Es ist diese Szene, aus der wichtige jugendkulturelle Impulse im Bereich der Avantgarde kamen. Herausgearbeitet und dokumentiert wurde dies von Scheugl/Schmidt jr.: Mit ihrer »Subgeschichte des

Films« wollen sie losgelöst von den traditionellen Formen der Filmgeschichtsschreibung »Magie und Mythos des Films« wiederentdecken. Es geht ihnen nicht um das große Kino Hollywoods, die Produktionen für ein breites Kinopublikum, sondern um jene authentischen Filme der Szenen, die als »freiwillige Engel des Exils« kulturelle Originalität wieder zu entdecken trachten. Dabei analysieren die Autoren ein bemerkenswertes Phänomen: Die Avantgarde in der bildenden Kunst (vom Kubismus bis zur Abstraktion) hat inzwischen durchaus Erfolg auf den Kunstmärkten, wird von der Kritik hochgelobt und auf den Auktionen teuer gehandelt. Der Kunstwert wird nicht bestimmt durch die in das Kunstwerk investierte Arbeit (Gedankenarbeit, manuelle Arbeit), durch die reale Leistung der Arbeit am Material oder Problem, sondern durch die Bedingungen des Kunstmarktes. Für den Film stellt sich die Situation anders dar. Hier gibt es eine grundlegende Kluft zwischen Kunst und Kommerz, avantgardistisch umgesetzten Ideen und Massenwirksamkeit. Erklärt wird dies durch die konträren Produktionsbedingungen des Films im Vergleich zum Kunstwerk. Denn die bildende Kunst hat in der Regel niedrige Produktionskosten; es entstehen nur geringe Lagergebühren. Anders beim Film: Das Material wie die Produktionszeit wie (in der Regel) die Notwendigkeit, in einem größeren Team zu arbeiten (vom Regisseur über den Produzenten bis zu Technikern und Schauspielern), zwingen dazu, das Produkt auf einem breiten Markt anzubieten, um die Kosten hereinzuholen. Film-Avantgarde findet darum keinerlei öffentliche Anerkennung, bleibt im Winkel der Szenen. Scheugl und Schmidt jr., die ihr Buch 1974 herausbrachten, sahen zu dieser Zeit in der technischen Innovation des Schmalfilmformats und in einer vom kommerziellen Kino unabhängigen Abspielstruktur einen Hoffnungsschimmer. Diese Erwartungen haben sich nicht ganz erfüllt: Die Entwicklung eines eigenen 16-mm-Marktes – eines *zweiten Kinos*, das vor allem auch der nichtgewerblichen Auswertung kommerzieller Kinofilme dient – erlitt ab Anfang/Mitte der achtziger Jahre durch den Videoboom einen herben Rückschlag. Eine von den Branchenmultis unabhängige Produktions-, Vertriebs- und Abspielstruktur wurde über Video eher möglich als über das Schmalfilmformat. Inzwischen hat sich der Trend zum Video verstärkt. Insbesondere Video und Camcorder führen – freilich über Video-Tape und kleines Format – zum Film, der billig zu produzieren, ohne großen Aufwand zu distribuieren und im äußersten Fall von einer einzigen Person zu produzieren ist. Das Verschwinden des Zelluloids hat hier zu einer radikalen Zugänglichkeit geführt und damit zu einer Szene, die jenseits der großen Breitwandkinos und der technischen Effekte ihre eigenen Ausdrucksmittel geschaffen hat. Was Beuys für den Bereich der Kunst propagiert – jeder sei letztlich ein Künstler –, gilt nun auch für den Film: Video ist zum Tele-Volkssport geworden, bis in die Niederungen privater Pornographie und die Ersetzung der Fotoalben durch ein Lager von Videofilmen, die im Extremfall ein zuverlässiges Tagebuch alltäglichen privaten Lebens anbieten. Die ästhetisch orientierte Avantgardeszene hat damit eine neue Schwierigkeit: sich zu unterscheiden und abzusetzen von der Masse jener, die optischen Müll produzieren. Womit ist dies der ästhetisch-avantgardistischen Szene gelungen? Mehrere Momente kommen zusammen. An erster Stelle ist die Verbindung von Kunst, Film und Aktion zu nennen. Besonderen Ausdruck findet sie im Happening. Hier handelt es sich um eine Bewegung, die Anfang der sechziger Jahre entstand und sich auf den Dadaismus und seine antibürgerlichen Haltungen berief. Wolf Vostell machte eines der ersten Happenings mit dem Titel »Das Theater ist das Ereignis auf der Straße« (1958). Das Happening verband sich mit theatralischen Formen wie Musik, Malerei, Literatur und Architektur. Es stellt eine Erweiterung der traditionellen Künste dar. Die Maler verließen den Bilderrahmen, gingen in den Raum und machten »Aktionen«. Auch Filmprojektionen spielten in Happenings eine wesentliche Rolle. Später entwickelten sich daraus kommerzielle Light-Shows mit einer Verbindung von Projektion, Musik und Tanz.

In den Diskotheken hat dieses Modell inzwischen nicht mehr avantgardistische Allgegenwärtigkeit gefunden. Die Form des Happenings genügt also nicht, Originalität zu verbürgen. Hinzu kommen muß die Provokation ästhetischer Maßstäbe. Otto Muehl, Hermann Nitsch, Ottmar Bauer, Günter Bros oder Werner Rühm (alles Österreicher) haben diese Aufgabe der Irritation eines breiten Publikums perfekt übernommen und sämtlich in Filmen festgehalten. Die Anti-Ästhetik dieser subgeschichtlichen Strömung wird von Bauer so formuliert: »Filme sollen von der Gesellschaft tabuisierte Zustände aufzeigen; gute Anhaltspunkte bieten die Strafgesetzbücher. Für Film, Sprache und Materialprobleme und anderen Scheiß habe ich nichts über, ge-

filmt wird, was nottut. Für den körper-, sexual- und berührungsängst-
lichen Österreicher drängen sich Filme dieses Genres auf. Neben Ei-
genveranstaltungen bieten sich für Aktionen schöne Vorlagen an: alle
gesellschaftlichen Veranstaltungen, vom Kunstsektor angefangen bis
zu Gerichtsverhandlungen. Damit erübrigt sich der Aufwand von Lo-
kalitätsbeschaffung, Werbung, Publikums- und Öffentlichkeitserstel-
lung. In diesen Veranstaltungen starte ich meine Aktionen. Durch
das Einschreiten der Staatsgewalt in Form des Polizeieinsatzes zur
Behebung der Störung und den Inhalt der Aktionen entsteht eine
größere Öffentlichkeit in Form der Kommunikationsmedien. Meine
Ansprüche und Forderungen sickern somit durch« (nach: Scheugl/
Schmidt jr., S. 90).
Wie die Jugendkrawalle auf den Straßen, so macht diese Gruppe
österreichischer junger Intellektueller die Medien zu ihren Kompli-
zen – indem diese den Abscheu eines breiten Publikums provozieren.
Bauer setzte sein Programm um, indem er nicht nur in Filmen wie
SPANIEN Klischees gewohnter Spanien- und Kulturfilme penetrant
häufte, sondern indem er bürgerliche Wertvorstellungen verletzte.
Im Film OTTMAR BAUER, genannt KOTZ-FILM (16 mm, Farbe, stumm,
7 Minuten), wird ein gut gedeckter Tisch vom Filmemacher bekotzt
und bepißt. In KATZI wird versucht, einer Katze den Kopf abzuhauen.
In DIE VERBESSERUNG von Oswald Wiener ist 30 Sekunden lang der
onanierende Oswald Wiener zu sehen. Bekannter noch wurden die
Provokationen Muehls. Er meinte 1965: »materialaktion ist dargestellte malerei, sichtbar gemachte autotherapie« (Scheugl/Schmidt
jr., S. 623 ff.). Muehl stellte ab 1966 16-mm-Filme her und entwarf
seine Aktionen speziell für diese Filme. Mit ästhetischen Mitteln, die
von der Mehrheit der Bevölkerung nicht angenommen werden konnten, wurde Widerstand geleistet. Im Film WEHRERTÜCHTIGUNG etwa
wurden militärische Übungen travestiert. Gewalt, Sexualität und abstoßende Grotesken – SATISFACTION zeigt stillebenartig Kot- und Pe-
nisaktionen, in FOUNTAIN stehen nackte Personen starr in einem
Raum und urinieren dann einem Mann in den Mund – führen zu Untersuchungshaft, einem Schwurgerichtsprozeß, zu Anzeigenkampa-
gnen und strafrechtlicher Verfolgung. Auch wenn diese Szene auf
einen kleinen Kreis von Personen beschränkt blieb, hat sie ohne
Zweifel dazu beigetragen, das Repertoire dessen, was filmisch gezeigt
werden kann, erheblich zu erweitern. Später haben Filme von Paso-

lini (SALO), Bertolucci (DER LETZTE TANGO IN PARIS) oder Cavani (DER NACHTPORTIER) und meist in England und den USA produzierte Trivialfilme das Prinzip des *épater le bourgeois* immer wieder angewandt und damit erreicht, daß sich ein Massenpublikum oder zumindest der Staatsanwalt (Nagisa Oshimas IM REICH DER SINNE wurde bei den Filmfestspielen Berlin 1977 vorübergehend beschlagnahmt) erregte, während ästhetische Avantgardisten oder intellektuelle Postmanieristen sich angezogen fühlten.

Auch die in den USA entwickelte Pop-art gehört in diesen Zusammenhang. Gegenstände und Motive der modernen Konsumwelt – Starkult, Werbung, Comics, Warenanhäufungen, Gebrauchsgegenstände – nehmen einen beherrschenden Platz ein und werden durch Verfremdungstechniken wie Assemblage (Zusammenfügung), Collage (Zusammenklebung), Décollage (Abreißen von Klebematerialien), überdimensionale Vergrößerungen, Verwendung von objektfremden Materialien etc. aus ihrem gewohnten Zusammenhang gerissen und auf diese Weise Kunst. Die Ready Mades von Duchamp oder die Objekte von Man Ray oder die Collagen von Schwitters haben die Pop-art ebenso vorweggenommen wie bei Picasso und Braque das Einfügen realer Objekte in Bilder im Spätkubismus. Weniger bekannt ist, daß der Maler Fernand Léger bereits 1925 ein wichtiges Prinzip der Pop-art entdeckte, das später auch in vielen Filmen Verwendung fand: »den Gegenstand oder das Fragment eines Gegenstandes isolieren und auf der Leinwand im größtmöglichen Format darstellen. Enorme Vergrößerung verleiht einem Objekt oder einem Fragment eine Persönlichkeit, wie es sie niemals vorher besessen hat, und auf diese Weise kann es zum Träger einer völlig neuen lyrischen und plastischen Kraft werden« (nach: Scheugl / Schmidt jr., S. 703).

In Andy Warhols Factory werden alle diese Momente aufgenommen, und sie wird zum Ort symbolischer Verdichtung der ästhetischen Avantgarde neuerer Zeit. Warhol übernimmt Ideen und Einfälle anderer Maler und führt sie einer breiten Produktion und Verwertung zu. Die Factory ist zugleich eine In-Szene junger Leute, meist Männer, die wie in einer Kommune leben und nicht nur bei den Filmarbeiten zusammen sind. Die Grenzen zwischen Film und Kunst, Original und Zitat, Imitation und Originalität werden hinfällig gemacht. Zunächst wählt Warhol einfache Situationen und minimale Aktionen und zeigt etwa in SLEEP einfach einen schlafenden Mann. Sein erster

Tonfilm HARLOT (1964) ist noch entsprechend statisch: Vor einer starren Kamera improvisieren Darsteller, die sich selbst spielen; clownartige Miniszenen ereignen sich. Warhol dokumentiert das Geschehen lediglich und nimmt den Off-Ton direkt und synchron zum Film auf. In späteren Filmen werden psychologische Beziehungen zwischen Personen angedeutet, und es entwickeln sich Handlungen – etwa in MY HUSTLER oder in CHELSEA GIRLS. Im letztgenannten Film halten Warhols Superstars Monologe, und es mischt sich Selbstdarstellung mit Gespieltem. Mit TRASH, später FLESH und HEAT (die späten Warhol-Filme sind unter der Regie von Paul Morrissey entstanden) gibt es durchgehende Handlungen, und die Szenen werden geschnitten – absichtlich holprig und unvollkommen, um auf diese Weise den Underground-Charakter zu bewahren.

Die Pop-art ist mit der amerikanischen Camp-Bewegung eng verbunden. Auch hier handelt es sich um die Nachahmung von klischeehaften, von den Massenmedien und der Popkultur propagierten Verhaltensweisen und Handlungen, die lächerlich gemacht werden. Gleichzeitig wird die industrielle Trivialkultur, der Andenkenkitsch etwa, ironisch zur Kunst erhoben. »Camp« erreicht also Originalität dadurch, daß das durchaus unoriginelle Alltägliche, traditionellem Kunstsinn Widerwärtige durch Montage, Zitat, Bricolage etc. zum authentischen Ausdruck hochstilisiert wird. Ohne Ironie kommt diese Bewegung nicht aus, ebenfalls nicht ohne Selbstpersiflage – kein Wunder, daß »Camp« eher eine Sache der postadoleszenten Intellektuellen geblieben ist, die in den großen Metropolen leben. Ausgewirkt hat sich die Bewegung bis heute, etwa in den Kultfilmen; die ROCKY HORROR PICTURE SHOW ist »Camp« und hat Prinzipien dieses Stils in andere jugendkulturelle Szenen übertragen.

Die genannten Stilmittel – zu denen noch Mehrfachprojektionen, das Prinzip des Expanded Cinema etc. hinzukommen – wurden in den amerikanischen Undergroundfilmen aufgegriffen. Die »New American Cinema Group« vertrat die Auffassung, der Film sei nichts als ein persönlicher Ausdruck seiner Produzenten und dürfe sich darum um allgemein ästhetische Standards ebensowenig kümmern wie um die Zensur. Der Undergroundfilm ist programmatisch Außenseiterfilm (Battcock, 1977). Die Wonnen der Trivialität, die später gerade auch von Intellektuellen bei Horrorfilmen, Italo-Western oder Antikfilmen genossen werden, sind ein Widerschein der »Camp«-Mythologie und einer avantgardistischen Ästhetik, die sich an keine Gesetze und Regeln hielt. Bis heute ist nicht aufgearbeitet, welche Wirkung diese in sich vielschichtige internationale Bewegung auf die Jugendkultur und ihre Filme hatte. Sie ist nicht geringzuschätzen und ist bis heute Ausdruck eines von vielen geteilten Lebensgefühls, das ein Überleben in den Abbruchhalden der Zivilisation in ästhetischen Demontagen möglich macht.

Manieristische Orientierungen

Der Manierismus meint ursprünglich die zwischen Renaissance und Barock entstehenden grotesküberladenen Stilformen in grellbunter Sprache und eklektizistischer Vermengung des Ungleichartigen zu einer Kunstform. Die Anwendung auf eine neue jugendkulturelle Erscheinung ist also in gewisser Weise metaphorisch und anspielungsreich und gerechtfertigt dadurch, daß Jugendliche »mit nicht auszumachender Stilzugehörigkeit, mit der Gesinnung der Gesinnungslosigkeit, dem Spaß als Ernst des Lebens, scharfzüngig und sarkastisch, anti-ideologisch und dekadent zynisch« (Ferchhoff/Sander/Vollbrecht, 1989) gemeint sind. Das äußere Erscheinungsbild ist alles. Schon Andy Warhol hatte gesagt: »Wenn Sie alles über Andy Warhol wissen wollen, sehen Sie sich seine Bilder und Filme an; mehr steckt nicht dahinter.« Und auch: »Alles ist hübsch.« Diese Feier der Oberfläche, von Mode, Medien und Konsum, ist gleichsam eine Abschwächung, wie sie in den ästhetischen Prinzipien der Popkultur, des Underground-Cinema und des Camp entwickelt wurden. Die manieristischen Szenen der achtziger Jahre hatten diese Tendenzen gleichsam aus dem Kunstbereich befreit, ihnen ihren elitären Beigeschmack genommen und sie hereingeholt in Diskothek und Videobar, in Jeans-Shop und alle Arten von Jugendtrends. Zu dieser Szene zählen sich ältere Jahrgänge, häufig Pseudo-Yuppies mit Börsen- und Aktienjargon, aber auch sechzehnjährige OberschülerInnen können dazugehören, Auszubildende der Banken, der Textilindustrie; Hauptschülerinnen, die in Benettonkluft ihre soziale Herkunft zu verbergen oder zu vergessen trachten etc. Es sind hedonistisch orientierte Jugendliche, die sich wenig problemorientiert und kontaktfreudig geben. Sie betreiben »Ego-Placement« durch Selbstinszenierung

(Lenz, 1988, S. 61), pflegen ihre Individualität durch modisches Outfit, durch konformes Marktverhalten, orientiert an Edelmarken. Diese Szenen stellen auch eine Reaktion dar auf die utopiebezogenen Lebensentwürfe und existentiellen Formulierungen der Neuen Linken, die inzwischen eine alte Linke geworden ist und mit ihrer Ideologisierung des gesamten Lebens nicht mehr reüssieren kann.

Das Verhaltens- und Stilisierungsrepertoire dieser manieristischen Szenen ist ohne das Kino nicht zu denken. Wesentlich ist vor allem die Kinoreklame geworden (die Cannes-Rolle hat daraus eine Kultfilm-Bewegung gemacht), die – im Gegensatz zur Werbung im Fernsehen – mit Gags, Artistik und jugendzentriertem Styling inzwischen das jugendliche Publikum pünktlich in die Kinos lockt. Viele wollen gerade die Werbung heute nicht versäumen, weil sie hält, was sie verspricht – manchmal im Gegensatz zum Hauptfilm. Moden werden durch Filme gemacht und transportiert; Kleidungsproduzenten und Herren- wie Damenausstatter spielen im Vorspann neben den Schauspielern eine wachsende Rolle. Neben den großen Filmen gibt es die Musik-Video-Szenen, die an der Ecke jeder Fußgängerzone Miniaturausgaben von Madonna, Tom Cruise, Prince u. a. anbieten. Entsprechende Zeitschriften – »tempo«, »Wiener«, »Vogue« etc. – sind ebenso Statussymbole dieses coolen und gestylten Lebens. Wesentlich ist, daß alles zusammenpaßt; auch hier sind Filme nur Bestandteil eines komplexen Medien-Environments.

Alternativ-kritische Orientierungen

Hier handelt es sich um die bekannte, politisch engagierte Jugendbewegung, die Ende der sechziger Jahre als Schüler- und Studentenrevolte weltweit Aufmerksamkeit fand. Während die Szene der Manieristen pluralistisch zusammengesetzt ist, handelt es sich bei der alternativen Jugendkultur eher wieder um StudentInnen oder GymnasiastInnen – also die besser gebildeten Jugendlichen, die Wertprobleme reflektieren und die Frage nach dem Lebenssinn intensiv stellen. Eine Vielzahl von ganz unterschiedlichen Strömungen kommt hier zusammen. Während sich die ästhetisch-avantgardistischen Gruppen eher von einem eigenen Ausdrucksverlangen leiten und die neuen Manieristen durch die Expansion der Konsum- und Medienszenen bestimmen ließen, entsteht die kritische Szene als Reaktion auf internationale politische Problemlagen. Der Vietnamkrieg mit seinen Zuspitzungen in den USA (Änderung des Wehrpflichtgesetzes 1967/68 und Invasion Kambodschas) führte beispielsweise in den USA zur Verstärkung der kritischen Potentiale. Civil-Rights-Movement, Demonstrationen gegen den Vietnamkrieg, die internationale Politik des amerikanischen und des bundesdeutschen SDS, die Maoisten, die Women's-Lib-Bewegung, die antiautoritären Bewegungen auf dem Universitäts-Campus, das Engagement für die dritte Welt und – neuerdings – die Unterdrückung im Apartheidssystem von Südafrika ebenso wie die revolutionären Bewegungen in Südamerika, die zu den Stadtguerillas führten: auch hier finden sich unter dem Label »alternativ-kritisch« ganz unterschiedliche Bewegungen zusammen, die – auch international gesehen (vgl. dazu: Mehnert, 1976) – eine gesellschaftskritische Grundhaltung verbindet, die mit Reflexion verbunden ist und Vorstellungen von einem anderen persönlichen Leben im Rahmen eines veränderten, auf mehr Gleichberechtigung und Chancengleichheit beruhenden gesellschaftlichen Lebens zu realisieren versucht.

Es liegt auf der Hand, daß auch diese Bewegungen ihre eigenen Filme haben. Wesentlich ist hier vor allem der Produktionsprozeß, wie er auch von Scheugl/Schmidt jr. immer wieder thematisiert wird. Beispiel ist der Kollektivfilm. Während die Filmproduktion in der Regel arbeitsteilig erfolgt (Produzent, Regisseur, Kameramann, Architekt, Darsteller, Cutter usw. sind Spezialisten mit streng getrennten Funktionen und Zuständigkeiten), soll im Kollektivfilm jede Aufgabe prinzipiell von jedem übernommen werden. Nur so entsteht Gleichberechtigung, gleichmäßig verteiltes Engagement am Werk. Dem entspricht eine Gleichstellung aller in der Bezahlung. Dies entfällt, wenn ein Filmemacher allein das Produkt erstellt (in der Videobewegung etwa). Gruppenarbeit im unabhängigen Film (dazu: Scheugl/Schmidt jr., S. 492 ff.) gelang nur selten, meist um den Preis, daß zwar der Herstellungsprozeß – unter Schwierigkeiten – gleichberechtigt ablief, das Produkt jedoch enttäuschte. Erfolgreicher war der Aufbau von Kooperativen und Vertriebsorganisationen. Wie im Print-Bereich oder bei den Independent Labels der Schallplatten wurden auch im Bereich des politischen Films unabhängige Vertriebsnetze aufgebaut.

Hier zeigt sich übrigens eine Berührung mit den ästhetisch-avantgardistischen Orientierungen, die oft ja auch von einem kritischen Impetus getragen wurden. Es handelt sich um die beiden Jugendbewegungen, die am stärksten durch ästhetische oder politische Programmatik und Konzepte bestimmt werden. Denn Boheme wie Avantgarde und politisches Engagement neigen zum Radikalismus, nicht nur in den Ideen, sondern auch in den Ausdrucksformen. So war schon der in der Schweiz infolge des Ersten Weltkrieges entstandene Dadaismus destruktiv und nihilistisch sowie anarchistisch gemeint. Die neue Russische Moderne schloß sich mehrheitlich der Revolution von 1917/18 an und orientierte sich an der Kommunistischen Partei, der viele Künstler beitraten. Ähnlich unterstützten in Italien die Futuristen zunächst Mussolinis faschistische Bewegung – sicher ein Mißverständnis. Schon damals gab es Agitprop-Film-Bewegungen, futuristische Filmprodukte, kurz: auch der politische Film hat eine lange Tradition. Damit hat er stilistische Erbschaften, die unabhängig sind von äußeren politischen Anstößen. Der neuere politische Film in der Bundesrepublik wurde vor allem von der Studentenschaft getragen, insbesondere aus der Berliner Filmakademie. (Auf die Beziehungen zwischen den *Berliner Arbeiterfilmen* und den *authentischen Jugendfilmen* wird in einem späteren Kapitel verwiesen.) G. P. Straschek oder Harun Farocki und Hartmut Bitomsky produzierten engagierte Filme, in denen Zwischentitel eine distanzierende (Brechts Verfremdungsmethode) und zugleich eine marxistisch-didaktische Funktion haben. Im Gegensatz zum politischen Undergroundfilm Lateinamerikas sind diese Filme wenig wirkungsvoll gewesen und blieben wie die der ästhetischen Avantgarde kleinen Zirkeln vorbehalten. Sie waren in der formalen Gestaltung meist unzulänglich und stießen selbst bei der intellektuellen Jugend auf relativ geringes Interesse – auf gar keines in der Arbeiterschaft, für die sie teilweise produziert sein sollten (ROTE FAHNEN SIEHT MAN BESSER). Die Holocaust-Serie des amerikanischen Fernsehens mit ihrem Riesenerfolg in der deutschen Adaption hat dann einen neuen Weg deutlich gemacht: über Emotion und Trivialität Beteiligung und Engagement zu erzeugen. Dies geschieht freilich um den Preis von Argumentation, Distanzierung und gesellschaftlicher Konstruktion. Offenbar stößt der Film hier, nicht nur bei Jugendlichen, an seine Grenzen, und insofern bleibt der Politfilm wie der Kollektivfilm bis heute auf kleine Zirkel beschränkt.

Eine Chance hat er allerdings in den Video-Szenen und Video-Bewegungen mit ihren eigenen Produktionsbedingungen und Distributionsnetzen. Die in Freiburg, Berlin, Hamburg und anderswo entstandenen Dokumente über Stadtteilzerstörung, Demonstrationen u. ä. sind bis heute wesentliche Bestandteile einer engagierten jugendlichen Filmkultur, die freilich ihr »Format« eingebüßt hat.

Body, Action und Emotion als Orientierungen

Eine ganz andere Szene wird in der Jugendkultur betreten, die aus den Nachfahren der Halbstarken-Krawalle der fünfziger Jahre besteht, den Marlon-Brando- und James-Dean-Typen, die als »Rebel without Cause« gegen eine nicht durchschaubare, aber feindselig empfundene Umwelt ankämpfen. Die hegemoniale Kultur wird nicht akzeptiert; die Dominanz von Sprache und Argumentation wird ersetzt durch Körperlichkeit, an Sprüchen orientiertes Sprachverhalten und derbe Umgangsformen sowie rauhes Kameradentum. Es handelt sich um meist männliche Haupt- und Sonderschüler, junge Arbeiter und Arbeitslose, die eher quartierbezogen in städtischen Milieus leben. Ihr Handeln ist gegenwartsorientiert, und sie sind am Abenteuer in der Großstadt – an Motorradjagden, schnellem Autofahren etc. – ebenso interessiert wie an Liebesabenteuern und kameradschaftlichem Zusammengehörigkeitsgefühl. Das sind Szenen, in denen immer noch ein Machismo vorherrscht und Mädchen ihre Mitgliedschaft nur durch kulturelle Unterordnung sichern können. Es handelt sich um eine primär maskulin orientierte Jugendszene, um Cliquen- und Kumpelnetze mit starker sozialer Verbindlichkeit. Rocker, Fußballfans, Moped- und Motorradgangs, Street-Fighter, militante Autonome als »schwarze Strategen der Gewalt«, unterschiedliche Skinhead-Gruppierungen, U-Bahn-Sprayer, unterschiedliche jugendliche Neonazis: Wieder ist es eine komplex zusammengesetzte Szene mit wechselnden Mitgliedschaften, aber relativ konstanten Ausdrucksformen. Gerade für diese Kultur spielen Medien insgesamt eine wichtige Rolle. Auf musikalischem Gebiet dominieren die harten Klänge »metallischer« Gruppen, also Hard-Rock, Heavy Metal, aber auch traditioneller Rock 'n' Roll, orientiert an den Teddy Boys der fünfziger Jahre. Pogo-Tanzen, hochgereckte Arme, mit Accessoires und

Emblemen überfrachtete »Klamotten« (Wappen, Mythentiere, Rock-gruppen-Namen, Embleme vom christlichen Kreuz bis zum Haken-kreuz) sind optische Symbole. Diese Jugendkultur besteht aus fleißi-gen Kinogängern. Natürlich sind Rambo-Filme ebenso beliebt wie alle Formen von Action-Reißern, Roadmovies, Straßenbanden- und City-Cops-Filmen oder Horrorfilme. Coppolas APOCALYPSE NOW, aber auch Filme mit Schwarzenegger, der seine Muskeln spielen läßt, stehen hoch im Kurs. Beliebt sind die harten Männer der neuen »One-Man-Against-All-Filme«, Gewaltszenen, Science-fiction-Phantasie aller Art. In dieser Szene gastieren auch Vielseher, die eher zu Hause in langen Video-Nächten mehrere Filme hintereinander ansehen. Das sind Intensitätserlebnisse innerhalb einer verwalteten Welt, die so gar keinen Spielraum läßt für persönliche Entfaltung, für Bewäh-rung, das Zeigen von Mut und Einsatzbereitschaft, also von körper-betonter Identität. Diese Jugendszenen sind durch eine zunehmend abstrakt gewordene, sich nicht mehr erklärende Umwelt in besonde-rem Maße marginalisiert, und so sind es die Fußball-Arenen, die Kraftsportarten und die Filme, die dies alles verdichten oder in gestei-gerter Form weiterführen. Sie sind die einzigen Platzhalter für die Träume dieser Gruppen, die doch auch ihr Recht haben und ihren Raum beanspruchen.

Religiös-spirituelle Orientierungen

Ein relativ individualistisches Bild stellt die bewußtseinserweiternde Drogenszene (Timothy Leary) dar, die Szene des religiösen Sektie-rertums, der neoromantischen Nachtfeiern, der Totem- und Tabu-Feiern, der Hexenidentifizierung und Teufelsanbetung, die Ende der achtziger Jahre im Satanskult (getragen auch von Musikgruppen mit einer extremen Spielart der Rockmusik wie »Black Metal«) und im Pippi-Okkultismus (Praktiken des Gläselns und des Tischrückens) einen neuen Höhepunkt erreichen und auch jüngere Jugendliche zwi-schen 13 und 18 Jahren in ihren Sog ziehen. Dieser Bereich ist daher unübersichtlich, widersprüchlich, schwer zu deuten in der Spannung von ästhetischer Provokation und nicht beherrschter Grenzüber-schreitung mit Folgen von Wahnsinn und Zerstörung. Kosmologisch-mystische Weltharmonien, indische Heilslehren und die Weisheit von

Gurus stehen neben destruktiven Teufelsanbeter-Szenen, selbstzerstörerischen Experimenten und provoziertem Wahnsinn. Okkultismus, Magie, aber auch Meditation, Spiritualität, mystische Versenkung: Wieder handelt es sich um mannigfache Ausdifferenzierungen einer Szene, der es insgesamt um Innerlichkeit, um persönliche Selbstfindung und Entgrenzung geht, angesichts einer Welt, die als labyrinthisch und unverständlich empfunden wird oder aber als kalt und unempfindlich. In diesen Szenen spielen Medien keine zentrale Rolle. Bestimmte Musiken geben manchmal den Background ab für meditative Séancen; sonst verwenden spirituelle Jugendkulturen eher die geheimen Massenmedien der Schrift, Bücher über Farblehren, über Wünschelruten, Tarok, Hexerei, über Engel und Elfen, die Beschwörung des Guten und Bösen inklusive Yoga, Zen, Askese, Ich-Findung durch Fasten usw. Die spirituellen Jugendkulturen kämpfen gegen eine verkopfte Welt, gegen übertriebene Vernunft und gegen materielle Orientierungen, gegen Wissenschaft, Reflexion, Sprache, Technik, kurz: das Erbe einer (inzwischen weithin pervertierten) Aufklärung. Mit Hilfe sakraler Beschwörungen wird die Rückreise in Urzeiten angetreten. Diese werden nicht in der eigenen Umgebung oder in der Tradition der eigenen Kultur gefunden, sondern oft in anderen Erdteilen – Wanderungen nach Poona, Besuche tibetanischer Klöster oder Astral-Phantasien sollen die überregionalen wie überkulturellen Ursprünge entdecken helfen.

Schon in den siebziger Jahren, auf dem Höhepunkt der Jugendrevolte, begann diese Wendung nach innen, diese Suche nach dem Verborgenen. Eine Analyse von Plakaten des Jahres 1975 zeigt Hinweise auf übersinnliche Festivals, auf »Werkstätten für aktive Fantasie«, auf Institute, die die »Alpha-Ebene des Bewußtseins« zu aktivieren versprachen, auf ein Seminar über ein »magisches Kind«, auf ein »humanistisches Institut«, kreative Gemeinschaftsprojekte, transaktionale Institute, Yoga in allen Formen mit Chinesiologie, Chakras, Kabbala, i tsching, kriyas-yogischer Hygiene, Reflexologie etc. (Mehnert, 1971, S. 103 ff.). Kommerz und Heilsversprechen vermischen sich. In der Bundesrepublik wie in ganz Europa wurden diese Strömungen aufgenommen; sie sind bis heute lebendig und werden – in nicht prognostizierbarer Weise – weiterhin ihre Geltung behalten.

Auch im New American Cinema, das primär ästhetisch, eingeschränkter schon alternativ-kritisch orientiert war, gibt es Traditionen des Mystizismus. Surrealismus, Psychoanalyse, fernöstliche Philosophien (vor allem Zen) wurden in der Literatur der »Beatniks« und in der Hippie-Bewegung nachgelebt und aufgegriffen. Alchimie, Psycho-Mythen, Meditationen oder Rituale werden in Filmen dargestellt; Paul Wegener produziert Spielfilme über mittelalterliche Legenden (Golem) oder fernöstliche Geheimreligionen (lebende Buddhas); Anger macht Filme über Aleistair Crowleys Magick (INAUGURATION OF THE PLEASURE DOME) und über den Motorrad-Kult (SCORPIO RISING), Deren zeigt die Ekstase des Tanzes etc. (Scheugl/Schmidt jr., S. 630 ff.). Besondere Bedeutung innerhalb dieser Szenen haben eigentlich nur die psychedelischen Filme gewonnen. Die psychedelische Kunst ist zusammen zu sehen mit der Verbreitung von Drogen Ende der fünfziger Jahre. Am wichtigsten von diesen Drogen ist »LSD«. Masters/Housten (1969) teilen die psychedelischen Erfahrungen bzw. »Trips« in vier Ebenen ein: 1. die »sensorische« Ebene, in der besonders Farben und Formen hohe Intensitätsgrade erreichen, verbunden mit bildlichen Vorstellungen. Diese Ebene kann in Filmen und auch Light-Shows wiedergegeben werden. Die 2. Ebene ist die »memoralanalytische Ebene«, auf der Unbewußtes und Verdrängtes reaktiviert werden. In der Kunst entspräche diese Ebene beispielsweise dem Surrealismus, der aber in den Filmen kaum realisiert wird. Die 3. Ebene ist die »symbolische«, in der historische Ereignisse, Entwicklungsprozesse, Mythen und Riten erlebt werden. Die 4. Ebene ist die »integrale«, die einen religiösen oder mystischen Inhalt erschließt.

Bemerkenswert ist, daß vertiefte Erfahrungen nicht mehr im speziellen sakralen Raum gesucht werden; so schrieb Jonas Mekas über Multi-Media-Veranstaltungen in New Yorker Diskotheken: »Es gibt Augenblicke im › Dom‹ und im › Riverside Museum‹, da fühle ich mich als Zeuge des Entstehens neuer Religionen, da befinde ich mich in religiösen, mythischen Welten, in denen die Zeremonien, die Musik und die Körperbewegungen, die Symbolwerte der Lichter und Farben entdeckt und erforscht werden« (zit. nach Scheugl/Schmidt jr., S. 712). Die psychedelischen Filme wollen die Perzeption der Sinne – »die augen, jene verräter, jene zuhälter«, so Weibel – durch eine »neurale Integration« überwinden. Während der normale Kinofilm das Abbild mit dem Bild gleichsetzt, sollen die wahren bewußtseinserweiternden Filme »in Form eines neuen Sinnesorgans« funktionieren (ebd., S. 717 f.). Insgesamt hat sich die Musik bestimmter Gruppen eher als Träger solcher psychedelischen Bewußtseinserweiterungen bewährt als entsprechende Filme. Dennoch, auch aus diesem Bereich gibt es Weiterführungen – bis in den Bereich des breit rezipierten Unterhaltungsfilms. Die Horrorerfahrungen einer CARRY gehören dazu, aber auch Spielbergs oder Lucas' Expeditionen in unbekannte Welten, von Begegnungen der dritten Art bis zu einem ZURÜCK IN DIE ZUKUNFT. Der Horrorfilm plant Seelenüberwältigung mit immer raffinierteren technischen Mitteln ebenso wie Filme über übersinnliche Ereignisse und seelenvolle Begegnungen mit Toten oder dem Satan persönlich (ANGEL HEART, USA 1986; Regie und Buch: Alan Parker). Eine andere Dimension erschließen neue Naturfilme, die die Sphärenharmonie einer ungestörten Welt beschwören (KOYAANISQATSI und POWAQQATSI von Godfrey Reggio). All dies findet lebhaften Widerklang in jugendlichen Seelen, auch wenn es oft nicht mehr stark genug ist, eigene Kulturen zu tragen.

Die unauffälligen Mainstream-Orientierungen

Jugendkulturelle Szenen, auch wenn sie transitorisch sind, fordern doch persönlichen und psychischen Einsatz und, zumindest für die Dauer der Zugehörigkeit, Bereitschaft zur Identifikation mit ihren Sinnzurichtungen und Ausdrucksangeboten. Die größte Gruppe von Jugendlichen wagt solchen Schritt nicht. Es sind vielmehr die angepaßten »familienorientierten Jugendlichen«, die im Milieu institutioneller Integration leben (Becker/Eigenbrodt/May, 1984; Lenz, 1986/1988). Es ist die Mehrzahl der Jugendlichen, die bis heute Familienbeziehungen weitgehend harmonisch und konfliktfrei erfährt und die Bindung an die Herkunftsfamilie als tragend und helfend erlebt. Erwartungshaltungen der Eltern und Kinder passen sich weitgehend an. Auch die Schule wird von den Jugendlichen als unproblematisch und ohne Brüche erfahren. Diese familienorientierten und institutionell integrierten Jugendlichen sind Mitglied im CVJM, in kirchlichen Jugendgruppen, im Sportverein, im Alpen-Verein; sie haben Klavierstunde, besuchen Volkshochschulkurse, sind auch bereit, mit ihren Eltern zu verreisen, und besuchen zwischendurch auch einmal die Netzwerke und Treffpunkte der Jugendkulturen. Denn es gibt ja keine Aufnahmerituale (jedenfalls nicht in der Regel), und Zugehörigkeit kann jederzeit erworben werden durch die Bereitschaft, bestimmte Symbole zu übernehmen.

Es sind diese nach außen »unauffälligen« Jugendlichen, die auch das Mainstream-Programm der Kinos bestimmen und sich ihrerseits bestimmen lassen: durch das Angebot der öffentlich propagierten Geschmacks- und Stiltendenzen. Vorgestern war man in DIRTY DANCING, gestern in 9½ WOCHEN, und heute steht PRETTY WOMAN oder DAS SCHWEIGEN DER LÄMMER auf dem Programm. Medien werden genutzt und in der Regel nicht als problematisch empfunden. Das Fernsehen liefert Spielfilme, Musiksendungen und interessante Shows; das Kino ist ein angenehmer Treffort mit unterschiedlichen Angeboten. Die Hitparaden der Popmusik werden ebenso akzeptiert wie Oper, Operette und Konzert. Denn alles gilt es kennenzulernen und zu erproben; Entscheidungen für eine bestimmte Lebenskultur werden dispensiert. Freilich: Die »Normalität« dieser Jugendlichen ist fragil – ebenso wie die Zugehörigkeit zu einer Ausdruckskultur nicht durch eine Identitätskarte berechenbar ist. Die Übergänge zwischen den verschiedenen gesellschaftlichen Welten, zwischen ausgeprägten Jugendkulturen und Mainstream, zwischen Familie, Schule und Freizeit, zwischen den verschiedenen Medien und Medienorten, zwischen Kinofilmen und Video-Produktionen bleiben offen. Jugendliche sind heute weitgehend Produzenten ihrer eigenen Szenen, aber sie übernehmen auch vorfabrizierte Angebote, entweder durch Identifikation oder auch einfach durch einen Kaufakt. Filme, die aus ihren Szenen kommen, akzeptieren sie in der Regel ebenso wie Produktionen, die in den Außenstudios entstanden sind und auf breite Massenwirksamkeit zielen.

Es ist der trotzdem immer wieder zu beobachtende Orientierungswille der Jugendkulturen, der dazu beiträgt, auch eine jugendorientierte, von Jugendlichen akzeptierte Filmkultur zu differenzieren und zum Ausdruck einer allgemeinen Kultur zu machen, die die Schematisierung langweilender Wiederholung überwindet und immer wieder neue Ausdrucksformen schafft. Der kurze Blick in die Traditionen der Jugendkulturen gibt Hoffnung: Intensität, Ganzheitlichkeit und Stil werden, auch im Film-Metier, zu Maßstäben, an denen sich kulturelle Authentizität messen lassen muß.

4 Das Kino als Jugendtreff

Von den kinematographischen Vorführungen im Panoptikum, später im Varieté und im Rahmen von Varietévorstellungen, in Jahrmarktsbuden und Jahrmarktszelten, dann auch in Gaststätten oder Ballsälen über die metropolistischen Kinos der zwanziger bis fünfziger Jahre mit ihrer Größe, Selbstdarstellungspracht und ritualisierten Aufführungspraxis, die in ihrer Feierlichkeit an Theaterpremieren heranreichte, bis zu den heutigen Kino-Centers, Kleinraum-Kinos mit elektronischer Vorführsteuerung oder den Cinedomes – das ist ein weiter Weg einer langen, bis heute nicht systematisch aufgearbeiteten Kinogeschichte. Im Kino kommt der Film zu sich selbst: Hier wird er als Kunst- und Spannungsereignis zelebriert (vom Vorprogramm, der Werbung und dem Vorfilm bis zum großen Gong, zum Hauptfilm und zur Abspann-Begleitmusik beim Hinausgehen); hier entfaltet er auf Breitleinwand, in Stereo- oder Quadro-Ton seine überwältigenden Wirkungen. Hier wird Film zum sozialen, kulturellen und emotionalen Ereignis. Sein nicht nur äußerlicher Formatverlust bei der Video- oder Fernsehdarbietung über den Bildschirm hat ihn im Grunde seiner Aura beraubt; er ist zum Alltagsgegenstand geworden, jederzeit greif- und handhabbar, und dies hat zum Utopie- und Wirkungsverlust seiner Inhalte geführt.
Dennoch: Das sogenannte Kinosterben scheint dank neuer Konzepte gebremst zu sein, und sicher sind es vor allem die Jugendlichen, die dazu beigetragen haben. Denn sie sind die regelmäßigsten Kinogänger – so sehr, daß oft nur noch für sie produziert wird. Gleichgültig, ob es sich um ein Kultfilm-Kino, eine alternative Vorführstätte oder ein kommunales Kino, ein durch und durch kommerzielles Kino mit Breitleinwand und Hollywood-Neuheiten handelt: das Kino und sein jugendliches Publikum gehören seit jeher zusammen. Der Entwicklung einer stärkeren und früheren Ablösung von der Familie und einer intensiveren Bindung an Gleichaltrigen-Gruppen entspricht, daß die Kinovorstellung »für die ganze Familie« (und der dazugehörige Film – populäres Beispiel aus den fünfziger Jahren: DIE TRAPP-

FAMILIE, BRD 1956; Regie: Wolfgang Liebeneiner) inzwischen weit-gehend der Vergangenheit angehört. Das Kino wird am liebsten von Singles und Paaren in der Clique besucht.

Kinos tragen zur innerstädtischen Lebendigkeit bei. Die nach dem Schließen der Kaufhäuser schon leergefegten Straßen beleben sich noch einmal, wenn die Vorstellungen beginnen, und wenn sie zu Ende sind, füllen sie sich wieder mit Menschen auf dem Weg in Kneipen, Diskotheken oder nach Hause. Kinos beleben die Straßen, und sie sind gleichzeitig ein Bestandteil jugendlicher Straßensozialisation mit ihren oft rund um die Uhr jederzeit zugänglichen Vorstellungen: ein attraktiver Treffort seit jeher.

Über das zentrale Filmerlebnis hinaus sind Kinos für Jugendliche of-fene Orte, die sie gern betreten. Da ist es vorgekommen, daß nach-sichtige Kassiererinnen oder Kontrolleure Kindern die geforderten Eintrittspreise erließen, vor allem dann, wenn sie nicht über genug Geld verfügten (Behnken u. a., 1989, S. 97). Es kommt aber auch vor, daß sich Kinder und Jugendliche in seelenlose Schachtelkinos verir-ren oder in aufgemotzten Kinozentren mehr als Konsumenten von Popcorn und Cola und weniger als anspruchsvolle Filmrezipienten ge-schätzt werden.

Kinos gehören dabei zur Straße, nicht zur Privatheit. Sie haben eine strukturelle Affinität zur Jugendkultur. Kindheit und Jugend unter-liegen, insbesondere nach 1900, einem Formenwandel, der dar-gestellt werden könnte als »Übergang von der Straßen- zur verhäus-lichten Familienkindheit«. Um 1900 sind noch viele Lebens- und Lernereignisse an die städtische Straßenöffentlichkeit oder den länd-lichen offenen Raum gebunden; beschleunigt mit dem Übergang zur konsum- und erziehungsintensiven Dienstleistungsgesellschaft, hat sich das Aufwachsen von Kindern und Jugendlichen »mehr und mehr in geschützte und kontrollierte Innenräume verlagert, sowohl private (Familie) wie öffentliche (Schule; Freizeiteinrichtungen)« (ebd., S. 11). Dieser Übergang hat sich nicht für alle sozialen Klassen gleich-zeitig und in gleicher Weise vollzogen. Im Bürgertum war bereits um 1900 Kindheit weitgehend verhäuslicht, während Kinder der städti-schen Arbeiterklasse, des Kleinbürgertums oder auf dem Land noch eine von der Straße geprägte Kindheit erlebten. Das Kino gehört in diesen Zusammenhang – wenngleich es, in seinen Anfängen und bis in die zwanziger Jahre, für viele Kinder aus ärmeren Schichten wegen der auch damals als zu hoch empfundenen Eintrittspreise oft unerschwinglich und insofern ein Medium der bürgerlichen Jugend war. Der Einwand, eine Kinokarte sei zu teuer, hat sich bis heute erhalten. Soziale Differenzierung ist hingegen weitgehend aufgehoben; das Kino ist Vor-, Innen- und Nebenraum, frei für mannigfache Abenteuer, die sich nicht auf das Filmerlebnis beschränken müssen (z. B. Nichtbeachtung der Altersfreigaben, Eindringen ins Kino über die Toilette oder Notausgänge; Imitieren von Kinostars nach der Vorstellung im Hochgefühl gewachsener Identitätskraft etc.).

Kino-Erlebnisse

Über erste Lese-Erlebnisse und die Bedeutung des Buches bei Weltorientierung und Identitätsfindung ist viel gesagt worden. Es würde sich lohnen, auch einmal die Sozialisation durch Kino und Film biographisch-rekonstruktiv aufzuarbeiten. Wie das aussehen könnte, soll an zwei literarischen Zeugnissen zitathaft veranschaulicht und interpretierend kommentiert werden.

1. Beispiel:
Im ersten Band seiner Familiengeschichte »Tadellöser & Wolff« beschreibt Walter Kempowski die Jugendszene in Rostock, an der er teilhatte, zur Zeit der Naziherrschaft. Damals sorgten Hitler-Jugend und Schule für männliche Zackigkeit, dargeboten durch kurze Haare, stramme Waden, schnellen, zielgerichteten Gang. Der vorpolitische jugendliche Widerstand artikulierte sich, eher unbewußt, aber doch deutlich genug, wie heute über Stilmittel. Da sollte in Rostock ein Film gedreht werden, an dem Walter, seine Schwester und andere Freunde und Freundinnen als Komparsen teilnehmen sollten. Daraus wurde nicht viel; aber unvergeßlich ist dem Erzähler die – sicherlich kitschige – Inszenierung eines Films, dessen Namen er längst vergessen hat, diese Einstellung, als »die drei schönsten Jünglinge vor drapierten Netzen aufgestellt – sozusagen im goldenen Schnitt, absolut richtig« so tun mußten, als führen unten Ruderboote vorüber. Diese Szene setzte sich ebenso fest wie die Lässigkeit eines Johannes Heesters, Operettenstar und Frauengünstling, Schönling in einem Sinn, der nicht in das Konzept der Nazierziehung paßte. Bemerkenswert

ist, daß das Material, aus dem Gegenmuster gesponnen werden, Jugendlichen egal ist; auch künstlerisch eher »unbedeutende« Filme bekommen plötzlich Qualität, weil sie zeigen, wie Widerstand geleistet werden kann. Walter und seine Clique schaffen sich weiße Schals an und lassen sich das Haar lang wachsen, denn ein weißer Schal mußte es sein, unbedingt. Den trugen sie in Berlin auch: Edelweiß-Piraten. Jazzmusik und Kinobesuch, Herumstehen vor dem Kino: Hier artikuliert sich die jugendliche Gegenöffentlichkeit nun auf der Straße; in der Darstellung Kempowskis:

»Von der Straßenbahn wechselten wir zu den Kinos über.
    Beautiful weather today!
    und so nette Leuteeh!
Bilder ansehen, herumstehen, lästern. Andere Typen treffen, ebenfalls wie wir mit langem Haar und weißem Schal.«
»Ins ›Kristall‹ konnte man durch die Klos hineinkommen.
Der Besitzer hatte das goldene Parteiabzeichen, der stand immer vorne herum: Ist es nicht großartig, was wir Deutschen für Filme haben?
Zwei badewannenartige Beleuchtungskörper unter der Decke. (...)
Vorher gaben wir Jazz-Platten im Vorführraum ab, die wurden dann zu den Reklamen gespielt.
    After you've gone.
Das war doch ganz etwas anderes. Tolle Akustik. Dieser warme Posaunenton! (...)
Erst in 4 Jahren 18!
›Jugendliche nicht zugelassen.‹ Verbotene Filme zu besuchen war gefährlich.
Beim Hinausgehen schickten wir einen vor, ob Streifendienst draußen steht. Santa Claude! hoffentlich nicht.
Den mit blauem Plüsch belegten Gang entlangtappen.
Schauspielerfotos in Großformat, erst noch mal ins Klo gehn.
Sollen denken, es kommt keiner mehr, und wenn die Leute schon wieder reinkommen, drückt man sich hinaus. Womöglich Sigi Herbst, ein brutaler Bursche, der schlug immer gleich zu.
Oder Menge, der Stammführer, der die Keule von einer Seite des Schulhofs auf die andere warf.

Wo ich mein HJ-Abzeichen hätte, fragte er mich mal. Und: Ausweis zeigen.

> Witten Schal
> schlag em daal,
> witten Hot
> schlag em dot!

Der weiße Schal wirkte besonders aufreizend auf ihn.
›Der Edelweißkönig‹ und ›Spähtrupp Hallgarten‹, diese beiden Filme sahen wir hintereinander. Um 3 Uhr und um 5.30 Uhr.
Hinterher waren wir wahnsinnig aufgeregt, schrien und machten alle Schauspieler gleichzeitig nach.

> Heut' ist Rummel im Puff,
> die Polizei will auch mal 'ruff...«

(Zitate aus: Walter Kempowski, »Tadellöser & Wolff«, München 1978, S. 341 ff.; siehe auch Quellenhinweis auf S. 265.)

Der Platz vor dem Kino wird zur Selbstinszenierung einer Jugend, die die geballte Autorität einer nicht nur in der Familie, sondern nun auch noch vom Staat kontrollierten Jugenderziehung kompensieren muß. Dazu gehören Albernheit, Durchbrechen von Regeln, alles im Gefühl des Zusammenhalts einer Clique, die das gleiche Kontra-Lebensgefühl teilte. »Hotten«, das allein war eine Sünde wider die heilige Staatsordnung ebenso wie das Mitgestalten des Vorprogramms, indem Jazz-Platten im Vorführraum abgegeben und auch gespielt wurden. Die bürgerliche Herkunft wird ein Stück weit verraten – »Heut' ist Rummel im Puff...« –, und die Provokation »direkt vor dem Reformhaus«, das für Gesundheit und Natürlichkeit stand, gerät dann zum besonderen Vergnügen der Herausforderung. Die Filme lieferten für all dies das gestische und inszenatorische Material, das Kino den Raum, in dem es erspielt werden konnte.

2. Beispiel:
Jürgen Theobaldy, Jahrgang 1944, hat seinen ebenfalls autobiographisch getönten Roman »Sonntags Kino« (erschienen 1978) genannt. Er beschreibt die Jahre des Wirtschaftswunders, die zweite Hälfte der Fünfziger, als James Dean schon tot war. Nicht das bürgerliche Milieu steht bei ihm im Mittelpunkt, sondern das von Lehrlingen, Jungen, die nicht zu den »feinen Leuten« gehörten und gehören wollten. Die

Modelle ihres Verhaltens nahmen sie aus Filmen, aus Reklamen, Zeitschriften, kurz: Medien waren nicht nur Lieferanten ihrer Träume, sondern sie lieferten auch die Figurationen für Alltag und Freizeit. Dieter war montags »hinter einer Sonnenbrille im Betrieb aufgetaucht, und zuerst hatte Riko gedacht, jetzt fängt der an zu spinnen, jetzt will er auf Playboy machen und sich absetzen von uns«. Als Dieter die Sonnenbrille abnimmt, ist er gerechtfertigt: Er hat ein blaues Auge, hat sich also als Mann gezeigt. Was Riko nun sieht, wird wieder angereichert durch Medien-Wahrnehmung: »Die Stelle, stark geschwollen, war kurz vor dem Aufplatzen gewesen, mit dem winzigen Eiterbeutel hatte sie abschreckend ausgesehen, wie eine Lepra-Beule in den Gesichtern der Kinder auf den Plakaten an den Litfaßsäulen, wo immer mal wieder zum Spenden aufgefordert wurde.« In der nahe gelegenen Bäckerei »flammte das Neonlicht in der Auslage auf und ließ die Brötchen wieder leuchten, goldgelb, wie auf der Reklame«. Die Jungen tragen imitiertes Leder (die Großen unter ihnen haben dann echte Lederjacken, weil sie sie sich leisten können), und auch dies sind Imitationen ihrer Leinwand-Helden, ebenso wie die Orientierung an James-Dean-Frisuren: »Er nahm einen Kamm aus der Tasche und zog ihn durch seine langen blonden Haare, die vom Haaröl schwer und fest waren. Mit der flachen Hand drückte er sie nach vorn, bis sie sich über der Stirn zu einer Welle türmten, alle machten das so.«
Al Capone im weißen Hemd, wie er grinsend in den Polizeiwagen steigt, Babyface Nelson mythisieren den Alltag dieser Vorstadt-Jungen, die aus den Filmen selbst ihre Lebensphilosophien beziehen: »Doch sie waren junge Burschen, schnell beleidigt, und sie ließen sich nichts gefallen, ihre jungen Gesichter vom Trotz wie aufgedunsen, die Augen schmal, mürrische Mundwinkel, aber vor allem jung, so jung, daß es prima war, einfach an den Straßenecken herumzustehen, am Eingang von Kneipen oder hier auf dem Platz, ohne etwas Besonderes zu tun und nichts weiter zu zeigen als den Widerwillen davor, sich nützlich zu machen, sich einzusetzen für irgend etwas, das schon vor ihnen dagewesen war; sie wollten niemandem zu Hilfe kommen, sie waren der Meinung, daß auch ihnen niemand half, vor allem wollten sie gar keine Hilfe für sich, eher wollten sie Kippen stechen gehen oder erschossen werden, in einer Seitenstraße, im Türrahmen eines umstellten Hauses oder mitten auf einem belebten Boulevard während der Hauptverkehrszeit.«

So gehen die Imagines der Filme und der Reklamen durch die Alltags-Rituale hindurch: Den Sender AFN hören, die neuen Hitparaden, sich treffen in der »Stechuhr«, einer Vorform der Diskothek, in der die Platten freilich noch Rille für Rille gespielt werden und Rock 'n' Roll dominiert, Elvis Presley oder Fats Domino. Das ist der Treffort am Mittwoch, Freitag und vor allem Samstag, wenn die Mädchen dabei sind. Die sind für die Jungen ein großes, begehrtes Geheimnis, und auch hier wiederholen sich im Alltag Szenen, die sie aus Filmen kennen:

»Riko entdeckte die Handtasche, Karin ging damit zum Klo, in den Raum nebenan jedenfalls, um sich zu kämmen, die Lidschatten nachzuziehen, Schminke aufzutragen, all diese Dinge, bei denen Riko noch nie einer Frau zugesehen hatte, außer in einem Film kam so eine Szene vor. Jedoch nahm Riko an, daß die Wirklichkeit anders war, und sei es auch nur, weil er in ihr mehr als nur ein bloßer Betrachter gegen die Zahlung eines Eintrittspreises war, so wie es eben ein Unterschied blieb, ob man auf der Leinwand ein schönes Paar sich küssen sah und ›Halbzeit, Halbzeit!‹ rief oder ob man selbst küßte, verstohlen auf dem Nachhauseweg oder heftig unter der Haustür, was ihm bald bevorstand, hoffte er, als er mit den Frauen, die beide Karin hießen, durch die Innenstadt ging.«

Zum Sonntag gehörte das Kino, und das war vor allem Männersache:

»Von bestimmten Dingen wußten Frauen nichts, das hatte Riko herausgefunden. Sie wußten nichts vom Kino, konnten sich keine Filme merken, weder die Titel noch die Inhalte oder besondere Situationen, Bruchstücke von Dialogen. Wenn Riko und die anderen über Filme redeten, schwiegen sie, obwohl sie manchen der Filme auch gesehen hatten, ihnen fielen keine Szenen aus weiteren Filmen ein, sie erinnerten sich nicht an die Bahnstation in ›Zwölf Uhr mittags‹, wo die Gangster auf ihren Boss warteten, an die Geleise, die als eine einsame Drohung flach und geduckt aus der Ebene herausliefen bis vor den Bahnsteig aus zusammengenagelten Brettern. Die Frauen behielten auch nur wenige Namen von Schauspielern, James Dean kannten sie gerade noch, weil er tot war, Karin nannte noch Marilyn Monroe, wußte jedoch nicht, was sie von ihr halten sollte, Karin lehnte sie eher ab, obwohl sie kaum einen Film von ihr gesehen hatte, du bist bloß neidisch, sagte Riko, möchtest du James Dean sein, sagte Karin, dann wär's mit dir schon vorbei. (...)«

Und so kommen sie auf Buddy Holly, der in einem Flugzeug abgestürzt war – Trauer, Heroismus der Medien-Giganten mischen sich in die Alltagsgefühle dieser Jungen.

(Zitate aus: Jürgen Theobaldy, »Sonntags Kino«, Berlin 1978, S. 65 f.; siehe auch Quellenhinweis auf S. 265.)

Das Kino ist die zentrale Tankstation für Emotionen. Der Kinobesuch besaß seine eigene Dramaturgie: Auswahl, Annäherung, Vorfreude, Film, abruptes Ende und die Erfahrung, daß nun der Sonntag bald zu Ende sein wird und der triste Montag wieder beginnt. Das Kino baut in den Wochenend-Alltag eine Gegenwelt heroischer und romantischer Vorstellungen – bis heute. Und bis heute kann das Kino für Jugendliche konkurrieren mit Diskotheken, Kneipen und anderen Trefforten, denn *body, action and emotion* gehen hier über in jugendliche Seelen und die in Körper umgesetzten Bewegungen: Sie leben nicht nur immer wieder »wie im Film«, sondern der Film wird auf ihre Welt hin angeeignet, umgedeutet und bringt doch immer wieder Spurenelemente eines Abenteuers, das mehr enthält als die Normalität des Alltags mit seinen stupiden Wiederholungen – ein *Leben wie im Kino*. Gerade für Nicht- oder Wenigleser wird das Kino so zum zentralen Erlebnisort, der über das Medium des Films Phantasien anspringen läßt.

Auch heute: Medienumgebung »Kino« bevorzugt

In der Bundesrepublik hatte das Kino seine große Zeit in den fünfziger Jahren – jedenfalls als faszinierender, im Rahmen der Straßensozialisation konkurrenzloser Treffort. In der fünfbändigen Shell-Studie »Jugendliche + Erwachsene '85« werden dem Kino im Kapitel »Streiflichter der jüngsten Geschichte von Jugendmedien« wenigstens einige Seiten gewidmet:
»Ja, das gab es damals häufiger... im Frankfurt der frühen fünfziger Jahre. Um 14 Uhr in ›Die Kurbel‹ im Nordend (später ein paar Jahre Türkenkino, heute längst geschlossen). Um 16.10 ins ›Roxy‹ auf der Vilbeler Straße (heute Möbellager). Um 18.20 ins ›Eden‹ am Allerheiligentor (längst abgerissen). Danach die Angst, zu spät zum Abendessen nach Hause zu kommen.

Oder die Kinovorstellung nach dem Nachmittagsunterricht: 17 Uhr im Filmpalast an der Großen Friedberger Straße (heute Möbellager). Ein pompöses Kino mit 1500 Plätzen, es fanden dort auch Symphoniekonzerte statt. Wenn man sich hinsetzte, driftete der Sessel in Liegeposition: ein irritierender Effekt, aber gut für ganz entspanntes Genießen. Trotzdem kam es beim Publikum auf die Dauer nicht an: Besitzer Willy Colm rüstete bald auf konventionelle Bestuhlung um« (Jungheinrich, 1982, Bd. 2, S. 210).

Etwas von der Faszination der damals großen Kino-Inszenierung wird noch in Berichten vieler Schüler lebendig; einige Beispiele (ebd., S. 210f.; vgl. W. Roeßler, 1957):

»Wir traten in einen mittelgroßen, mit weichen Teppichen ausgelegten Raum. Die Beleuchtung war gedämpft, so daß man den Übergang in den Filmraum, der ebenfalls nur schwach beleuchtet war, nicht so stark spürte. Der Boden des Raumes war mit angenehm weichen Teppichen ausgestattet. Er lief zu Zweidrittel zur Leinwand hin abwärts und stieg dann leicht wieder aufwärts. An den Wänden befanden sich kleine Lampen, die bunten Klecksen glichen. Nachdem wir uns auf den bequemen Polstersesseln niedergelassen hatten, dauerte es nicht mehr lange, bis der Gong ertönte« (Volksschülerin, 7. Schuljahr).

»Der hohe große Raum war an den Wänden bunt tapeziert. Die Decke ging geschwungen in die Wände über. Der große rote samtene Vorhang bedeckte fast die ganze Stirnseite« (Gymnasiast, 6. Schuljahr).

»Als ich in das Kinogebäude kam, strömten die Kinobesucher schon durch die weitgeöffneten Türen. Pagen in goldbetreßten Uniformen regelten hier das Gedränge. Bald wurde ein schwerer Samtvorhang zur Seite geschoben, und ich trat in den hellerleuchteten Saal. Hier herrschte eine schwüle Luft, und ein leises Gemurmel war zu hören. Als ich dann von einer Platzanweiserin meinen Platz zugewiesen bekam, ertönte gleich darauf ein leiser Gong...« (Gymnasiastin, 10. Schuljahr).

»Kaum war der Film zu Ende, erhob sich alles rasch, um nicht ins Gedränge zu kommen. Ich war zuerst ganz benommen, als ich aufstand, bis die Ausgangstür von einem uniformierten Türhüter geöffnet wurde. Grelles Licht flutete uns entgegen. Taumelnd stolperten wir die Treppen hinunter« (Gymnasiast, 10. Schuljahr).

J. Zinnecker resümiert das Material: »Kino und Jugendkultur der fünfziger Jahre gehen eine enge Verbindung ein« (S. 211). Bemerkenswert ist, daß sich die Faszination des Kinos als Ort, jedenfalls teilweise, von der der gezeigten Filme unterscheiden konnte. Denn in den fünfziger Jahren gelang es allenfalls im Film DIE HALBSTARKEN (1956), die neuen Probleme der jungen Generation ansatzweise durch genaue Milieuzeichnung der Großstadtjugend zu erfassen. Filme aus der gleichen Zeit, etwa Wolfgang Liebeneiners DIE FRÜHREIFEN (1957) oder Josef von Bakys IMMER WENN DER TAG BEGINNT (1957), bestärkten letztlich nur die geltenden Wert- und Ordnungsvorstellungen: »Daß jugendliche Arbeiter moralisch sauber bleiben, weil sie fleißig sind, konnte Baky verdeutlichen, indem er sie den für Müßiggang anfälligen Söhnen und Töchtern von Intellektuellen gegenüberstellte. Liebeneiner zeigte, daß die Jugend der Führung bedarf. Doch die kraft ihres Engagements legitimierte Lehrerin wird von dem Vertreter der etablierten Ordnung geheiratet... Antikonformismus der jungen Generation wurde in den fünfziger Jahren gelegentlich als zu tolerierende Attitüde verharmlost, wie Wolf Rilla in der Franz-Seitz-Produktion DIE ZORNIGEN JUNGEN MÄNNER (1960) zeigte« (Kahlenberg, 1983, S. 371 f. Vgl. hierzu auch das Kapitel über die fünfziger Jahre »Die Ära Adenauer und die Halbstarken«).

Ende der achtziger Jahre hat das Kino Mühe, sich neben anderen Medienangeboten zu behaupten. Die Studie der ARD/ZDF-Medien-Kommission »Jugend und Medien« (1986) belegt nicht nur, wie heute Jugendfreizeit Medienfreizeit ist. Die repräsentativ im Altersspektrum zwischen 12 und 29 Jahren befragten Jugendlichen gaben nur etwa zur Hälfte an, mindestens einmal pro Monat eine Veranstaltung außer Haus zu besuchen. Freilich: »Befragt man jene 80% der Jugendlichen und jungen Leute, die angeben, überhaupt Veranstaltungen zu besuchen, dann belegt von den acht vorgelegten verschiedenen Veranstaltungen der Kinobesuch den Spitzenplatz. Etwas mehr als die Hälfte der Jugendlichen und jungen Erwachsenen können als mehr oder weniger regelmäßige Kinogänger bezeichnet werden. Dies basiert auf der Annahme, daß mindestens 1 bis 3 Filme pro Monat angeschaut werden« (S. 94). Überdurchschnittlich häufige Kinogänger sind nach dieser Studie vor allem Jugendliche zwischen 16 und 21 Jahren (rund 66% regelmäßiger Kinogänger, d. h. mindestens 1- bis 3mal pro Monat ein Kinobesuch). Gleichzeitig ist in dieser Altersgruppe der Fernsehkonsum am geringsten. Bei den über 22jährigen fällt der Kinobesuch dann schon wieder um 10 % ab.

Ähnliche Tendenzen ergab eine eigene Studie (Baacke/Sander/Vollbrecht). Hier ging es darum, die wichtigsten Medienorte für Jugendliche einzuschätzen, dazu gehören: Kino/Diskothek/Plattenladen/Konsumzone/Kneipe/Bücherei/Buchladen/Jugendzentrum/Videothek/Spielhalle. Fragt man nicht nach der Häufigkeit der Nutzung, sondern nach der Beliebtheit bestimmter Medienorte, so ist in der Liste von 11 Orten das Kino der wichtigste medienbezogene Freizeitort: Ein Viertel der Jugendlichen (26,6 %) gibt dies an. Es folgen die Diskothek (15,2 %), der Plattenladen (13,7 %) und Konsumzonen (12,5 %). Geringere Bedeutung hat die Kneipe (8,4 %) – freilich nicht auf dem Lande, wo sie oft der einzige Treffort ist – oder die Bücherei (6,5 %). Noch weiter abgeschlagen sind das Jugendzentrum (3,4 %), die Videothek (1,5 %) und die Spielhalle (0,9 %), wobei die letzten Medienorte erst älteren Jugendlichen zugänglich sind. Die jugendlichen Kinogänger besuchen im Jahresdurchschnitt ungefähr einmal im Monat ein Lichtspielhaus, genau: 11,4mal im Jahr. Jungen stellen mehr Häufig-Kinogänger als Mädchen; wie in der ARD/ZDF-Studie zeigt sich ein Anstieg des Kinobesuchs bei den über 18jährigen (durchschnittlich 12 Kinobesuche pro Jahr). Ein Einbruch ließ sich bei 12- bis 14jährigen konstatieren – möglicherweise Folge eines pubertierenden Kinogeschmacks und damit der Neujustierung des Kinoverhaltens und des Interesses an Filmen. »Kinderfilme« sind nun nicht mehr attraktiv, Filme für Jugendliche und Erwachsene dürfen oft erst vom 16. bzw. 18. Lebensjahr an besucht werden. Hinzu kommen geringe Geldmittel und geringe Mobilität – ältere Jugendliche verfügen über mehr Taschengeld, wenn sie nicht schon Geld verdienen, und sie sind auch beweglicher (Führerscheinerwerb etc.).

Wichtig ist: Kino ist für Jugendliche wesentlich ein Gruppenerlebnis, für Jungen ausgeprägter noch als für Mädchen. Bemerkenswert ist, daß Gründe gegen einen Kinobesuch selten beim Kino selbst gesucht werden. Unattraktive Filme z. B. werden selten von Jugendlichen als Motiv gegen einen Kinobesuch genannt – eher andere Gründe: hohe Eintrittspreise, schlechte Erreichbarkeit, keine Clique, mit der man hingehen kann. Dem entspricht, daß die Wünsche nach jugendlicher Geselligkeit und der allgemeine Wunsch nach Unterhaltung die wichtigsten Gründe sind, ins Kino zu gehen. Jugendliche besuchen das Kino als Gruppe. Nur 4 % der Befragten geben an, ins Kino zu gehen, um einmal allein zu sein. Kino ist der Ort eines gemeinsamen Film-Erlebnisses. Jugendliche besuchen das Kino, wenn sie »gut drauf« sind. Die mögliche Escape- oder Ersatzfunktion des Kinos, verbunden mit der Vorstellung des Kinos als Produkt medialer »Traumfabriken«, spielt demgegenüber keine große Rolle mehr. Wer Streß oder Probleme hat, sich vom Alltag ablenken will, geht allein deswegen nicht ins Kino. Auch das Alleinsein mit einem/r Partner/Partnerin spielt heute nicht mehr die führende Rolle – Jugendliche haben hier andere Möglichkeiten. Das Kino verliert offensichtlich zunehmend die Funktion einer ohnehin unbequemen erotischen Dunkelkammer. Auch die Familie spielt heute beim Kinobesuch kaum noch eine Rolle. Mit 14 oder 15 Jahren hat sich ein relativ stabiler Trend entwikkelt, nicht mit Eltern oder Geschwistern ins Kino zu gehen. Gleichzeitig steigt die Tendenz, dies mit Gleichaltrigen zu tun.

Kino im Jugendfilm

Die Bedeutung des Kinos für Jugendliche wird auch immer wieder in Jugendfilmen hervorgehoben oder zumindest angedeutet. Sehr oft treffen sie sich vor Kinos, in denen ihre Kultfilme – vielleicht sind es ja auch die der Regisseure – laufen. Bei den deutschen Regisseuren sind es vor allem Wim Wenders (IM LAUF DER ZEIT), Niklaus Schilling (DIE FRAU OHNE KÖRPER UND DER PROJEKTIONIST) und Peter Kahane (VOR-SPIEL), die in ihren Filmen das Kino feiern – genauer gesagt: ein bestimmtes, heute beinahe untergegangenes Kino. Es lebt noch in den Köpfen der Macher und feiert in ihren Filmen seine Wiedergeburt.
Die Hommage an das Kino schlechthin ist THE LAST PICTURE SHOW (USA 1971) von Peter Bogdanovich. Der Film spielt in Anarene, Texas, im Jahre 1951. In Korea wird gekämpft, und in den Staaten herrscht der Geist McCarthys. Die beiden Freunde Sonny Crawford und Duane Jackson verbringen ihr letztes Jahr auf der High School. In dem Ort ist nicht viel los. Die einzigen Treffpunkte sind der Billard-Saloon, das Café und das Kino ›Royal‹. Alle drei gehören ›Sam, dem Löwen‹, mit dem die Jungen befreundet sind. Sam ist in dem öden Provinznest einer der letzten Überlebenden aus der Pionierzeit. Ihre

Freizeit verbringen Sonny und Duane in Sams Umgebung, unterbrochen von Football, Autofahrten, Parties und kurzlebigen Beziehungen zu Frauen. Als Sam plötzlich stirbt, stirbt auch das Kino, die letzte Zufluchtsstätte für Illusionen. Das Fernsehen bewirkte, daß die Reihen immer leerer wurden. Sonny und Duane gehen in die letzte Vorstellung. Es läuft – zum letzten Mal – RED RIVER von Howard Hawks. Der Ort hat seinen Mittelpunkt verloren. Duane meldet sich freiwillig für den Koreakrieg, und Sonny nimmt resignierend sein Verhältnis mit Ruth, der frustrierten und vernachlässigten Frau eines Footballtrainers, wieder auf. Bogdanovich verfilmte Larry McMurtys Roman vom Abschied von der Jugend und der Suche nach Idealen im Stil des amerikanischen Erzählkinos. Sein wehmütig-melancholischer Schwarzweißfilm besticht durch die atmosphärische Rekonstruktion der fünfziger Jahre. Das Fernsehen kommt auf, und das Kino macht zu. Aber mit dem Kinosterben verlieren auch die Kleinstädte ihre Seele. Bevor Bogdanovich Regisseur wurde, war er Filmkritiker und -journalist mit einer besonderen Vorliebe für Filme aus der Glanzzeit Hollywoods. U. a. schrieb er auch eine Monografie über Howard Hawks, und so erklärt es sich auch, daß einem Hawks-Film die Ehre der ›letzten Vorstellung‹ zukommt. Der Film enthält darüber hinaus Zitate aus Filmen von John Ford und Raoul Walsh; er deutet an, wie Jugendliche aus diesen Filmen bestimmte Gesten übernehmen und Verhaltensweisen imitieren (Schäfer, »Film im Film«, 1985).

In TEXASVILLE (USA 1990) setzt Bogdanovich seine Rückschau auf seinen Klassiker fort; der Film spielt – mit den meisten der Darsteller von früher – Mitte der achtziger Jahre. Der Ölboom hat die Stadt verändert; das Gebäude, in dem Sam sein Kino hatte, ist ausgebrannt. Aber unausgesprochen ist es immer noch der zentrale Ort für das Beziehungsgeflecht von Freunden und Bekannten, die sich anläßlich der Hundertjahrfeier der Stadt nach langer Zeit wiedersehen.

Bis heute bleibt ein Resümee, das auch als Ausgangspunkt dieses Kapitels diente: Das Kino ist ein beliebter Jugend-Treffort, und: Jugendliche sind keineswegs nur passive Zuschauer; sie eignen sich ihre soziale Umgebung vielmehr auch mit Hilfe des Kinos an und gestalten ihre eigenen Szenen durch Anregungen, die sie durch Filme erhalten. Das Miteinander von geselligem Beieinander und Kinoerlebnis ist also wesentlich (besonders deutlich in der Kultfilm-Bewegung). Pointiert: Jugendliche beiderlei Geschlechts, insbesondere aber Jungen erleben Filme als Augenblicksstimulanz und Hilfe bei der Intensitätssteigerung von Handlungen, Erfahrungen und Erlebnissen, wie sie um Filme herum agieren; Filme sind für Jugendliche nicht nur ästhetische Objekte, Gegenstand der gemeinsamen Betrachtung, sondern sie gehen mit ihren Zeichen, Stilen, ihren Imitationsappellen ein Stück weit in die jugendlichen Szenen ein, werden im Netzwerk jugendlicher Aktivitäten angeeignet.

5 Die Ära Adenauer und die Halbstarken

»Aufreizende Tänze und solche, die geschlechtliche Handlungen darstellen, sind verboten.
Tänze, die unzüchtige Bewegungen enthalten, sind als obszön zu betrachten.«

(Aus dem Freiwilligen Kodex der Deutschen Filmindustrie, Entwurf 1948)

Kriegsfolgen, Restauration, neue Tendenzen

Als der Zweite Weltkrieg zu Ende ist, stehen auf der Kostenseite »Mensch«: mehr als 4 Millionen gefallene Soldaten; 1,6 Millionen Kriegsversehrte; 1,4 Millionen Frauen, deren Männer im Krieg geblieben sind; 1,4 Millionen Halbwaisen (die Väter sind gefallen oder in Gefangenschaft); 60000 Vollwaisen; 7,5 Millionen sogenannte Heimatvertriebene, und gleichzeitig sind etwa 20 Millionen »displaced persons« unterwegs durch ganz Europa, eine große Nachkriegs-Völkerwanderung. Es fehlen 2,25 Millionen Wohnungen, es fehlt an Heizung, Licht, manchmal Wasser. Aber es beginnt auch der Aufbau: Die amerikanische Militärregierung in Bayern gibt 4 Millionen neue Schulbücher in Druck; die britischen Behörden veranstalten in Aachen und Hamburg Schulungskurse für Nazi-Lehrer, um die Wiedereröffnung der Schulen zu ermöglichen. In den einzelnen Besatzungszonen werden voneinander unabhängige Rundfunkanstalten gegründet (es existieren in Deutschland noch 7 Millionen Rundfunkgeräte). Das erste Mal seit 6 Jahren überträgt der Berliner Sender 1945 wieder eine katholische Sonntagsmesse.
Schlager des Jahres sind die »Capri-Fischer«, und im Radio können Jugendliche selten Boogie-Woogie hören. Während die Entnazifizierungswelle läuft, entsteht eine »Ohne-uns-Bewegung«, die sich gegen die Remilitarisierung richtet, Kennzeichen der von Helmut Schelsky in einem ersten Jugend-Report breit beschriebenen »skep-

tischen Generation«. Die Bundesrepublik erholt sich erstaunlich schnell, die Unterhaltungskultur lenkt ab von der Misere. Im Jahre 1951 werden die »Florentinischen Nächte« zum Schlager des Jahres, und Kinderstar Conny Froboess singt »Pack die Badehose ein«. Zerstörte Städte will niemand sehen; in den deutschen Kinos läuft deshalb erfolgreich die Heimatfilmwelle an (SCHWARZWALDMÄDEL; GRÜN IST DIE HEIDE). Während das Taschenbuch seinen Siegeszug beginnt und das erste Mickymaus-Heft mit deutschen Sprechblasen an die Kioske gelangt, werden immer mehr Kinos eröffnet. Neben den organisierten Jugendgruppen (Kirchen, Pfadfinder, CVJM) sind es die Kinos als erste kommerzielle Freizeitorte, die den heranwachsenden Jugendlichen außer Haus Trefforte anbieten (hinzu kommen die damals beliebten Milch-Bars und Tanzschulen). Zwei Drittel aller Jugendlichen (15- bis 24jährige), weiß die Darstellung »Jugendliche heute« (1955) zu berichten, »gehen mindestens alle 14 Tage einmal ins Kino. Die Jugendlichen beiderlei Geschlechts zwischen 17 und 20, besonders aber die männlichen Jugendlichen dieser Altersgruppe, sind am ›kinowütigsten‹ (...). Es ist eine allgemeine Erfahrung, daß Kinobesuch und Tanz zu den Freizeitbeschäftigungen gehören, die von jungen Paaren – vom Stadium des Flirts an bis zu dem gewichtigeren der Verlobung – besonders bevorzugt werden; daneben aber ist auch der gruppenweise Kinobesuch junger Leute eine Beobachtung, die aus dem vorliegenden Erhebungsmaterial bis zu einem gewissen Grade bestätigt wird (...). Wer häufiger ins Kino geht, geht auch häufiger zum Tanzen bzw. sucht häufiger ein Lokal auf.«

Wenig später kommen dann die großen Rock 'n' Roll-Konzerte, die Rock 'n' Roll-Turniere (ab Mitte der fünfziger Jahre), und im Jahr 1956 wird der Film AUSSER RAND UND BAND (siehe S. 68) erstaufgeführt, und zwar am 2. November in Bremen. Da war Aufbruchsstimmung, wie Bondy (1957) berichtet: »Im Theater herrschte Hochstimmung. Beim Erscheinen einer Rock 'n' Roll-Szene auf der Leinwand setzte ein tumultartiges Getöse ein. Einzelne junge Leute pfiffen auf den Fingern, andere bedienten Trillerpfeifen, Autohupen und andere Lärminstrumente. Einzelne Personen sprangen während der Vorstellung von ihren Sitzen hoch, entledigten sich der Oberbekleidung, gestikulierten mit den Armen in der Luft herum und schrien vor Begeisterung.«

Wieder ist das Kino Jugendtreff, und es mischen sich die unterschiedlichsten Angebote. So läuft DER WILDE mit Marlon Brando in den Kinos (eine Motorrad-Clique tyrannisiert eine amerikanische Kleinstadt), und gleichzeitig wird die Thomas-Mann-Verfilmung KÖNIGLICHE HOHEIT mit Ruth Leuwerik zum Kinohit. In den fünfziger Jahren sind deutsche Produktionen und synchronisierte Filme aus den Vereinigten Staaten in gleicher Weise erfolgreich. 1955 etwa läuft SISSI (ein Jahr später: SISSI, DIE JUNGE KAISERIN), und gleichzeitig faszinieren JENSEITS VON EDEN mit James Dean und DIE SAAT DER GEWALT. Während der Rock 'n' Roll, zunächst in Sankt Pauli und auf bestimmten Tanzdielen, seinen Einzug hält, ist der populärste Schlager Mitte der fünfziger Jahre »Ganz Paris träumt von der Liebe«: Während die deutschen Ausdrucksmittel eher restaurativ und konservativ sind, bringen die amerikanischen Filme und die Musikszene aus den USA neue Themen, neue Impulse, neue Provokationen. 1957 hat das Fernsehen immerhin schon 1 Million Zuschauer, die Stereo-Schallplatten finden reißenden Absatz, und Marilyn Monroe wird als Showgirl in THE PRINCE AND THE SHOWGIRL (DER PRINZ UND DIE TÄNZERIN; Großbritannien/USA 1957; Regie: Laurence Olivier und Anthony Bushell) mit Kulleraugen und rundlich-gefälligen Proportionen neues Schönheitsideal – ein Rang, den ihr nur die Französin Brigitte Bardot in ...ET DIEU CRÉA LA FEMME (UND IMMER LOCKT DAS WEIB, Frankreich 1956; Regie: Roger Vadim) streitig machen konnte.

Die fünfziger Jahre, das waren für die damals Jugendlichen durchaus Zeiten subjektiv erlebten Aufbruchs, und die Kinofilme waren das entscheidende Vehikel für den Transport eines neuen Lebensgefühls aus den USA. So berichtet Frau Wahl (Jahrgang 1939) bei Zinnecker (1985, S. 104 f.) über sich als Motorrad-Fan: »Ich hab mit 16 schon die 400 BSA von meinem Bruder gefahren, ohne Führerschein.« Frau Wahl wuchs über den Vater, der ebenfalls Motorrad-Fan war, in die SPD-Kultur der fünfziger Jahre hinein, war politisch engagiert und – eine aktive Mediennutzerin wie viele Jugendliche. Insbesondere über das Kino vermittelte sich ihr die Musik der neuen Jugendkultur: »Ich bin viel ins Kino. Das hat ja 50 Pfennig gekostet. Besonders die Sonntagsvorstellung, die hat 50 Pfennig gekostet. Wie dann die Rock-and-Roll-Zeit anfing, da waren wir ja alle ganz wahnsinnig, gell. Und da lief der Film ROCK AROUND THE CLOCK, den habe ich mir dann 3mal angeguckt, und abends mußte ich dann meinem Vater beichten, daß ich die 15 DM für die Ballettschule noch mal brauch', weil ich im Kino war.« Diese enge Verbindung von Film und Rockmusik zeigt sich auch an Elvis Presley, dessen Musik über seine Filme schnell erstaunliche Verbreitung fand.

Rauchende Trümmer, zerstörte Familien, Hunger und Armut; schneller Wiederaufbau, anknüpfen an alte Erfahrungen; aufbrechen zu neuen Stilen und Empfindungen – dies alles verband sich für die Jugendlichen der fünfziger Jahre miteinander und vermittelte ein zum Teil widersprüchliches Lebensgefühl zwischen Restauration und Aufbruch. Das Filmangebot spiegelt diese Zerrissenheit, diese frühe Ambivalenz deutlich wider.

Trümmerfilme

DIE MÖRDER SIND UNTER UNS von Wolfgang Staudte (1946) und FILM OHNE TITEL von Rudolf Jugert (1948) sind zwei der Filme, die als Beispiele für künstlerisch anspruchsvolle»Trümmerfilme« in die deutsche Filmgeschichte eingegangen sind. Es sind Einzelleistungen mit einem Qualitätsstandard, der in den folgenden Jahren nicht gehalten werden konnte, da in der Ära Adenauer der Film kulturpolitisch keinen hohen Stellenwert besaß. Von Anfang an gab es nur ein wirtschaftliches Interesse an der durch die Nationalsozialisten in Verruf gekommenen Filmindustrie – ein entscheidender Fehler, wie sich später herausstellen sollte. Begünstigt wurde die kulturpolitische Vernachlässigung des deutschen Films durch die von den Alliierten geforderte und im Grundgesetz auch verwirklichte föderative Ordnung. Die Teilung Deutschlands in Besatzungszonen und die Auffassung, daß der Film wie Rundfunk und Presse behandelt werden müsse, führten zur Vergabe zahlreicher Einzellizenzen, die mangels Produktions- und Abspielkapazitäten größtenteils kaum genutzt werden konnten. War die Gleichsetzung von Besatzungs- und Produktionszonen in der sowjetisch besetzten Zone, der späteren DDR, noch einigermaßen sinnvoll, wurde sie zum Widersinn, sobald einzelne Vorhaben in den von ihnen implizierten Bundesländern angegangen wurden. Es mochte noch angehen und vertretbar sein, daß die Besatzungsmächte die ihnen entsprechenden Rundfunkanstalten forderten, aber ein »hessischer« oder »bayerischer« Film war keine glückliche Lösung. Es fehlte in der Startphase ein Produktionszentrum, in dem die kreativen und kommerziellen Kräfte konzentriert und gebündelt werden konnten. Die Beschaffungsmethoden für die Filmgelder entsprachen den Ritualen des Schwarzmarktes; den von den einzelnen Ländern investierten Mitteln war kein nennenswerter Erfolg beschieden. Begünstigt durch den Nachholbedarf an ausländischen Filmen, besonders durch das starke Interesse an den amerikanischen Filmen, konnten Firmen aus den Vereinigten Staaten frühzeitig den neuen Markt für den Vertrieb ihrer Filme okkupieren. Obwohl sich trotz der Anfangshemmnisse in den Folgejahren eine ertragreiche deutsche Filmindustrie entwickelte, waren es die amerikanischen Filme und nicht die deutschen, die in diesen Jahren die höchsten Einspielergebnisse erzielten.

Um Deutschland von vornherein gleich auf die die Filmproduktion normierenden gesellschaftlichen Verbotsbestimmungen festzulegen, »wurde im Auftrag der ›Legion of Decency‹ den deutschen Filmgesellschaften ein ›Freiwilliger Kodex der Deutschen Filmindustrie‹ als Entwurf überreicht, der die nordamerikanischen Bestimmungen fast wörtlich übernahm« (so Wilfried von Bredow und Rolf Zurek in: »Film und Gesellschaft in Deutschland – Dokumente und Materialien«, 1975, S. 245). »Die Freiwillige Selbstkontrolle (FSK) der Filmwirtschaft und auch die Praxis der Filmbewertung (FBW) – beides oft genug Zielscheibe liberaler Kritik – sind von diesen Einflüssen nachhaltig mitbestimmt worden.«

In »Deutscher Nachkriegsfilm 1946–1948« (1965) hat Peter Pleyer die deutschen Spielfilme aus diesen Jahren analysiert und ausgewertet. Danach wurden »in der Zeit zwischen dem Kriegsende und dem Ende des Jahres 1948 insgesamt 40 neue deutsche Spielfilme fertiggestellt und uraufgeführt, von denen 35 entweder im aktuellen Umraum der Nachkriegszeit spielten oder durch ihr Thema in Beziehung zur Gegenwart standen... Da die meisten Autoren und Regisseure des deutschen Nachkriegsfilms in den Inhalten der Filme bestimmte in der Nachkriegsgesellschaft vorherrschende Bewußtseinsinhalte registrierten oder behandelten..., entsprachen ihre Filme zum überwiegenden Teil nicht den Wünschen des Publikums, das im Kino gerade Ablenkung von diesen Bewußtseinsinhalten finden wollte. Die deutschen ›Trümmerfilme‹ wurden dementsprechend vom Publikum

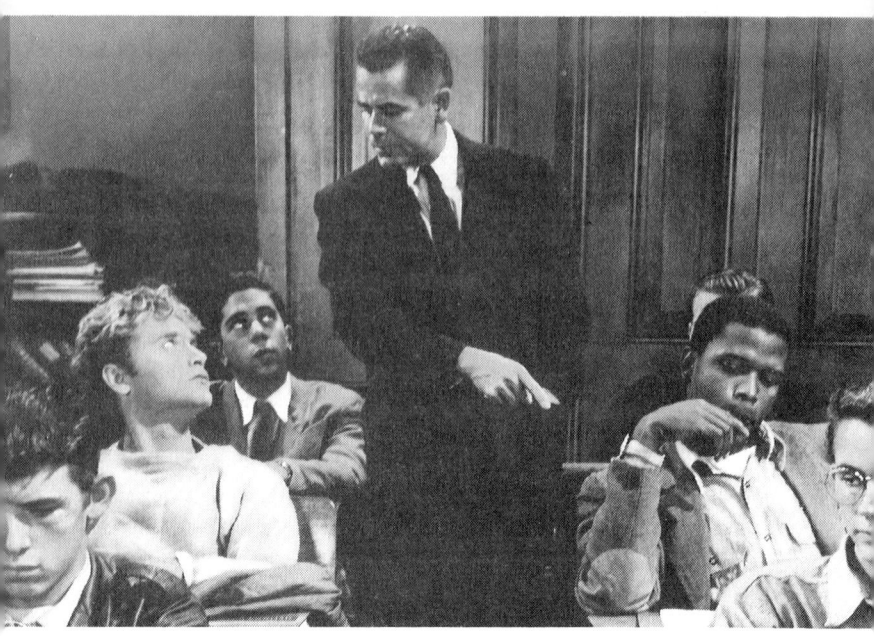

Vic Morrow und Glenn Ford in BLACKBOARD JUNGLE

weitgehend abgelehnt und konnten im Verhältnis zu ausländischen Unterhaltungsfilmen nur geringe Besucherzahlen erreichen« (a. a. O., S. 160).

Die Saat der Gewalt

Angesichts dieser Entwicklung und der vielfältigen Bemühungen der deutschen Filmproduzenten, publikumsträchtigere Stoffe auf den Markt zu bringen – bei denen sich die »Heimatfilme« für einige Jahre als das sichere Geschäft erweisen sollten –, wundert es nicht, daß die fast konkurrenzlosen Filmimporte aus den USA mit dazu beitrugen, den Lebensstil der Deutschen in der Nachkriegszeit zu »amerikanisieren«. Anstelle der »Trümmerfilme« wollten die deutschen Zuschauer lieber Hollywoods Stars und Sternchen sehen – und nachahmen. War es 1949 noch der brave und gutsituierte Stewart Granger, der bei der ersten ›Bambi‹-Umfrage zum beliebtesten Filmschauspieler gewählt wurde, so änderten sich ab Anfang der fünfziger Jahre die Kinohelden und Identifikationsfiguren für die in den Kriegsjahren geborenen Jugendlichen, die nun ins Kino gehen konnten und Lebensstile entdeckten, die ihren Unmut und ihre Unzufriedenheit mit der eigenen Lebensrealität bestätigten.

Marlon Brando (DER WILDE), James Dean (REBEL WITHOUT A CAUSE) – vgl. dazu das Kapitel »Stars, Idole, Ikone« – und Elvis Presley (LOVE ME TENDER) wurden die ausgesprochenen Kultfiguren einer Generation junger Deutscher, die als erste sehr stark von der amerikanischen Kultur und ihrer Kommerzialisierung geprägt wurde. Bill Haleys »Rock Around The Clock« war die Themen-Musik zu dem Halbstarken-Melodram DIE SAAT DER GEWALT (BLACKBOARD JUNGLE, USA 1955; Regie: Richard Brooks), in dem Schul- und Jugendprobleme mit sozialen Outsidern in einer in Deutschland bis dahin nicht gekannten realistischen Schärfe dargestellt wurden. In der disziplinlosen und halbkriminellen Jungenklasse einer Berufsschule in der Bronx – und in ihrer »Abhängigkeit von bösen Naturen«, wie es die katholische Filmkritik formulierte – sieht ein junger Englischlehrer eine Herausforderung seiner pädagogischen Ideale, die er nach psychischen und physischen Blessuren übersteht. Das optimistische und versöhnliche Ende des Films läßt nicht vergessen, daß der Lehrer (gespielt von Glenn Ford, sein Gegenspieler – ein Marlon Brando ähnelnder Typ – ist Vic Morrow) mit seinem unkonventionellen Einsatz allein bleibt; seine Kollegen haben den täglichen Klassen-Kampf gegen ihre Widersacher, denen »man nie den Rücken zukehren soll«, resigniert aufgegeben. Haleys Musik und Brooks' Film erregten in den Vereinigten Staaten und in Westeuropa großes Aufsehen; der Song aus dem Jahr 1954 wurde erst durch den Film zum Hit, und vor den Kinos stand man Schlange. Die Jugendlichen hatten ihre eigene Musik und Idole, mit denen sie sich deutlich von ihren Eltern absetzten.

Deutsche Jugend – deutsche Mädchen

In der BRD produzierte man hingegen bis zu diesem Zeitpunkt nette, bezaubernde und unverfängliche Schulgeschichten wie GELIEBTES FRÄULEIN DOKTOR (1954; eine Landschulheim-Klasse verwandelt eine rückständige Lehrerin in eine attraktive Dame) und IHRE GROSSE PRÜFUNG (1954; Luise Ullrich verwandelt als verständnisvolle Lehrerin eine aufsässige Abiturklasse in einen Club moderner sambatanzender junger Leute); der Start der SISSI-Trilogie bewegte die deutschen Gemüter. Die von der Elterngeneration gestützten Jugendleitbilder vermittelten sich in wohlgefälligen Familienfilmen, von denen die IMMENHOF-Reihe als besonders typisch angesehen werden kann. Der Immenhof ist ein kleines Ponygestüt in der Holsteinischen Schweiz, auf dem verschiedene Generationen miteinander leben und die unterschiedlichen Kulturkreise von Stadt und Land aufeinandertreffen. Der Film DIE MÄDELS VOM IMMENHOF (1955; Regie: Wolfgang Schleif) fügt sich nahtlos ein in die vom breiten Publikum goutierte Heimat- und Familienfilm-Idylle. Dick (Angelika Meissner-Voelkner) und Dalli (Heidi Brühl) wachsen mit den Ponys auf, die ihre Großmutter züchtet. Als Cousin Ethelbert (Matthias Fuchs) seine Ferien auf dem Immenhof verbringt, wird die Harmonie unbeschwerter Sommertage vorübergehend gestört. Ethelbert ist ein affektierter und arroganter Typ (nomen est omen), dessen Habitus auf dem Hof lächerlich wirkt. Die Natürlichkeit und Unbeschwertheit von Dick und Dalli bewirken, daß der Fatzke vom hohen Roß herab- und zum Ponyfreund hinaufsteigt. Am Ferienende hat sich Ethelbert total gewandelt, und da sich außerdem auch die restlichen Probleme wie die Geldsorgen der Großmutter und die Liebe der älteren Schwester Angela (Christiane König) zum benachbarten Pächter gelöst haben, ist der alte Zustand von Glück und Harmonie wiederhergestellt.

Der IMMENHOF akzentuiert den Gegensatz von Stadt und Land und läßt in fast allen Belangen das unkomplizierte Miteinander des Landlebens den Attitüden des Großstädters als überlegen erscheinen; Gegensatzpaare wie »gesund« und »unnatürlich« oder »unvoreingenommen« und »arrogant« werden deutlich herausgestellt. Dick und Dalli fügen sich ohne Widerspruch ein in die Strukturen der Familie und des Betriebes. Ein Kinobesuch in der Stadt wird als besonderes Ereig-

DIE MÄDELS VOM IMMENHOF Dalli (Heidi Brühl) und Dick (Angelika Meissner-Voelkner) stellen ihrem Freund Hans (Peter Tost) den soeben eingetroffenen Vetter Ethelbert (Matthias Fuchs) vor.

nis entsprechend groß herausgestellt. »Die Mädels vom Immenhof« waren mit sich und ihrem Umfeld zufrieden und an Rock 'n' Roll nicht interessiert; ihre Ausstrahlung begeisterte ein Millionenpublikum und regte spontan zu Fortsetzungsfolgen an, die sich mit derselben Besetzung der Hauptrollen an den Figuren des ersten Films orientierten: HOCHZEIT AUF IMMENHOF (1956; Regie: Volker von Collande) und FERIEN AUF IMMENHOF (1957; Regie: Hermann Leitner). Die IMMENHOF-Filme waren unpolitisch und konservativ, sie spiegelten eine saubere deutsche Natur mit aufrechten und gottesfürchtigen Menschen wider. Der Nachhall der Straßenkrawalle drang nicht bis zum Ponyhof vor; einige Veränderungen gab es erst in der dritten Folge zu verzeichnen, in der sich der Immenhof den Zeichen der Zeit anpaßt und sich dem Tourismus öffnet.
»Etwa 20 Jahre nach den ersten IMMENHOF-Filmen in den 50er Jahren

inszenierte Wolfgang Schleif zwei Fortsetzungen der Serie, DIE ZWIL-
LINGE VOM IMMENHOF, 1973, und FRÜHLING AUF IMMENHOF, 1974.
Heidi Brühl, als inzwischen erwachsene Dalli als einzige von der ursprünglichen Besetzung übriggeblieben: ›Ich bin sicher, daß die IM-
MENHOF-Filme genau das Richtige für das Publikum sind. Die Leute
wollen wieder ins Kino gehen, und sie wollen dort unterhalten und
nicht mit Problemen belastet werden‹« (ZDF-Programminformation
16/90).
Mit entscheidend für diese Entwicklung war, daß es nach Kriegsende
keinen totalen Bruch und keinen Neubeginn zu verzeichnen gab, sondern sogar von einer Kontinuität gesprochen werden kann, deren
Grundlagen im Nachkriegsfilm gelegt wurden. Peter Pleyer hat in
einem Beitrag über Aufbau und Entwicklung der deutschen Filmproduktion nach 1945 (für Bredow/Zurek: »Film und Gesellschaft in
Deutschland«) auf diese Zusammenhänge verwiesen und nachgewie-
sen, daß sich der Inszenierungsstil der meisten neuen Spielfilme an
traditionellen Qualitätsmaßstäben orientierte: »Nicht das Streben
nach Originalität, nach neuartigen Aussagemöglichkeiten und damit
einer Erweiterung der filmischen Syntax herrschte vor, sondern der
Hang zu technischer Perfektion bei Anwendung der herkömmlichen
filmischen Gestaltungsmittel« (Bredow/Zurek, S. 281).
Als ein prägnantes Beispiel dieser Kontinuität kann MÄDCHEN HINTER
GITTERN (1949; Regie: Alfred Braun) angesehen werden. Der Film
»übernimmt in verflachter Form Motive aus dem bedeutenden Film
MÄDCHEN IN UNIFORM (Leontine Sagan/Carl Froelich, 1931), beide
Filme erleben später eine Neuproduktion (MÄDCHEN IN UNIFORM
1958; Regie: Geza von Radvanyi, MÄDCHEN HINTER GITTERN 1965;
Regie: Rudolf Zehetgruber), in der sich die Stereotypisierung und
Banalisierung eines Stoffes vollendet. Produzentin in beiden Fällen
ist Artur Brauners bis zur westdeutschen Kinokrise mächtiger Kon-
zern CCC Filmkunst GmbH (Klaus Kreimeier, »Kino und Filmindustrie in der BRD«, S. 155).
Alfred Braun, Schauspieler, Regisseur und Drehbuchautor bei Veit-
Harlan-Filmen, suchte sich für seinen Nachkriegs-Spielfilm die Mädchen buchstäblich von der Straße, um seinem Film über junge Leute
in Berlin größtmögliche Authentizität zu verleihen. Über ein Einzel-
schicksal wird das Leben junger Mädchen geschildert, die in einer
autoritär geführten Besserungsanstalt leben. Die Erklärungsmuster

für ihre Verwahrlosung liegen in den Kriegswirren und in dem Versagen der Erwachsenen. Obwohl der Film melodramatisch und gefühlsbetont gängige Klischees bestätigt, zeigt er doch die auf die Nachkriegsjahre zutreffende Situation, daß die Jugendlichen übergangslos in die Welt der Erwachsenen hineinwuchsen. Wer von dort ausbrach, hatte keine Chance zur eigenen Entwicklung, sondern landete im asozialen Milieu der Halbwelt. Die Darstellung der jugendlichen Protagonistinnen und die Perspektive der Erzählweise entsprechen dem Muster des deutschen Unterhaltungsfilms der dreißiger und vierziger Jahre und fügen sich übergangslos ein in den Stil der Nachkriegsfilme. Eine Änderung trat »erst um das Jahr 1960 ein. Es erfolgte die Öffnung nach dem Westen. War bis dahin der westdeutsche Film ein Epigone des Films im Dritten Reich, so wurde er nun ein Epigone des westlichen Films – des amerikanischen, englischen und französischen. Der heimische Strickstrumpf wurde beiseite gelegt und der Anschluß an den internationalen Markt gesucht. Die neue Idee, die man hatte, bestand darin, sich an erprobte ausländische Erfolge anzuhängen« (Hans-Peter Kochenrath zur »Kontinuität im deutschen Film«, in: Bredow/Zurek, »Film und Gesellschaft in Deutschland«, S. 288).

Nicht mehr fliehen

Mit NICHT MEHR FLIEHEN (1955) versuchte der 1931 in Wien geborene Herbert Vesely, der bis zu diesem Zeitpunkt einige Kurz- und Experimentalfilme gedreht hatte, mit der Kontinuität – den Formen, Themen und Klischees des deutschen Spielfilms – zu brechen und mit neuen Ausdrucksmitteln zu experimentieren. Sapphire und Gérard, zwei junge Leute auf der Flucht, gelangen in einer zivilisationsfernen Gegend buchstäblich an den Punkt »Null« ihrer Existenz; Gérard bringt einen Menschen um, und Sapphire verschwindet in einer wüstenähnlichen Landschaft. Der Regisseur »versucht, einen Mord zu analysieren, der jenseits moralischer Wertungen sich vollzieht. Er zerlegt die Situationen eines entleerten und sinnlosen Lebens, einer hoffnungslosen Mechanik des Alltags, aus der keine Flucht mehr hilft, und legt die Momente frei, die zur Explosion oder Abreaktion im Mord führen. Dabei konstruiert er keine logisch ablaufende Handlung: er reiht Szenen von quälender Monotonie und stimulierender Trostlosigkeit aneinander. Der Mechanismus des Tagesgeschehens, Déjàvus, Tagträume und Assoziationen durchdringen einander... NICHT MEHR FLIEHEN ist kein alltäglicher Film. Er stellt Ansprüche an sein Publikum. Es ist anzunehmen, daß er vielen Schwierigkeiten bereiten wird, daß viele in die Monotonie eines zur Wüste gewordenen Lebens nicht folgen können oder wollen. Wer nach einer Lösung der Problematik sucht, sucht vergeblich. Der Film sollte sie aufhellen – aus ihr herauszuführen kann seine Aufgabe nicht sein« (Raimond Rühl, in:»Neuer Deutscher Film«, S. 41).

Wurde Veselys Konzeption von der »Filmkritik« (1/57) noch beifällig honoriert:»...ein starkes und originelles Talent, das den Film für sich neu entdeckt...«, so differenzierte die konventionelle Kritik (in diesem Fall: die konfessionelle Kritik des »Evangelischen Filmbeobachters«) zwischen dem »avantgardistischen Vorstoß in filmisches Neuland« und dem Inhalt: »Herr Herbert Vesely ist 24 Jahre alt. Er wird sicherlich behaupten, ein typischer Vertreter der typischen Jugend von heute zu sein. In der Publikumsdiskussion wurde es auch prompt behauptet, daß hier deutlich das Lebensgefühl der jungen Menschen seinen unüberhörbaren Ausdruck finde. Und genau das finden wir falsch.« Und:»...zu dem Inhalt sagen wir sehr kraß und deutlich: Nein! Wir möchten diesen Streifen nicht in unseren Filmtheatern sehen.«

Außer Rand und Band

Angesichts der von Großverleihern kontrollierten Kinolandschaft hatte NICHT MEHR FLIEHEN trotz der Förderung des Landes Nordrhein-Westfalen mangels alternativer Abspielstellen keine Chance, die jugendlichen Kinobesucher zu erreichen. Dafür wurde »Rock Around The Clock« zu einer Art »Marseillaise der Teenager-Revolution«: Der Titel wurde ein Jahr später für einen Musikfilm gleichen Namens mit Bill Haley und den COMETS geschickt vermarktet (Deutscher Titel: AUSSER RAND UND BAND, USA 1956). Die in solchen Filmen oft strapazierte und wenig ergiebige Geschichte der Ainateur-Band, die nach einigem Hin und Her ihren großen Durchbruch erzielt, wurde allein wegen ihres Protagonisten ein Riesenhit.

Nicht ganz so erfolgreich war der in großer Eile produzierte Nachfolgefilm DON'T KNOCK THE ROCK! (AUSSER RAND UND BAND, 2. Teil), in dem die Erfolgs-Band eine strenge Musikkritikerin von der Unschädlichkeit und Salonfähigkeit ihrer Musik überzeugen kann. Bill Haley, der mit diesen Filmen zu weltweiter Berühmtheit aufstieg, geriet danach in den Schatten von Elvis Presley und Jahre später nach einer schweren Krise endgültig in Vergessenheit. Mitte der fünfziger Jahre aber setzte seine Musik angestaute Aggressionen frei. Nach Rock 'n' Roll-Konzerten oder -Filmen zertrümmerten Jugendliche Stühle und Bänke. Die »Halbstarken«, die »vaterlosen Kinder des Krieges« waren die erste Generation nach dem Krieg, die durch ihr Äußeres auffiel: Es waren überwiegend proletarische, nicht politisch motivierte Jugendliche, die sich in Banden zusammenschlossen. Sie erschreckten ihre Eltern nicht länger mit harmlosen Entenschwanz-Frisuren und provozierten die Wohlstands-Bundesbürger nicht nur mit knatternden Mopeds, sondern demolierten nun ihre Autos und prügelten sich mit Polizisten. Es war die Zeit der von den Medien geschürten und hochgeputschten »Halbstarken-Krawalle«, die erste unruhige gesellschaftliche Situation der noch jungen Bundesrepublik. Denjenigen, die in den Debatten des Jahres 1956 um die Wiedereinführung der Wehrpflicht für »Zucht und Ordnung« eintraten, waren diese Unruhen willkommen; sie interpretierten und nutzten sie für ihre Zwecke. Die »Saat der Gewalt« ging auf und verunsicherte die Deutschen, die sich nach der Freßwelle auf die Konsumwelle stürzten und ungestört ihren Urlaub bei den Capri-Fischern verbringen wollten. Die Polizei griff mit immer härteren Mitteln durch, und die Gerichte verhängten abschreckende Strafen.

»Rock 'n' Roll« ist ein Slangausdruck für Beischlaf und wurde von den Medien als »Veitstanz des 20. Jahrhunderts« angegriffen; ein paar Jahre später bereits fand er sich in gezähmter Form im Tanzschulunterricht wieder. Dennoch demonstrierte er nicht zuletzt offene sexuelle Freizügigkeit und war schon deshalb den Tugendwächtern von Staat und Kirche (»Wir raten ab!«) zuwider.

Lederjacken rechnen ab

Die Musikfilme mit Bill Haley, Elvis Presley u. a. boten sich in idealer Weise dazu an, den Verkauf der Platten anzuheizen und die umsatzträchtigen Übersee-Tourneen der Stars vorzubereiten. In schneller Folge wurden weitere Rock 'n' Roll- und Halbstarken-Filme produziert. »Obwohl all diese Filme die Nachfolge von DIE SAAT DER GEWALT angetreten hatten, unterschieden sie sich zumindest in einem wichtigen Punkt von dem ersten Rockfilm. War DIE SAAT DER GEWALT noch seriöses, teures Hollywood-Kino, so entstanden die übrigen Filme unter recht hektischen Produktionsbedingungen. Kein Mensch glaubte, daß sich der Rock 'n' Roll lange behaupten würde. So galt die Produktion der Rockfilme anfangs als Risikounternehmen, in das man nicht nur wenig Geld, sondern entsprechend wenig Geist investierte« (Jürgen Struck, »Rock Around The Cinema«, S. 14).

Was auf den Markt kam, waren in erster Linie amerikanische B-Pictures, die von Jugendkriminalität, Autodiebstählen, Drogenkonsum, Sittlichkeitsverbrechen, Bandenkriegen, Motorradduellen und immer wieder vom Rock 'n' Roll handelten. Die meisten der Filme sind heute vergessen; einige haben es in der Zwischenzeit allerdings zu ausgesprochenen Kultfilmen gebracht. Ihre verspätete filmhistorische und künstlerische Aufwertung finden sie heute (da die fünfziger Jahre neu entdeckt werden) in den Fachpublikationen, in den Spätvorstellungen der Programmkinos und sogar bei renommierten Festivals. So präsentierte beispielsweise das Filmfest München 1991 eine Retrospektive der Produktionen von Samuel Z. Arkoff (American International Pictures). Die annähernd 500 Filme, die zwischen 1954 und 1979 gedreht wurden, sind auf ein junges, zahlungskräftiges Publikum zugeschnitten. »Das etablierte Hollywood brauchte lange, um die Zeichen der Zeit zu erkennen. Zugegeben, ausnahmslos allen frühen AIP-Filmen sieht man ihr wahnwitzig niedriges Budget an; und ihr handwerklich-formaler Standard ist gelegentlich unter aller Kanone, aber dies schmälert ihre Bedeutung für die Frühgeschichte der jugendspezifischen Popkultur nicht im geringsten« (Ulrich von Berg, Katalog Filmfest München 1991, S. 266).

Zu den in München aus der Versenkung hervorgeholten Filmen zählen u. a.: SHAKE, RATTLE AND ROCK! (1956), ROCK ALL NIGHT (1957),

REFORM SCHOOL GIRL (1957), MOTORCYCLE GANG (1957; dt. Titel: LE-
DERJACKEN RECHNEN AB), THE COOL AND THE CRAZY (1958) und THE
WILD ANGELS (1966; Buch und Regie: Roger Corman, mit Peter
Fonda, Nancy Sinatra und Bruce Dern). Peter Fonda und Dennis
Hopper – die beiden »Easy Rider« – starteten ihre Karriere mit solchen Filmen; typisch für Hopper ist seine Rolle in DIE WÖLFE VON
LOS ANGELES (KEY WITNESS, 1959; Regie: Phil Karlson), der 1960 in
die deutschen Kinos kam und in einem Atemzug mit den oben beschriebenen B-Pictures für ein ausgesprochen jugendliches Publikum
zu nennen ist. Hopper war von Anfang an festgelegt auf den Typ, der
nicht dem netten Jungen von nebenan entspricht und den man nicht
gerne zum Schwiegersohn hätte. In diesem Film spielt er die ihm ge-
mäße Rolle als Anführer einer Jugendbande, die an Straßenecken, in
Bars und in Garagen herumlungert. Aus Eifersucht tötet er einen jungen Mexikaner; ein Zeuge des Verbrechens, der gegen ihn bei der
Polizei und bei Gericht aussagen will, wird von der Bande mit brutalen Mitteln terrorisiert. Mit wenigen Strichen skizziert der temporei-
che und schnörkellose Film das Vorortmilieu von Los Angeles und die
Spannungen zwischen den aufsässigen Jugendlichen, den einge-
schüchterten Bürgern und den zynischen Polizisten.

Die Halbstarken

Da die westdeutschen Produzenten ebenfalls von dem Boom der
»Halbstarken«-Filme und ihren Idolen Marlon Brando und James
Dean profitieren wollten, entstanden schnell eigene Filme, die sich in
Inhalt, Tendenz und Aufmachung an den amerikanischen Vorbildern
orientierten. DIE HALBSTARKEN (1956) ist der erste dieser Nachah-
mungsfilme. »Nach der Premiere notierten sich Produzenten und Kritiker den Namen des Regisseurs: Georg Tressler. Niemand kannte
ihn. Dabei hatte er bereits eine Goldmedaille für einen Film bekommen. Für einen Kulturfilm mit dem aufregenden Titel ›Ertragreicher
Kartoffelanbau‹« (Manfred Barthel, »So war es wirklich – Der deutsche Nachkriegsfilm«, S. 293). Horst Buchholz, für seine Rolle in dem
Ost-West-Drama HIMMEL OHNE STERNE (1955; Regie: Helmut Käutner) mit dem Bundesfilmpreis ausgezeichnet, spielt in DIE HALBSTAR-
KEN den 19jährigen Freddy, der sich von seiner Familie getrennt hat

und in Westberlin eine Jugendbande anführt; mit seiner 15jährigen Freundin Sissy verbindet ihn die Leidenschaft zum Rock 'n' Roll. Freddys Bande läßt keine Gelegenheit aus, Erwachsene zu provozieren und sich mit ihnen anzulegen. Zoff und kleinere Diebstähle sind an der Tagesordnung. In einen größeren Coup zieht Freddy seinen jüngeren Bruder Jan mit hinein, weil dieser mit dem Geld aus dem Überfall eines Postautos die durch eine leichtfertige Bürgschaft entstandenen Schulden seines Vaters bezahlen will. Die Tat bringt nicht den gewünschten Erfolg, da in den Postsäcken nur Briefe und Überweisungsformulare sind. Sissy stiftet Freddy zu einem weiteren Verbrechen an. Bei einem Wohnungseinbruch treffen sie auf einen herzkranken Mann, der sich ihnen in den Weg stellt und die Polizei alarmieren will. Da Freddy der Situation nicht gewachsen ist, übernimmt Sissy das Kommando. Sie ist es, die zuerst den Kranken und dann Freddy niederschießt, als dieser von ihr die Pistole haben will. Ein Großeinsatz der Polizei führt diese direkt zum Tatort; der Vater von Freddy und Jan erlebt hautnah mit, was aus seinen Söhnen geworden ist.

Der Film distanziert sich im Vorspann von seiner Geschichte und weist darauf hin, daß die »Mehrheit der Jugendlichen mit der Erscheinung der Halbstarken nichts zu tun hat«. Er will eine Warnung sein für »alle jungen Menschen, die in Gefahr sind, auf Abwege zu geraten«. Trotzdem wird durch eine Mischung aus unrealistischer Milieuschilderung und unglaubwürdiger Kriminalhandlung die Jugendszene kriminalisiert; bei dem Erklärungsmuster für den Protest und den Generationskonflikt (der Vater ist streng und hart, die Söhne sind labil und verführbar) sind Rollenverteilung und Schuldzuweisungen eindeutig plakativ und nicht differenziert dargestellt. Interessant ist, daß der selbstsichere und großspurige Freddy noch von der viel jüngeren Sissy übertroffen wird; sie ist viel ehrgeiziger und kaltblütiger als die Jungen in der Bande. Am Ende, als die Polizei die jugendlichen Kriminellen einkassiert, sieht man eine andere Bande – eine Motorradgang – vorbeifahren, was auf die größeren Dimensionen des dargestellten Problems assoziativ hindeuten soll.

Dem Regisseur Georg Tressler brachten DIE HALBSTARKEN Anerkennung (»formal neue Wege«), einen Bundesfilmpreis und Kritik ein: »Man wird das unangenehme Gefühl nicht los, daß ein ernstes Problem wie das der Halbstarken nur aus Geschäftsgründen aufge-

DIE HALBSTARKEN Horst Buchholz und Karin Baal

griffen, eine innere Bewältigung dieses Themas aber gar nicht versucht worden ist. Die Jugend, die diesen Film in Scharen sieht, wird daher enttäuscht. Sie wird hier im Grunde mit ihrer Frage und Anklage nicht ernst genommen« (»Evangelischer Filmbeobachter«, 1956). Nach den HALBSTARKEN blieb Tressler u. a. mit ENDSTATION LIEBE (1957), NOCH MINDERJÄHRIG (1957) und GESTÄNDNIS EINER SECHZEHNJÄHRIGEN (1960) beim Thema; den Erfolg seines Erstlingswerkes konnte er damit allerdings nicht wiederholen. In ENDSTATION LIEBE spielt Horst Buchholz einen jungen Arbeiter – Mecky –, der mit Kollegen darum wettet, übers Wochenende ein Mädchen rumzukriegen. Die leichtfertige Wette bringt ihn in ernsthafte Schwierigkeiten. Der selbstbewußte Frauenheld und leicht aufbrausende Sportsfreund Mecky entdeckt nämlich seine romantische Ader und seine echten Gefühle; er verliebt sich in das Mädchen und wird ein anderer Mensch. Die Zeiten haben sich geändert: Mecky ist ein angepaßter Halbstarker, der sich im Anzug und mit Krawatte vorzeigbar benehmen kann. Der äußerste Gipfel provokanten Verhaltens besteht darin, mit dem Fahrrad auf dem Bürgersteig zu fahren.

Conny und Peter machen Musik

»Von 1951 bis 1954/55 dominierte unter den westdeutschen Streifen die Gattung des Heimatfilms, der schöne Landschaften und zumeist glücklich endende Liebesgeschichten zeigte; gleichfalls liefen die zahlreichen Arzt- und Schicksalsfilme an... Die Welle der Monarchen-Filme, die zahlreichen Lustspiele, Revue- und Schlagerfilme und schließlich eine Reihe ambitionierter, aber in der Regel wenig erfolgreicher Literaturverfilmungen (...) beherrschten den westdeutschen Anteil des Filmmarkts... Was eine obrigkeitliche Soziologie in jenen Jahren als Fundamentalbedürfnis der Westdeutschen hinzustellen versuchte, wurde auch und nachhaltig durch den bundesdeutschen Unterhaltungsfilm gefördert: der Rückzug ins Private, der die Politik ›denen da oben‹ überließ« (Wilfried von Bredow, in: Bredow/Zurek, »Film und Gesellschaft in Deutschland«, S. 320f.). Die Lebenswirklichkeit der Jugendlichen wurde in diesen Filmen ebenso ausgeblendet wie ein Verständnis für ihre Belange oder Probleme. Als zahlendes Publikum waren Jugendliche der Branche willkommen und wurden oft genug mittels unlauteren Geschäftsgebarens, falscher Versprechungen und durch reißerische Aufmacher in die Kinos gelockt. Gezeigt wurden aber Filme, die den politisch opportunen und nach außen vertretenen Moralvorstellungen der Altväter der Filmbranche entsprachen.

Die Antwort der deutschen Produzenten auf die Elvis-Welle war »Deutschlands erster Teenager-Musikfilm« (so die Werbung) WENN DIE CONNY MIT DEM PETER (1958) mit Conny Froboess und Peter Kraus, die als deutsche Teenager-Idole aufgebaut werden sollten. Die Handlung spielt in einem Landschulheim, das eine Schar jazzmusikbegeisterter Schüler und Schülerinnen beherbergt, die zwar etwas frech und aufmüpfig sind, aber keineswegs »außer Rand und Band« geraten. 1960 folgte CONNY UND PETER MACHEN MUSIK – und in den Pausen klären die beiden in einem Hotel am Lago Maggiore ganz nebenher einen Schmuckdiebstahl auf.

Im direkten Vergleich der bundesdeutschen mit den amerikanischen Produktionen wird deutlich, mit welch vergleichsweise biederen Geschichten gegen die Welle der amerikanischen Rockfilme angegangen wurde, in denen mit gesellschaftlichen Normen locker umgegangen wurde. »Auf jeden Fall übernahm Hollywood die Musik und die

Sprache der Jugendlichen sogar früher als die dortigen etablierten Schallplattenfirmen« (Jürgen Struck, »Rock Around The Cinema«, S. 25).

Warum sind sie gegen uns?

Mit dem Aufkommen der Welle der Schlagerfilme ging die Anzahl der Jugend-»Problem«-Filme zurück. In IMMER WENN DER TAG BE-GINNT (1957) bemüht sich Ruth Leuwerik als fortschrittliche Studienrätin um eine besonders schwierige Jungenklasse, und in DER JU-GENDRICHTER (1959) hilft Heinz Rühmann als humorvoller und weichherziger Menschenfreund einem durch schlechten Umgang vom rechten Weg abgekommenen Mädchen (Karin Baal): »Mit Liebe und Verständnis ist jeder junge Mensch auf den rechten Weg zu bringen.« Mit solchen Filmen wurde jedenfalls von einem anderen, viel ernsteren Thema abgelenkt: dem der Wiederbewaffnung. Die Zahl der amerikanischen Kriegsfilme in deutschen Kinos war seit Beginn der fünfziger Jahre kontinuierlich bis auf einen Anteil von fast 10 % angestiegen, und ab Mitte der fünfziger Jahre gingen die deutschen Filmproduzenten verstärkt dazu über, mit eigenen Filmen dieses Genres zur Remilitarisierungsdebatte beizutragen. Rasch nacheinander kamen zwischen 1954 und 1958 u. a. folgende Filme auf den Markt: CA-NARIS (Regie: Alfred Weidenmann), DES TEUFELS GENERAL (Regie: Helmut Käutner), 08/15 (3 Teile, Regie: Paul May), HAIE UND KLEINE FISCHE (Regie: Frank Wisbar), DER STERN VON AFRIKA (Regie: Alfred Weidenmann) und U 47 – KAPITÄNLEUTNANT PRIEN (Regie: Harald Reinl). Damit wurde – geschickt unterstützt von einer gezielten Vergabe von Bundesbürgschaften für Militärfilme – eine Stimmung für die Wiederbewaffnung der Bundesrepublik und die Einführung der allgemeinen Wehrpflicht geschaffen. Mit seinem Film DIE BRÜCKE (1959) stellte sich Bernhard Wicki bewußt gegen diesen Trend, indem er den sinnlosen Tod junger Menschen thematisierte und fragwürdige militärische Parolen und restaurative ideologische Phrasen anprangerte. Wickis Film griff direkt in die aktuelle Auseinandersetzung ein und zeigte ein in dieser Schärfe in den deutschen Filmen der Adenauer-Ära selten vorzufindendes Engagement gegen die offizielle Politik. Bereits ein Jahr zuvor hatte er sich der Situation

Jugendlicher angenommen: WARUM SIND SIE GEGEN UNS? (1958) war die erste Regiearbeit des Schauspielers, der mit jugendlichen Laiendarstellern erstmals versuchte, ein Stück Realität darzustellen, um Vorurteile gegen Halbstarke abzubauen.

Diese beiden Filme von Bernhard Wicki sowie KINDER, MÜTTER UND EIN GENERAL von Laszlo Benedek (1954; sechs Mütter fahren im Frühjahr 1945 an die Ostfront, um ihre eingezogenen halbwüchsigen Jungen nach Hause zu holen) sind in ihren Entstehungsjahren ausgesprochene Ausnahmeerscheinungen im westdeutschen Filmschaffen; sie stehen in engem Zusammenhang mit Filmen, die ausnahmsweise einmal nicht aus den Vereinigten Staaten, sondern aus europäischen Nachbarländern auf den deutschen Markt kamen und ein über den reinen Unterhaltungswert hinausweisendes filmkünstlerisches Niveau besaßen. Zu nennen sind hier in erster Linie die frühen Werke von Ingmar Bergman und andere skandinavische Filme, die sich sehr direkt und fast dokumentarisch mit der Lebenswirklichkeit junger Menschen auseinandersetzen, Filme aus Frankreich (DIE WÖLFE, 1956, mit Marina Vlady) und Italien (DIE MÜSSIGGÄNGER, 1953, von Federico Fellini).

6 Stars, Idole, Ikone

Jugendliche Außenseiter und Rebellen

Der klassische Filmstar, eine glanzvolle, für hochbegabt gehaltene und bewunderte Gestalt, ist das Modell einer Glanz- und Glamour-Inszenierung, geschaffen für die Bewunderung der Zuschauer. Der Starkult in der amerikanischen Filmindustrie (etwa seit 1920) war eine Maßnahme der Filmindustrie, mittels Public Relations und Werbung bestimmten Figuren ein Echo beim Publikum zu geben, das weit über die jeweils dargestellte Person hinausgeht. Der Star ist der utopische Vorglanz eines besseren und glücklicheren Lebens, und da dieses für die meisten Menschen unerreichbar ist, ist es auch der Star: mit seinen Auftritten auf rotem Teppich beim Einziehen in die großen Filmpaläste, mit den sich um ihn bildenden Anekdoten über das Privatleben, mit der Distanz-Erfahrung des Publikums von dem, den es bewundert. Zum Star muß man aufblicken; den Saum seines Kleides, seines Anzugs zu berühren führt zu Schaudern des Entzückens. Letztlich bleibt der Star unberührbar, unerreichbar; zu haben ist er nur in der Form eines Fotos mit Autogramm. Der Star ist ein Kunstprodukt der Filmindustrie – der Agenten, Studios und Fanmagazine –, eine Inkarnation findet sich etwa in Figuren wie Greta Garbo oder Clark Gable.
Schon in den fünfziger Jahren beginnt das Starmodell obsolet zu werden. Seine Künstlichkeit macht ihn zum filmindustriellen Produkt, das von der Anbetung der Massen lebt. Gerade für Jugendliche jedoch ist dieses Aufgehen in der allgemeinen Anerkennung, von der Hofberichterstattung über den Star bis zu den Klatschspalten und Klatschmäulern, kaum eine Widerspiegelung ihrer eigenen Welt, ihrer Gefühle, Erfahrungen und Interessen. So nimmt es nicht wunder, daß es primär jugendliche Helden sind, die das Bild des allgemein anerkannten und bewunderten Stars als antiquiert erscheinen lassen. An James Dean wird dieser neue Typus besonders deutlich, und an ihm

läßt sich die Verwandlung des Stars in das massenwirksame Idol am deutlichsten nachvollziehen. Idol, griechisch »Eidolon«, meint wörtlich »Bild, Schatten- oder Trugbild, auch Götzenbild, Abgott«. Ursprünglich handelte es sich um Fetische, um vorgeschichtliche Tier- und Menschenbilder, um Wesen aus höheren Bereichen und mit überirdischer Kraft ausgestattet. Um das Idol entwickelt sich ein Kult, dessen Rituale (Tänze, Gebete, Verneigungen, orgiastische Exaltationen) für alle verbindlich sind, die vom Ritual erfaßt werden. Wesentlich für das Idol ist die Steigerung des Ich-Gefühls bei denen, die sich am »Tanz ums goldene Kalb« beteiligen. Und hier endet die Analogie mit den mythischen Idolen der Vergangenheit, denn die neuen Idole der Filmindustrie in den fünfziger Jahren sind zwar auch Gegenstände der Verehrung, doch sie unterscheiden sich vom Star dadurch, daß sie Anknüpfungspunkte für Identifikationserfahrungen bieten: Das Idol ist »ein Stück von mir«, und für Jugendliche, die allenfalls gesellschaftliche Akzeptanz anstreben, aber nicht im Machtzentrum gesellschaftlichen Lebens stehen, ist dies am ehesten der Außenseiter. James Dean hat diese Figur am konsequentesten mit Leben erfüllt. Wenn er, schräg und manchmal gebückt, in abrupten Laufstößen in den ersten Szenen von JENSEITS VON EDEN seine Mutter verfolgt; wenn er vom Dach des fahrenden Zuges springt, weil er sich eine Fahrkarte nicht leisten kann; wenn er sich abwendet, brüsk reagiert, manchmal aggressiv explodiert und dann wieder um Liebe und Zuneigung des Vaters kämpft, verleiht er anhand einer sonst durchaus unoriginellen Story Erfahrungen Ausdruck, die viele Jugendliche auch haben. Darum ist das Idol zwar auch unerreichbar, aber doch ein Stück aus der Wirklichkeit.

Versuchen wir kurz die Eigenarten der neuen Idole zu beschreiben:

1. Die Filmbranche produziert unterschiedliche Idole, und sie lösen einander schnell ab. Während der Star als Gegenstand der Bewunderung aller noch eine gewisse kulturindustriell vermittelte Verbindlichkeit ausdrückt, muß das Idol von denen ergriffen werden, die sich mit ihm ein Stück weit identifizieren können – sonst verliert es Kontur und Magie. Insofern fehlt den neuen Film-Idolen der fünfziger Jahre jene Verbindlichkeit, die für Stars noch selbstverständlich war. Gendolla beschreibt dies in seinem Aufsatz »Idole in den Massenmedien« (1988; S. 4) so:

»Die neueren elektronischen Medien repräsentieren eine Vielzahl der verschiedensten ›Mächte‹ (Kräfte, Qualitäten, Fähigkeiten etc.), und sie betreiben eine starke Tendenz zur Vereinzelung. Immer noch funktioniert über Idole die angesprochene Versetzung in einen ekstatischen Zustand. Aber wie die Gesellschaften insgesamt, so sind auch ihre Idole differenzierter geworden, und sie versammeln niemand mehr, sondern trennen die Individuen voneinander. Es ist ein paradoxer Effekt der Massenmedien, die ja ihrem Begriff und ihrer Intention nach die Massen verbinden sollten. Aber indem sie nicht mehr als Botschaft, Nachricht etc. einer tatsächlichen Begegnung (der Ankunft des Königs etwa) funktionieren, sondern sich verselbständigen, eine eigene Bildwelt mit eigenen Geschichten erfinden, die für sich gesehen und gehört, verbraucht, genossen werden kann, verbinden sie niemanden, sondern setzen sich dazwischen, trennen die einzelnen, die ebenfalls für sich vor dem Comic-Heft, der Kino-Leinwand oder dem Fernsehschirm sitzen, mit dem Kopfhörer auf den Ohren als Walkman an den anderen vorbeilaufen.«

Diesem neuen Entwurf entspricht, daß die neuen Außenseiter eben auch einzelne sind, Rebellen »ohne Grund«, Wilde, die gerade an geteilten Verbindlichkeiten vorbeilaufen.

2. Schauspieler und gespielte Figur werden zunehmend untrennbar. Sie »spielen sich selbst«. Sie werden damit von Idolen zu Ikonen. Ikon, griechisch »Eikon«, meint »Bild«. In den orthodoxen Kirchen sind es die auf Holz oder Stoff dargestellten Heiligenbilder etc. Wichtig ist, daß sie ein treues Abbild eines geschichtlichen oder jenseitigen Urbildes darstellen; die Verehrung bezieht sich nicht auf das Bild selbst, sondern auf die im Bild dargestellte Figur. Es besteht also eine strenge Bindung an das Gebot der Ähnlichkeit. James Dean wird als Schauspieler, als Privatmann ebenso geschildert, wie er sich in den Filmen gibt. Die neuen jugendlichen Ikone (in dem hier entwikkelten Sinn) sind keine Verwandlungskünstler mit einer Allmacht über diverse Gesten und Rollenrepertoires, sondern sie sind stets dieselben, für jeden wiedererkennbar und gerade darum geliebt, verehrt, wirksame Identifikationsobjekte. Insofern spielte James Dean in den drei Filmen, die ihn vor seinem frühen Tod zeigen, nicht eine Rolle, sondern sich selbst. Von JENSEITS VON EDEN über DENN SIE WISSEN NICHT, WAS SIE TUN bis zu GIGANTEN spielt er, *con varia-*

tione, schwierige Charaktere, Außenseiter, die gerade darum faszinieren.

3. So stark im »Eikon« Wirklichkeit und Spiel verbunden sind, ja miteinander verschmelzen, so sehr ist doch gleichzeitig alles Inszenierung. Das Studio oder Filmgelände ist der Gefahren- und Erlebnisraum dieser Figuren. Insofern sind sie radikal wirklich und radikal unwirklich zugleich: Es handelt sich um deiktische Figurationen in dem Sinn, daß ihre Erlebnisse, ihre Gefühlsausbrüche und alle Formen von Reaktionen auf etwas verweisen, das sie mit ihren jugendlichen Zuschauern teilen. Es ist diese unaufhebbare Spannung zwischen Realitätsbindung (nach dem Prinzip der Wiedererkennbarkeit) und Inszenierung (nach dem Prinzip des Zeigens), das die Idole verletzlich und auswechselbar macht.

4. Glanz und Glamour des Stars sind von den Idolen abgefallen. Sie sind auch im Privatleben komplizierte Charaktere, hochgefährdet, Nachbarn des Todes. Der Traum vom Glück wird zur negativen Utopie; nicht Erfolg, sondern das Scheitern ist ihnen beigesellt.

5. Die neuen Jugend-Idole sind Delegierte: Sie werden von ihren Zuschauern »ausgeschickt«, um jene Grenzerfahrungen zu machen, jene Lebensversuche zu formulieren, von denen ihre jugendlichen Zuschauer träumen. Der Alltag der meisten Jugendlichen läßt nicht zu, was der Film verdichtet zeigt: *action, body, emotion.* Zwischen den Jugend-Idolen und ihren Zuschauern besteht eine Psychodynamik gegenseitigen Angewiesenseins. Der Delegierte tut, was der andere tun möchte, aber nicht zu tun sich getraut. Würde der andere freilich aufgeben, jemanden zu delegieren, verlöre der Delegierte seinen Auftrag und damit die Resonanz, die er braucht.

6. Wichtig am Idol ist zwar seine Authentizität, die Stimmigkeit dessen, was es als Delegierter für seine Zuschauer erlebt und ausführt. Aber es wächst sozusagen über den Rand des (imaginierten) Filmgeschehens hinaus, und so wird die Trennlinie unscharf, die filmische Fiktion und reales Leben eindeutig unterscheidbar macht. Motorradjagden und Autorennen verweisen auf den Tod (dies ist ihr deiktischer Charakter); gleichzeitig holt genau dieser Tod den Schauspieler

seiner selbst ein – darin besteht seine Authentizität, bis an die äußerste Grenze. Und indem diese erreicht wird, steigert sich das Ich-Gefühl hinein in Leidenschaft und Trauer: Der Tod des Idols erst schafft ihm eine Gemeinde, die die Zufälligkeit des fiktiven Spiels zum Kult erhebt, im Kultfilm.

Zwei Prototypen: Marlon Brando, James Dean

Die Geschichte der Anti-Helden beginnt eigentlich vor diesen neuen Rebellen bereits bei Humphrey Bogart oder Montgomery Clift. Das waren Männer, die wenig sprachen, mit Mißerfolgen zu kämpfen hatten, einsam und isoliert waren. Marlon Brando aber war der erste jugendliche Held des neuen Typs, etwa als mexikanischer Revolutionär und Volksheld in VIVA ZAPATA (USA 1952), als Anführer der Motorradrocker »Black Rebels« in THE WILD ONE (DER WILDE, USA 1953) oder rebellischer Dockarbeiter in ON THE WATERFRONT (DIE FAUST IM NACKEN, USA 1954). In THE WILD ONE verunsichert eine Gang junger Motorradfahrer mit ihren Harleys und Triumphs die Einwohner des Provinznestes Wrightsville; »Leader of the Pack« ist Johnny (Marlon Brando). »Zunächst dulden die Einwohner die Anwesenheit der Gang, da sie finanziell von ihrem Aufenthalt profitieren. Als die Auseinandersetzungen und Zerstörungen in der Stadt aber zunehmen, formieren sich die Einwohner zu einer Bürgerwehr, deren Brutalität den Gewalttaten der Gang in nichts nachsteht.

THE WILD ONE brachte die Themen Gewalt und Gangs in die Diskussion, zeigte letztere in ihrer ziellosen Lebensauffassung und die Inartikuliertheit ihrer Rebellion. Die bekannteste Dialogstelle des Films ist die Frage eines Stadtbewohners: ›What are you rebelling against?‹ und Johnnys Antwort: ›What've you got?‹ Ihre Intoleranz und Heuchelei durfte jedoch aus Furcht vor der Zensurbehörde nur angedeutet werden und war weit weniger deutlich als in der literarischen Vorlage, der Story ›The Cyclist's Raid‹ von Frank Rooney. THE WILD ONE prägte zugleich die Vorstellung vom Erscheinungsbild jugendlicher Gangs. Schwarze Lederjacken, Jeans, T-Shirts und Motorradstiefel wurden für viele von ihnen zu einer regelrechten Uniform« (Volker Behrens, »Fischer Filmgeschichte«, Band 3, S. 255).

DER WILDE wurde nicht nur in Wrightsville ungern gesehen; der ka-

Oben: Marlon Brando und Mary Murphy in THE WILD ONE
Rechts: James Dean und Julie Harris in EAST OF EDEN

tholische »Film-Dienst« hielt es seinerzeit für angebracht, ihn bei uns
vielleicht »nicht zu sehr zu propagieren. Es wäre bedenklich, unsere
Jungen mit einem Rowdytum bekannt zu machen, vor dem zwar ge-
warnt wird, das aber dennoch nachahmbar sein könnte.« Aus heutiger Sicht ist THE WILD ONE ein Kultfilm, dessen Star bei seiner Wie-
deraufführung 1991 entsprechend groß herausgestellt wurde. Ein Beispiel für die neue Sicht: Ein gewachsenes Verständnis für die Figur
des Outcast dokumentiert die Besprechung dieses Films durch Frank
Schnelle, der in »epd Film 8/91« konstatiert: »Ein Mythos, eine Legende. Marlon Brando... isoliert ihn gleichsam von der Aktion.«

Seine Beziehung zu Kathy, die er zunächst durch Arroganz zu beeindrucken sucht, zeigt ihm dann seine Grenzen, seine Macho-Fassade bricht auf, und er lernt einen Menschen zu respektieren – der Lernprozeß eines letztlich noch nicht über eine eigene Identität verfügenden jungen Mannes. Neben der Faszination durch Coolness, Revolte, Leder und Motorräder läuft nach Schnelle ein anderes Thema ab, und so ist THE WILD ONE in erster Linie ein Film »übers Lehren und Lernen, über die Schwäche eines Halb-Starken«.

Kein Wunder, daß Marlon Brando ein entscheidendes Vorbild für James Dean wurde: »Jimmy Dean war hingerissen von Marlon Brando, der sich schlampige Aussprache, Blue Jeans und Verachtung gegenüber dem Hollywood-Star-System erlauben konnte. Brando auf der Leinwand war das Modell des ›method acting‹ – einer Spielweise, die nicht nur rezitierte oder verkörperte, sondern sich auf die Suche nach dem wirklichen, alltäglichen Gefühl innerhalb einer Rollen-Gestalt begab. Im Nachempfinden und in der Entdeckung von Gefühlen, die jeder Mensch irgendwo in sich verbirgt, sollten Grundbestimmungen des Lebens aufgedeckt werden. Der faszinierte Jimmy hörte, daß Brando sich vier Wochen lang in einem Krankenhaus mit Kriegsversehrten vorbereitet hatte. Er bewunderte die Disziplin und Intensität. Für ihn kamen von der Leinwand nicht nur Illusionen, sondern das wirklich anrührende Gefühl, einem Bruder oder Partner in der Suche nach den Ursprüngen der eigenen Probleme begegnet zu sein« (Königstein, 1977, S. 31 f.).

Aber Idole können sich nicht imitieren, und James Dean teilte zwar mit Marlon Brando das Signum der Jugendlichkeit, des Außenseiters und Rebellen, aber er drehte die Schraube weiter. Elia Kazan, der Regisseur der Filme VIVA ZAPATA, ON THE WATERFRONT und EAST OF EDEN (JENSEITS VON EDEN, USA 1955; mit James Dean) hat den Unterschied der beiden und das neue Spezifische eines James Dean in einem Gespräch mit Horst Königstein (ebd., S. 86 f.) auf den Punkt gebracht:

»Der James-Dean-Außenseiter ist anders als der Brando-Außenseiter. Und der ist wieder anders als die Außenseiterfigur in DAS ARRANGEMENT. Da gibt es eine Entwicklung. James Dean war ziemlich sinnlos in seiner Außenseiter-Rolle. Es war reine Emotion. Die sinnliche Erfahrung, die vielleicht ein Hund macht, wenn er geliebt und dann verstoßen wird. Es war völlig instinktiv und animalisch, wenngleich

sobald sie sich aus der engen Dunkelheit und
der verbrauchten Luft von Vorstadtkinos gelöst hatten;
sie hatten die alten Filme von James Dean gesehen:
die Jungs in den schwarzen Stiefeln und in den Lederjacken,
die Jungs in den hautengen Jeans,
die Jungs mit den breiten Motorradgürteln.

Sie bauten sich auf vor den Spiegeln der Klos,
um sich selbst zu betrachten
und James Dean zu sehen;
das widerspenstige Haar,
die tiefen Augen, die in Einsamkeit wassern,
der bittere Blick der Geschlagenen;
Verachtung auf den Lippen,

Die Taschenkämme waren draußen;
sie toupierten ihr Haar und
drückten es sofort wieder flach;
sie machten ihren Augen im Spiegel große Augen,
spöttisch schmollende Lippen,
verlorene Typen, die in sich selbst verliebt sind
geradeso wie James Dean.«

Es sind diese Übertragungsphänomene, die den Film in die Wirklichkeit der Jugendlichen und der Jugendkulturen hineinholten, sie über-
höhten, ihr Stoff gaben. Die surreale Perforation der Grenzen zwischen Inszenierung und Realität läßt Horst Königstein in seinem
Buch über James Dean das Leitmotto finden:
»Wir alle sind Geschwister von James Dean«, und er begründet dies
u. a. so: »So kann ich denn James Deans Geschichte nur als Mischung
aus tatsächlich Gelebtem und aus gewünschtem Leben erzählen. Alle
Freunde, Journalisten und Biographen berichten immer wieder von
Situationen, aus denen nicht klar hervorgeht, ob sie James Dean so
zugestoßen sind oder ob er sie extra arrangiert hat. Dieses Geheimnis
durchzieht sein Leben von der Schulzeit bis in den Tod. Es ist ein
Geheimnis, das er auch augenfällig in seine drei Filmrollen einge-
bracht hat. Ein Geheimnis, das Millionen Jugendliche auf der ganzen
Welt instinktiv verstanden haben und immer noch verstehen, denn
James Deans Filme erreichen jedes Jahr neue Generationen.«

Von der Existenzerfahrung zur Stilisierung

Aber es gibt andere Figurationen des jugendlichen Idol-Typus. Super-
man, James Bond, Conan oder Rambo: das ist Body, Muskelkraft,
Stärke – am Rande des Machismo, aber eben nur am Rande. Denn
auch diese Muskelkraft ist in gewisser Weise selbstverliebt, richtet sich
nicht nur auf den Gegner, sondern erstrahlt narzißtisch in ihrer eigenen
Präsentation. Noch stärker als andere sind diese Idole mit den Figuren
derart identisch, daß sie kaum zu trennen sind: Rambo, das ist Sylvester Stallone, Conan, das ist Arnold Schwarzenegger etc. Auch deren
Kraft genügt sich in der Künstlichkeit der Studios und Inszenierungen.
Vor allem: In diesen Filmen tritt das existentielle Moment zurück.
Weniger die suchende Seele als der Ausdruck von Körperlichkeit, die
sich selbst genug ist, steht nun im Mittelpunkt. Nicht umsonst ist Bodybuilding ein Signal der Nach-Dean-Ära. Dazu gehören nicht nur Männer – Jane Fonda etwa ist ein Leitbild weiblicher Emanzipation und
politischen Engagements.
Was bei den Bodybuilding-Idolen begann, vollendet sich heute. Dies
ist zum einen der Prozeß der Entfilmisierung: Videoclips, Fernsehserien, Filme als Videos, Filme auf der Kinoleinwand – die Unterscheidungen verschwimmen. Zum anderen verlieren die alten Existenzer-
fahrungen ihre Konturen. An die Stelle von Rebellion tritt zunehmend
das Sich-Zeigen. Das Arrangement, die Verbindung von Mode und
Gestus als Stilisierung eines Typs saugen nun die Schauspieler so in sich
auf, daß ihre Namen hinter den Figuren zurücktreten. Die Schauspieler Don Johnson und Philip Michael Thomas sind Crocket und Tubbs in
der Fernsehserie MIAMI VICE. Gendolla nennt sie ein »Informations-
Idol«, konstruiert nach der binären Logik des Computers, ohne daß
eine existentielle Aussage angezielt ist. Vielmehr geht es um die Hosen, die sie tragen, die Gesten, die sie zeigen, und den Wechsel von
Dekorationen, die das Eigentliche einer sonst traditionellen Kriminal-
erzählung sind (Vergewaltigung, Prostitution, Mord, Korruption,
Drogen, Falschspiel etc.). Nicht mehr die erzählten Geschichten sind
das Wesentliche, sondern das Auftreten der immer gleichen Figuren
mit ihren Sprüchen und Gesten, die sich nun übers Kaufhaus und seine
Modeangebote an alle mitteilen. Das Prinzip der psychischen Delega-
tion wird ersetzt durch das Mode-Design wechselnder Stilisierungen,
die nicht mehr auf einen Ich-Kern zielen, sondern auf Wechsel in der

Attitüde. Der Ausdruck von »Coolness« verbürgt nicht mehr latente Einsamkeit, sondern verzehrt sich selbst im Gestus, der auf nichts reflexiv ist als auf sich selbst.

Dies heißt: In den neuen Idolen verlegt sich der Ausdruck ganz auf die Ebene der Erscheinung. Besonders deutlich wird dies auch bei den Stars der Pop-Szene, die zwischen Videoclip und Rockkonzert, Schallplatte und Spielfilm changieren, die Mediengrenzen öffnen, aber – in welchem Medium auch immer – doch als die gleichen aufscheinen: Michael Jackson oder Prince, Madonna oder Whitney Houston etwa. Gefühle sind nur noch Staffage eigentlich unerheblicher Geschichten. Damit setzt sich fort, was schon bei JENSEITS VON EDEN sich andeutete: Die Idole transzendieren die Narrationen, die sie einbinden. Der neue Typus der Tanzfilme – SATURDAY NIGHT FEVER oder FLASH DANCE – verzichtet auf jeden Anspruch der Rebellion, verwirrt auch nicht mehr die Geschlechtsrollen wie im amerikanischen Undergroundfilm (Joe Dallesandro oder später Mick Jagger), sondern bestätigt alte Muster der Geschlechter, des Erzählens. Dennoch handelt es sich nicht um schlichte Affirmation, also die protestlose Wiedereingliederung der Jugend in die Gesellschaft. Jugend bleibt weiter draußen im Risiko, aber sie verzichtet auf den Protestgestus und findet eine neue Intensitäts-Heimat in der Verbindung von Popmusik und Tanz, Choreographie als Stilisierung.

Neue Idole – fortschreitende Individualisierung

Zinnecker (1987, S. 301) stellt fest: »In der Wahl der Idole spiegelt sich die Entwicklung und Bedeutungsverschiebung einzelner Bereiche populärer (Jugend-)Kultur. In den fünfziger Jahren stehen die Stars aus der Filmszene im Vordergrund jugendlicher Fankultur. In den achtziger Jahren haben öffentliche Bekannte aus der kommerziellen Musik- und Sportszene den Schauspielern den Rang abgelaufen.«

Die Filmindustrie hat Konkurrenz bekommen. Popsänger, Musiker, Komponisten, Liedermacher stellen ein neues Arsenal an Idol-Angeboten. Eindrücklich zeigt dies der Vergleich der fünfziger Jahre mit den achtziger Jahren. Auf die Frage nach Vorbildern nennen 14 % der Mädchen (gegenüber 6 % der Jungen) 1984 Figuren aus der jugendkulturellen Musikszene. Stärkste Bedeutung hat diese bei den 15- bis

17jährigen (22 % der Mädchen, 4 % der Jungen). Auch Sportler haben einen deutlichen Bedeutungszuwachs zu verzeichnen: Während 1955 nur 2 % Vorbilder für Jugendliche waren, sind es 1984 13 %. Auch wenn die Spielfilm-Idole Konkurrenz bekommen haben, wird diese aber nicht eigentlich zur Herausforderung, denn zugleich entspezifizieren sich die Medien (wie oben beschrieben).

Diese Pluralisierung der Szenen spiegelt sich in der Realität von Jugendlichen. Auf diese Mischung war schon hingewiesen worden: Manieristische, alternativ-kritische, action-orientierte, religiös-spirituelle oder ästhetisch-avantgardistische Orientierungen stehen ebenso nebeneinander wie existentielles Engagement (seltener werdend) und stilisierte Attitüde. Die Verbindlichkeit der Idole erlischt. Gleichzeitig nehmen sie in gewisser Weise an Bedeutung zu. Die Jugendlichen der achtziger Jahre lehnen »Vorbilder« eher ab als die Jugendlichen der fünfziger Jahre. Denn Vorbilder sind häufig pädagogisch verordnet, hinter ihnen stehen gesellschaftliche Erziehungsziele und Normvorstellungen. Indem die Jugendlichen ihre jugendkulturelle Autonomie betonen, entfernen sie sich von solchen Vorbild-Denominationen. Vorbild-Identifizierungen verlagern sich zunehmend in die Kinderkultur. Zinnecker (ebd., S. 196) resümiert: »1981 beispielsweise ergab eine Serie biographischer Interviews unter Jugendlichen, daß die Identifikation unter Jugendlichen um das 10. Lebensjahr, Schwärmerei für Lieblingstiere um das 12. Jahr, die Fan-Kultur von Pop-Musikern um das 12./13. Lebensjahr ihre Höhepunkte erreicht – wobei individuelle Schwankungen um mehrere Jahre zu berücksichtigen sind. Im Jugendalter gilt dagegen bereits als Norm, sich auf andere Personen vorwiegend zur Abgrenzung und Profilierung der eigenen Persönlichkeit zu beziehen.« Dies bedeutet, daß sich die Verbindlichkeit von Idolen aus der Populär- und Filmkultur in das frühere Jugendalter, bis an den Rand der Kindheit heran, zurückverlagert. Für Jugendliche ist die Bindung an pädagogisch verordnete oder mehrheitlich geteilte Idole der Popkultur und der Filmbranche nur noch eingeschränkt verbindlich, weil heute jeder Jugendliche gerade in der Abgrenzung von anderen seine kulturelle Eigenart herauszuarbeiten sucht. Dies bedeutet, daß die biographischen Muster über die Standardisierung der Massenkultur gestellt werden. Dem widerspricht nicht, daß die Idole der Massenkultur, die in den fünfziger Jahren vor allen Dingen für Jugendliche mit Volksschulbildung verbindlich waren, in den achtziger Jahren in allen Bildungsklassen anerkannt sind. Jugendliche mit Gymnasialbildung beziehen sich heute ebenso häufig wie Jugendliche mit Hauptschulbesuch auf Idole der Film-, Musik- und Sportwelt. Dies ist leicht erklärbar: Die Ablösung des Star-Systems durch Idolisierung und Ikonisierung hat zunächst den Filmen, später der Popkultur jenes Maß an jugendlicher Authentizität und Echtheit gegeben, das heute ihre Attraktivität ausmacht. So suchen immer mehr Jugendliche im Wechsel der Stilisierungen und Attitüden ihre ganz persönlichen Ausdrucksmuster, aber sie tun dies verstärkt über Personen und Figuren der Medienkultur.

Die kulturelle Bewegung gerade in den Jugendszenen zielt also auf Verbindung statt Trennung. Ein Beispiel dafür ist die 1987 in München durchgeführte Veranstaltung »Rock & Cinema«. Das einleitend formulierte Programm faßt die neuen Tendenzen treffend zusammen und soll daher als Dokument zitiert werden:

»»Rock & Cinema‹, das sind Bands aus der Münchner Szene und Spielfilme aus der Alltagswelt und dem Kulturleben heutiger Jugendlicher in Berlin, Hamburg, München, dem Ruhrpott und der Provinz um Coburg. Die Spielfilme stehen exemplarisch für die jeweilige Szene und sollen Schlaglichter auf verschiedene Aspekte von Jugendkultur und Lebensperspektiven Jugendlicher in der Bundesrepublik werfen. Das Themenspektrum der Spielfilme reicht dabei von Problemen Jugendlicher in bundesdeutschen Großstadtmetropolen über Jugendbanden in Ballungsgebieten bis hin zu Darstellungen über das Provinzleben. Die Spielfilme wurden so ausgewählt, daß sie zum einen Jugendliche aufgrund ihrer Dramaturgie ansprechen, zum anderen aber auch aktuelle Trends widerspiegeln und aufzeigen, was Jugendliche bewegt.

Die Veranstaltung versteht sich als Pilotprojekt mit dem Ziel, Jugendlichen interessante und attraktive Spielfilme aus ihrer Szene nahezubringen, und will jenseits von ROCKY und RAMBO und den TIEFEN DES ALLS Kino zeigen, das uns Geschichten von jungen Menschen in Deutschland erzählt. Die Filmreihe soll aber auch Zündstoff zur Diskussion liefern und Jugendliche anregen, sich mit Problemen und Lebensperspektiven junger Leute in anderen Regionen und Städten auseinanderzusetzen. Wenn, wie z. B. im Film DER FLIEGER, der Hauptdarsteller davon träumt, einmal mit seinem Drachen vom Palomani in den Anden zu fliegen, und schließlich die heimische Industrie diesen

Traum, jedoch ganz anders als geplant, verwirklichen hilft, dann vergegenwärtigt sich hier exemplarisch die Situation vieler Jugendlicher. Ihre Träume und Wünsche werden durch die Zwänge und Fakten der Realität gebrochen, eigene Identität wird von der Erwachsenenwelt vereinnahmt und von der Industrie zum Werbespot aufbereitet. Was sich in der Szene ›Provinz‹ beispielsweise noch als unterhaltsame Geschichte beschreiben läßt, wird allerdings in Ballungsgebieten wie dem Ruhrpott zum harten Sozialdrama. Höhenflüge sind hier für Jugendliche schon lange nicht mehr angesagt. Viele sind arbeitslos und wie im Film VERLIERER in Cliquen organisiert, die sich gegenseitig die Reviere streitig machen. Hatte der ›Flieger‹ noch einen Traum, so geht es hier nur noch ums nackte Überleben. Die Industrie gibt diesen Jugendlichen schon lange keine Chance mehr (...).

Abgerundet wird die Filmreihe durch Rockkonzerte von Münchner Szene-Bands. Sie sollen den Filmfest-Charakter unterstreichen und Akzente der Münchner Musikszene setzen. Damit die Veranstaltung auch möglichst hautnah in der Münchner Szene erfolgt, findet sie an Orten statt, die an sich schon von Jugendlichen in ihrer Freizeit besucht werden, genauer, in fünf Jugendzentren und einer Jugendkulturwerkstatt. ›Rock & Cinema‹ zeigt nicht nur Jugendkultur, sondern ist Jugendkultur und setzt neue Impulse für film- und jugendkulturelle Aktivitäten...«

Die Idole des Hollywood-Kinos und die deutschen Metropolen und Provinzen; der große Spielfilm auf der Leinwand und die Verbindung von Kinoerlebnissen mit Rockkonzerten: in diesem medienkulturellen »Spagat« zeigt sich die verwandelte Situation der Jugendfilmkultur. Diese wird aus den Kinos in die Jugendzentren und in die Kulturwerkstätten geholt. Ob viele Jugendliche diese von Pädagogen angezettelte Bewegung mitmachen, bleibt allerdings fraglich. Der regionalbezogene Jugendfilm und die regionale Jugendszene sind andererseits neue Quellen jugendkultureller Ausdrucksformen, die die alten Idole auf die Straße und ein Stück weit an den Rand des Alltags gezogen haben.

7 Proteste und Manifeste vor und nach '68

»Kinobesucher gelten als einfallslos, als Nichtstuer, Gammler oder Träumer, als kontaktarm, unreif und leer, zur Unterschicht gehörig und stellen insgesamt eine Bevölkerungsgruppe dar, zu der man ungern gezählt werden möchte... Man kennt im wesentlichen zwei typische Kinobesucher: den jugendlichen Halbstarken und den sozial desintegrierten Einzelgänger und Sonderling.«   *(Ernest Dichter, International Ltd., Freizeitbedürfnisse*
und Präferenzstruktur des Filmpublikums in der Bundesrepublik,
Oktober 1969)

Das Kino der sechziger Jahre war langweilig und provozierend, restaurativ und progressiv zugleich. Die innovativen Entwicklungen kamen vor allem aus Frankreich und England; sie beeinflußten auch in Deutschland die Ansprüche des Publikums und die Intentionen des filmkünstlerischen Nachwuchses. Den deutschen Spielfilmproduzenten fiel dazu nichts anderes ein als die Variation der Themen aus den fünfziger Jahren und sich endlos wiederholende und ermüdende Reihen der Edgar-Wallace-, Jerry-Cotton-, Kommissar-X-, Sankt-Pauli- und Karl-May-Filme. Die Lausbuben-, Pauker- und Lümmelfilme boten konfektionierte Unterhaltungsware auf einfachstem Niveau; allein Freddy Quinn sorgte für einen Hauch von Ferne, Fernweh und weltgewandter Romantik und brachte mit Filmen wie FREDDY, DIE GITARRE UND DAS MEER (1959), FREDDY UNTER FREMDEN STERNEN (1959), FREDDY UND DAS LIED DER SÜDSEE (1962) und FREDDY, TIERE, SENSATIONEN (1964) etwas frischen Wind auf: »Freddy, heimatlos, mit der Gitarre unter fremden Sternen das Heimwehlied singend – das hatte manchmal wenigstens andeutungsweise den mythologischen Hauch um sich, der dem kleinbürgerlichen Schlager-Schluchzen seiner Kollegen so kläglich abging« (Robert Fischer/Joe Hembus, »Der neue deutsche Film 1960–1980«, S. 205). Die »Oswalt Kolle«-, »Van de Velde«- und »Helga«-Filme im Zentrum der

Aufklärungswelle, in denen mitunter an Holzpuppen die »Technik der körperlichen Liebe« demonstriert wurde und stocktrockene Fachprofessoren den Kinos die Aura von Hörsälen gaben, konnten dem schlechten Ruf des deutschen Films ebensowenig entgegensetzen wie das immer noch nicht ausgereizte Feld der Jugendproblemfilme. Eine verfehlte Bürgschaftspolitik des Bundes, die anstelle einer kulturellen Filmförderung weiterhin die Filmwirtschaft stärken sollte, führte zu einer ungleichgewichtigen Bevorzugung der Verleiher, die auf diese Weise die Produktionen in den Griff bekamen und Inhalte, Themen, Gestaltung und Besetzung der Filme bestimmten. Die deutschen Verleiher, die in jenen Jahren zusammen mit den marktbeherrschenden amerikanischen Vertrieben bis zu 600 Spielfilme auf den Markt warfen, kümmerten sich um die Kreativität der deutschen Filmproduktion in keiner Weise, und die amerikanischen Firmen übernahmen in den seltensten Fällen deutsche Filme in ihre Vertriebsorganisation. Die Konsequenz: Der Imageverlust der Branche sowie die Unlust am Kino und die Lust am Fernsehen leiteten einen enormen Besucherrückgang ein, der zum Kinosterben führte. Eine junge Generation von Regisseuren äußerte mit dem Oberhausener Manifest ihren Unmut über diese Entwicklung und erhob den Anspruch, den neuen deutschen Spielfilm zu schaffen; Opas Kino und Opas Filme wurden für tot erklärt. Die von ihnen verantworteten und bis Ende der sechziger Jahre in der Bundesrepublik entstandenen Filme wandten sich zunächst eigenen Themen der Vergangenheitsbewältigung und der kritischen Darstellung der Gegenwart zu; ab 1968 gab es einige Anlehnungen an internationale Tendenzen und Wellen wie die Hippie- und Aussteigerfilme, die Protestbewegung, die Roadmovies und die Undergroundfilme. Führte der Zusammenbruch der Abspielstruktur zur bislang größten Krise der Filmwirtschaft und damit zum endgültigen Abschied vom deutschen Film der Nachkriegszeit, so brachten die sechziger Jahre durch die vielen neuen Ansätze ein facettenreiches, kreatives und filmkünstlerisch anspruchsvolles Kino hervor.

Jugendaufbruch in den späten sechziger Jahren

Ein politischer Aufbruch der (vorwiegend studentischen) Jugend, deren radikale Utopien der Gesellschaftsveränderung dann allenfalls an den Universitäten länger dauernde Effekte zeitigten, begann bekanntlich in der zweiten Hälfte der sechziger Jahre und fand seinen Höhepunkt in der sogenannten 68er Bewegung. Ihr besonderes Kennzeichen ist eigentlich nicht (wie oft falsch behauptet) die Politisierung der Jugend, sondern es war tatsächlich eher eine alternativ orientierte Protestbewegung gegen Staat, Politik und vorhandene Ordnungsmächte. Das Unmögliche zu wollen, schrieben sich diese Gruppen und Bewegungen auf die Fahnen, und Mick Jagger schrie im Hyde Park: »I can't get no satisfaction.« Im Jahr 1967 waren nur 3,7% der Studentenschaft in der Bundesrepublik in politischen Verbänden organisiert, und im Jahr 1970 beispielsweise hatten die Jungsozialisten gerade 150000, die Jungdemokraten 92000 und die Junge Union 80000 Mitglieder. Das sind, aufs Ganze gesehen, eher Minderheiten. Der Aufstand der Jugend war keineswegs der einer ganzen Generation, aber: es waren Studenten, Schüler und Lehrlinge, die in den sozialistischen Bewegungen die Speerspitze einer geistigen Revolution und eines Aufstands darstellten. Die Anlässe sind bekannt: Weiter entfernt war es der Vietnamkrieg der Amerikaner, in der Nähe der Berlin-Besuch des Schahs von Persien. Später trieben der Tod Benno Ohnesorgs sowie der Protest gegen die meinungsmonopolisierende bürgerliche Presse, den Springer-Konzern, vor allem die Studenten auf die Straße. Es begann die Zeit der Demonstrationen, der (bereits eine Tradition mitbringenden) Ostermärsche, der Sit-ins und Go-ins, der Proteste und Provokationen. An den Hochschulen wurde der »Muff aus tausend Jahren unter den Talaren« zum aggressiven Thema und führte zu manchen Reformmaßnahmen. Alles sollte nun »subito« geschehen.

Freilich, schon damals hatte Rudi Dutschke als Alternative auf den »langen Marsch durch die Institutionen« hingewiesen, der notwendig sei, um tatsächlich politische Wirkungen zu erzielen, die von Dauer wären. Das eigentlich gesuchte Prinzip der solidarischen Nähe wird damit wieder aufgegeben. Denn Institutionen ersetzen sie durch vorregulierte Funktionen, die schnell in sogenannte Sachzwänge verwikkeln. An die Stelle moralischer Postulate tritt das Verhandlungsgeschick, an die Stelle der einen Vertrauensvorschuß gebenden Solidarität die Leistungsmessung, an die Stelle gründlicher, theoretischer und engagierter Diskussion der Zwang, Ergebnisse vorweisen zu können, die nur zu oft ein Kompromiß zwischen Wollen und Müssen sind.

Aber auch wenn die Revolte der 68er keine Langzeitwirkung hatte: mit ihr begann die Transformation der Jugendkulturen bis zu den neuen sozialen Bewegungen, bis zu den Punks und dem New Wave in der Bundesrepublik. Entscheidender als die direkten politischen Wirkungen waren die Beiträge zu einer neuen sozio-politischen Kultur: Die »Fassaden-Familien« mit ihrer inneren Unwahrheit wurden ebenso angeklagt, wie neue Lebensformen gesucht wurden. Befreite Sexualität, Echtheit, solidarisches Miteinander, Moralität als Maßstab für weltpolitisches Handeln – das waren neue Themen, die auch in vielen Filmen *con variatione* aufgegriffen wurden. Es kamen »neue Wahrheiten« zur Sprache, im Protest gegen Werbung und schönen Schein, die als kapitalistische Machenschaften verschrien wurden. Von der Flower-Power der Hippies bis zur provokanten Blässe und Häßlichkeit der Punks – neben die Utopien einer sozialistischen Welt trat der Ausdruck der Zerstörung der Gegenwart, der Hoffnungslosigkeit. Psychoanalyse und Systemkritik führten zusammen zu manchem Abbau schöner Fassaden.

Schrei, wenn du kannst

In LES TRICHEURS (DIE SICH SELBST BETRÜGEN, Frankreich 1958) führt Marcel Carné die Saint-Germain-Bohémiens vor: Jugendliche, die alles verneinen, sich von jeglichen Moralvorstellungen freisagen und gegen Abhängigkeit und Bevormundung rebellieren. Sie lügen, betrügen und lieben – wie ihr Vorbild James Dean – rasende Autofahrten. »Die abstoßende Schilderung ihrer Exzesse soll« nach Ansicht des Katholischen Film-Dienstes (8120/1959) »dartun, daß dieser irrige Freiheitsbegriff zur Selbstzerstörung führen muß« – eine Wertung, die sich durch den Bonus des »französischen Meisterregisseurs« Carné (geb. 1909; u. a. LES ENFANTS DU PARADIS) erklärt. LES TRICHEURS ist ein Film *über* die junge Generation, und Carnés Blickwinkel ist ein anderer als der von Claude Chabrol (geb. 1930) in LES

COUSINS (SCHREI, WENN DU KANNST, Frankreich 1959), der authentisch, milieusicher und ohne zu werten das Lebensgefühl der Studenten im Quartier Latin beschreibt. Chabrol gehört der Equipe der Kritiker der »Cahiers du cinéma« an, die als die Generation der sechziger Jahre dem französischen Film aus der Krise halfen. Es waren vor allem die Filme dieser »Nouvelle Vague«, die zu Beginn der sechziger Jahre von Frankreich aus in Europa und den Vereinigten Staaten Aufsehen erregten und sich dem bis dahin geltenden Verständnis von deutschen Spielfilmen als exemplarische und überzeugende Alternativen anboten: U. a. zählten dazu: LES QUATRE CENT COUPS (SIE KÜSSTEN UND SIE SCHLUGEN IHN) von François Truffaut und A BOUT DE SOUFFLE (AUSSER ATEM) von Jean-Luc Godard. Hinzu kamen die Filme einer »neuen Welle« aus England, die in der Tradition der »Free Cinema«-Bewegung standen (Filme von Roman Polanski, Lindsay Anderson, Karel Reisz und Tony Richardson), und aus Italien, in denen die Stilmittel des Neorealismus wieder aufgegriffen und weiterentwickelt wurden (Michelangelo Antonioni, Federico Fellini, Francesco Rosi und Pier Paolo Pasolini).

In der Bundesrepublik fehlten die Voraussetzungen, auf deren Basis sich neue Talente entwickeln konnten, »ohne sogleich vom kommerziellen Filmbetrieb verschlissen zu werden« (Ulrich Gregor / Enno Patalas, »Geschichte des Films 1940–1960«, S. 473). Gemeint waren damit Einrichtungen wie Cinematheken, Filminstitute und Filmclubs; nur der Kurzfilm wurde von den Altproduzenten gelegentlich als Übungsfeld für den Nachwuchs freigegeben. »Der Kurzfilm, von Geldgebern aus Industrie und Verwaltung abhängig und vom Verleih auf eine minimale Vorführlänge festgelegt, bietet nur sehr beschränkte Möglichkeiten zur individuellen Gestaltung. Dennoch zeigen sich hier am ehesten Ansätze zu einem Neubeginn im deutschen Film... Indem sich die Bundesrepublik beim Festival in Cannes 1962 durch den ersten programmfüllenden Film eines Regisseurs dieser Gruppe, Veselys BROT DER FRÜHEN JAHRE, vertreten ließ, konzedierte auch sie die Abdankung des herkömmlichen Films« (Gregor/ Patalas, ebd., S. 474). Doch diese späte Einsicht konnte das Ende einer einstmals blühenden deutschen Filmindustrie auch nicht länger hinauszögern – ein Ende, das alles andere als »ruhmreich« war, da die einfallslose Standardisierung der Produktionen in den Heimat-, Familien- und Schlagerfilmserien in erheblichem Maße mit dazu beitrug, den kommerziellen und künstlerischen Exitus einzuleiten. Joe Hembus hat diesen Endzustand in seinem Pamphlet von 1961 »Der deutsche Film kann gar nicht besser sein« treffend auf den Punkt gebracht: »... der Krieg, die unbewältigte Vergangenheit, das Verhältnis der Generationen zueinander, die Freizeitgestaltung der Jugend – das sind doch Themen, aus denen man mit ein bißchen Verstand vernünftige Filme machen könnte« (S. 105).

Die deutschen Produktionen dieser Jahre waren wirklichkeitsfremd; selbst dort, wo mit angeblichen »Problemfilmen« Gegenwartsthemen reflektiert wurden, ging man einer jugendgerechten Darstellung aus dem Wege. Gefragt waren skandalträchtige und spektakuläre Stoffe wie Jugendkriminalität und Gewalttätigkeit, die oberflächlich und ohne Reflexion der gesellschaftlichen Hintergründe aufbereitet wurden.

Zu dem künstlerischen Abstieg kam der kommerzielle. In den fünfziger Jahren konnten infolge einer einseitig orientierten Bürgschaftsaktion des Bundes die Verleiher die deutsche Filmproduktion in den Griff bekommen. Nicht mehr die Produzenten bestimmten Inhalt, Themen, Gestaltung und Besetzung der Filme, sondern die Verleihfirmen, die allein nach rechnerischem Kalkül vorgingen, auf den Serienerfolg setzten und einer eigenständigen, innovativen Filmproduktion keinen Spielraum gaben. In dieser kritischen Phase, in der die Zahl der Kinobesucher von Jahr zu Jahr zurückging (von 1959: 817 Millionen auf 1967: 250 Millionen), kam das Fernsehen auf, und das Kinosterben setzte ein. Die Konzeptionslosigkeit der Branche gipfelte in dem Ruf: »Keinen Meter Film dem Fernsehen.«

Der alte Film ist tot. Wir glauben an den neuen

In dieser Phase des Zusammenbruchs der deutschen Filmproduktion forderten 26 junge Filmregisseure, die ausnahmslos vom Kurzfilm kamen, eine wirkungsvollere Spielfilmförderung. Das »Oberhausener Manifest« vom 28. Februar 1962 – eine Resolution im Rahmen der VIII. Westdeutschen Kurzfilmtage Oberhausen – gilt als die Präambel des jungen deutschen Films: »... Wir erklären unseren Anspruch, den neuen deutschen Spielfilm zu schaffen. Dieser neue Film braucht neue Freiheiten. Freiheit von den brancheüblichen Konventionen.

100

Freiheit von der Beeinflussung durch kommerzielle Partner. Freiheit von der Bevormundung durch Interessengruppen. Wir haben von der Produktion des neuen deutschen Films konkrete geistige, formale und wirtschaftliche Vorstellungen. Wir sind gemeinsam bereit, wirtschaftliche Risiken zu tragen. Der alte Film ist tot. Wir glauben an den neuen« (zitiert nach dem »Bericht 1962« der Westdeutschen Kurzfilmtage Oberhausen, S. 119).

Diesen Anspruch konnte der »junge deutsche Film« nur bedingt verwirklichen. Eine neue Sprache – ein eigener, unverwechselbarer Stil – wurde nicht geschaffen, und die Ressourcen reichten insgesamt für den großen kommerziellen Durchbruch nicht aus, da sich die Vertriebs- und Abspielbedingungen nicht verbesserten. Trotz künstlerischer Achtungserfolge konnte sich der junge deutsche Film in den Kinos nicht durchsetzen. Ein neugegründetes »Kuratorium Junger Deutscher Film« ermöglichte zwar die Produktion der Filme, konnte aber den Kassenerfolg nicht garantieren. Immerhin sorgte eine flexible Vertriebsförderung später dafür, daß sich viele dieser Filme über das »Zweite Kino« – Filmclubs, kommunale Kinos und andere nichtgewerbliche Spielstellen – durchsetzen konnten. Mit der Existenz einer an künstlerischer und politischer Substanz reichhaltigen deutschen Filmproduktion mehrte sich der Unmut über eine unzureichende Abspielbasis. Die bereits 1953 gegründete »Gilde deutscher Filmkunsttheater«, ein Zusammenschluß von Kinos mit besonderen Qualitätsvorstellungen und der Garantie eines filmkünstlerischen Angebotes alter und neuer Filme, erhielt Bestätigung, Ermutigung und Auftrieb. Parallel dazu setzte sich eine neue Generation von Kinomachern mit den sog. »Programmkinos« von der verleihabhängigen Spielplanstruktur ab und entwickelte durch eigene Programmvorstellungen eine Alternative zu traditionellen, meist durch Blockbuchungen geprägten Angeboten.

Auch wenn es kommerziell nur eine »Scheinblüte« war, so sind die Entstehungsjahre des »jungen deutschen Films« für die Entwicklung des Jugendfilms der siebziger Jahre, der sich von Versatzstücken der Halbstarken- und Problemfilme befreit und eine Annäherung an die Lebensrealität der Jugendlichen wagt, von Bedeutung. Eine Generation junger Regisseure hatte Mitte der sechziger Jahre erstmals die Chance, sich in ihren Filmen der »bundesrepublikanischen Wirklichkeit« zu nähern; aber das Ergebnis in seiner Gesamtheit war trotz einiger Ausnahmen enttäuschend. Der Generationskonflikt, die Auseinandersetzung mit der jüngsten deutschen Geschichte und die Infragestellung der gesellschaftlichen und moralischen Werteordnung blieben meistens draußen vor; gefragt waren mehr das Private, die Tristesse des Alltags und naiv-kitschige Liebesgeschichten.

Dem jungen deutschen Film fehlte in den ersten entscheidenden Jahren allerdings auch ein junges deutsches Publikum, das auf breiter Basis die wirtschaftlichen Voraussetzungen für eine grundlegende Änderung der Gesamtstrukturen hätte garantieren können. Nach der Besucherstatistik des Jahres 1964 gehörten von den 320 Millionen Kinobesuchern rund 80 % zu den Jugendlichen der Altersgruppe 16–25; doch das Interesse für den jungen deutschen Film hielt sich in Grenzen, weil es an einem *Bewußtsein* für dieses Kino mangelte und es an *Identifikationsmöglichkeiten* fehlte. Das junge deutsche Kino hatte keine Stars, mit denen sich Jugendliche hätten identifizieren können. Horst und Karin, Conny und Peter waren out; Sabine Sinjen, Helmut Förnbacher, Christian Doermer, Helga Anders oder Uschi Glas waren nicht die Namen, die in der Werbung groß herausgestellt werden konnten und mit denen man die Zuschauer an die Kasse lockte. Nur Werner Enke konnte in den Schwabing-Filmen von May Spils (ZUR SACHE, SCHÄTZCHEN, 1967, und NICHT FUMMELN, LIEBLING, 1969) als Typ überzeugen: ein witziger Pseudophilosoph mit dem Feeling eines Gammlers und der Sprachartistik eines Karl Valentin, dessen Idiomatik in die Jugendsprache eingegangen ist.

Die pauschale Feststellung, daß die Regisseure des jungen deutschen Films mehr mit sich und mit ihren filmkünstlerischen Ambitionen beschäftigt waren als mit Recherchen über die »bundesrepublikanische Wirklichkeit« ihrer Generation und der Heranwachsenden, trifft nicht auf KUCKUCKSJAHRE von George Moorse (1967) und TÄTOWIERUNG von Johannes Schaaf (1967) zu. Moorse versucht in seinem Film, den Lebensstil Jugendlicher, die auf der Woge der Pop-art treiben, in filmisch adäquater Form umzusetzen. Das ist ihm immerhin so gut gelungen, daß sein Film von der FBW, der Filmbewertungsstelle Wiesbaden, mit dem Prädikat »Besonders wertvoll« ausgezeichnet wurde: »Der Hauptausschuß... betrachtete es nicht als seine Aufgabe, die junge Generation, die hier den Versuch eines Selbstverständnisses unternimmt, als solche zu kritisieren, geschweige denn abzuwerten: ihre Lebensauffassung, ihre Verhaltensweise, ihre Unsicherheit, ihr Orientierungsbedürfnis. Der Ausschuß sah es als entscheidendes Kriterium der Beurteilung an, ob es gelungen sei, diesen Versuch des Selbstverständnisses mit filmischen Mitteln plausibel zu machen. Was er bejahen mußte« (FBW, Besonders wertvoll. Langfilme 1967, S. 51).

TÄTOWIERUNG, der Film von Johannes Schaaf, handelt von einem 16jährigen Waisen, der sich von dem Milieu der Jugendhöfe und Erziehungsanstalten auch dann nicht befreien kann, als er von einem Fabrikantenehepaar adoptiert wird. Deren Bürgerlichkeit und ihr aufgesetztes verständnisvolles Getue um die Provokationen des Jungen empfindet dieser als »aufgezwungene Freiheit«, von der er sich dadurch befreien will, daß er seinen Adoptivvater bei einem Sonntagsspaziergang erschießt. Mit TÄTOWIERUNG wurde erstmals ein deutscher Jugendproblemfilm neuer Art kreiert; zehn Jahre zuvor gab es an Filmen mit dieser Thematik zwar auch keinen Mangel, doch sorgen z. B. von Ruth Leuwerik dargestellte Lehrerinnen und von Heinz Rühmann verkörperte Jugendrichter für die versöhnliche Geste und die Anpassung der Gestrauchelten. Nun wurden die Probleme rigoros zugespitzt und provokativ vorgetragen; eine Tendenz, die auf die Entwicklung von '68 verweist. Auch TÄTOWIERUNG wurde von der FBW mit »Besonders wertvoll« ausgezeichnet: »Wenn die Dramaturgie des Films bis in die Nuancen stimmt, wenn die Regie das geradezu penetrante Wohlwollen der Verständnislosigkeit, das die ältere Generation ›auszeichnet‹, ebenso genau notiert, wie andererseits das radikale Nichtverstehen der Jugend in intensiven Bildern markiert wird, dann läßt sich sagen: Hier ist ein Thema mit Intelligenz, Konsequenz und formaler Ökonomie abgehandelt worden« (FBW, Besonders wertvoll. Langfilm 1967, S. 94). Tragisch ist in diesem Zusammenhang das Schicksal des Hauptdarstellers Christof Wackernagel, der Jahre später zum Terroristen wurde.

Die beifällige Aufnahme dieser und anderer realitätsnaher Filme bei Publikum, Kritik und Institutionen wie der FBW darf nicht darüber hinwegtäuschen, daß es auch Gegenstimmen gab, die sich in der konservativen Presse und bei der konfessionellen Filmbewertung, beispielsweise in dem Fachorgan »Kirche und Film« (9/1969), artikulierten. In einem Beitrag über »Verzerrte Wirklichkeit – Zum Bild der Jugend im westdeutschen Jungfilm« wird eine völlig andere Einschätzung deutlich: »Grundsätzlich ist festzustellen: es werden nur Teilbereiche vorgeführt. Die Bereiche nämlich, die der Ideologie von der freien, selbständigen Subkultur der Jugendlichen entsprechen; die das Bild von Jugendlichkeit bestätigen, das von der daran profitierenden Industrie manipuliert wird. Verzerrung der Realität also durch Herauslösen von Teilbereichen, die als Gesamtwirklichkeit gelten sollen...«

If...

Einige der Filme, die Ende der sechziger/Anfang der siebziger Jahre in der Bundesrepublik produziert wurden, standen im fließenden Kontext zu internationalen Strömungen; nicht alle Regisseure lehnten sich so kategorisch wie Rainer Werner Fassbinder an ein bestimmtes Vorbild (hier: Douglas Sirk) an, dessen Filmstil sie inspirierte. Die Hippie-, Aussteiger- und Protestfilme aus den Vereinigten Staaten fanden ihr Äquivalent in den sehr unterschiedlichen Kommunefilmen von Hans Jürgen Syberberg SAN DOMINGO (1970) und Rudolf Thome ROTE SONNE (1970). ICH BIN EIN ELEFANT, MADAME von Peter Zadek (1969) ist der einzige Film, der in seiner direkten, frechen und spritzigen Art auch heute noch ein Stück des Lebensgefühls von '68 und des Jugendprotestes wiedergibt. Die Begeisterung für den Undergroundfilm à la Andy Warhol und für die Roadmovies à la EASY RIDER (vgl. hierzu das Kapitel »Undergroundfilm in den USA – Ausdrucksmedium einer postadoleszenten Jugend«) übertrug sich spontan auf die deutsche Szene und ermöglichte einen »unabhängigen Film« und ein »anderes Kino«, was Vlado Kristl so beschreibt: »Nur die Filme sind richtig, die Ordnungen zerstören... Ein voller Kinosaal bedeutet niedrige Beweggründe.«
Wim Wenders adaptierte einige Jahre später in seinen Filmen FALSCHE BEWEGUNG (1975) und IM LAUF DER ZEIT (1976) das Roadmovie auf deutsche Verhältnisse – nur mit dem Unterschied, daß es sich mehr um Kopf-Reisen für Intellektuelle als um Harley-Davidson-Trips von Rockern handelt.
Zu den ausländischen Filmen, die in diesen Jahren bei den Jugendlichen besonders gut ankamen, zählen u.a. IF... (Großbritannien 1968; Regie: Lindsay Anderson), ZABRISKIE POINT (USA 1969, Regie: Michelangelo Antonioni) und ALICE'S RESTAURANT (USA 1969;

Regie: Arthur Penn) – es sind Filme, die von ihrem Feeling her für eine bestimmte Jugendkultur und einen bestimmten Zeitgeist stehen, durch ihre künstlerischen Qualitäten ihre Entstehungszeit aber überdauert haben und heute als Jugendfilm-Klassiker oder Kultfilme angesehen werden.

IF..., d. h. »Wenn«, ist *der* Film über '68. Regisseur Anderson, in den fünfziger Jahren maßgeblicher Protagonist des Free Cinema, benutzt das in sich abgeschlossene Regelkreissystem eines konservativen englischen Internats als Metapher für Establishment-Strukturen, die von vielfältigen und unterschiedlichen Formen der Repression und Gewalt geprägt sind. Im Vordergrund stehen dabei nicht so sehr die Beziehungen zwischen Schülern und Lehrern, sondern ähnlich wie in DER JUNGE TÖRLESS von Volker Schlöndorff (BRD 1966) der ausgeklügelte Unterdrückungsmechanismus der älteren gegenüber den jüngeren Schülern – eine Methode ganz im Sinne der Schulleitung, die für veraltete Zucht- und Ehrgefühle steht. Inmitten dieses Milieus entwickelt sich bei drei Schülern ein Protest, der erst zum Widerstand und dann zur Rebellion führt. IF ist ein in hohem Maße authentischer Film – auch dort, wo die Handlung gelegentlich die realitätsnahe Ebene verläßt, um in fiktiven Sequenzen die Folgen der Eskalation von Gewalt und Gegengewalt deutlicher sichtbar zu machen.

ALICE'S RESTAURANT bezeichnete das amerikanische Magazin »Look« als »die Geschichte eines erfolgreichen Anarchisten«. Alice und ihr Freund Ray haben eine leerstehende Dorfkirche zum Treffpunkt einer Hippiekolonie verwandelt, wo junge Leute zusammenkommen, feiern, singen, tanzen und lieben. Zu ihnen gehört auch Arlo, der lieber mit der Gitarre durch die Staaten trampt, als sich den Musterungsbehörden zu stellen. In Alice's Restaurant findet er die für sich idealen alternativen Lebensformen. Doch auch in der scheinbaren Oase des Glücks und des Friedens häufen sich die Konflikte. Es kommt zu Streitigkeiten, Eifersüchteleien und Drogenproblemen. Einer aus dem Freundeskreis wird das Opfer einer Überdosis – mit seiner Beerdigung kündigt sich das Ende der friedvollen Hippiezeit an. Der Refrain von Arlo Guthries Song »Alice's Restaurant Massacre« gehört zu den programmatischen Sätzen und Ideen der Hippiebewegung. Die achtzehnminütige Komposition, in welcher der junge Folksänger seine haarsträubenden Erlebnisse mit dem Gesetz und der amerikanischen

Der Kampf gegen das Establishment (IF . . .) . . .

...endet hinter Gittern (ALICE'S RESTAURANT)

Musterungsbehörde zu Gehör brachte, wurde zur Grundlage des Films. Er ist – wie auch der Song – ein authentischer Ausdruck des Lebensgefühls und der Lebenseinstellung der 68er Generation, die sich mit ihrem Protest gegen den Krieg in Vietnam und ein Establishment wandte, das diesen Krieg unterstützte. Arlo Guthrie war wie sein großes Vorbild Bob Dylan Teil und Symbolfigur jener Protestbewegung und Kriegsdienstverweigerer. ALICE'S RESTAURANT vermittelt ein für amerikanische Spielfilme jener Jahre erstaunlich realistisches Bild von der Aufbruchstimmung und dem politischen Klima Ende der sechziger Jahre.

Mit dem Blick eines Europäers hat sich Michelangelo Antonioni, dessen Triologie L'AVVENTURA, LA NOTTE und L'ECLISSE (1960–1963) für die neue Welle des italienischen Films steht, in seinem Film ZABRISKIE POINT der Jugend Nordamerikas genähert: Umgeben von einer bizarren Landschaft aus überdimensionalen Postern und Plakaten, die wie Chiffren eines futuristischen sinnentleerten Daseins wirken, bewegen sich die Menschen wie exotische Marionetten. Antonionis Sympathien galten dabei den rebellischen Studenten, die nach einer Alternative zu dem coolen und sterilen Familien- und Berufsleben suchen. Zabriskie Point ist ein Aussichtspunkt für Autotouristen, die von dort aus die Weite und Öde des Death Valley bestaunen; für zwei junge Liebende – einen Studenten und eine Aushilfssekretärin – wird er zur Endstation ihres Ausstiegs aus einer Gesellschaft, die sich durch Repressionen, Rassismus und Konsumterror auszeichnet. Ihr Ausbruch scheitert, aber kraft ihrer Liebe verwandelt sich die Wüste für eine kurze Zeit zu einem Ort blühenden Lebens. Antonioni nimmt Anteil an den Utopien der revoltierenden Studenten Ende der sechziger Jahre, an ihrer Wut und ihren Sehnsüchten. Im Unterschied zu anderen thematisch vergleichbaren Zeitdokumenten, Filmen über eskapistische Reisen, freiheitlichere Lebensformen und das Unterwegssein junger Aussteiger in den USA – beispielsweise EASY RIDER –, fesselt Antonionis Werk, das eine einfache Liebesgeschichte zum Inhalt hat, durch seine gedanklich fundierte, filmästhetisch brillante Verwirklichung einer Kritik, die sich im aktiven Ausleben des Überdrusses an der kapitalistischen Industriegesellschaft, im Wunsch nach Befreiung und in der Version von Zerstörung ausdrückt. Ein ganz wesentliches, emotionales Element in der audiovisuellen Ausdrucksstärke von ZABRISKIE POINT ist in der Musik zu sehen. Die Musik von

Pink Floyd, Kaleidoscope, The Grateful Dead und The Rolling Stones stand für den Protest, das Aufbegehren und das Empfinden einer ganzen Generation von Jugendlichen und Erwachsenen.

Undergroundfilm in den USA – Ausdrucksmittel einer postadoleszenten Jugend

Der Protest des neuen Kinos der sechziger Jahre gegen Hollywood ist einer gegen die offizielle amerikanische Mentalität: Das Off Cinema des Untergrunds, vor allem in New York beheimatet, hat ihn in zahllosen Filmen sehr verschieden formuliert.

Zwar hat der Untergrundfilm durchaus eine Vergangenheit in der internationalen Avantgarde der zwanziger Jahre. Sie wirkt heute noch auf Stil und Machart ein (Renan, 1967; Tyler, 1970). Der Begriff von »Underground« als Ausdruck einer neuen Subkultur entstand jedoch offenbar erst um die Wende der fünfziger zu den sechziger Jahren im Zusammenhang mit dem New American Cinema, das sich als filmhistorische Bewegung auf einen Nenner bringen läßt; filmästhetisch aber liegt seine Bedeutung in der Ausschöpfung aller thematischen und formalen Möglichkeiten der siebten Kunst. Unter den verschiedenen Techniken, mit denen die Filmemacher experimentierten, finden sich auch die klassischen Mittel der Montage und des Trickfilms; viele Regisseure – wie beispielsweise der Pop-Künstler Bruce Conner – kamen von der Malerei zum Film, der für sie eine Weiterentwicklung des Bildes bedeutete.

Das New American Cinema war eine unpolitische Bewegung. Zwar forderten viele Filme das amerikanische Establishment heraus, indem sie gegen moralische Normen und gesellschaftliche Tabus verstießen, doch die Revolte des Undergroundfilms ist anfangs eher ästhetisch als politisch. Erst Ende der sechziger Jahre fanden die unterschiedlichen Strömungen des Underground mit der neuen amerikanischen Linken zusammen. Als im Oktober 1967 die großen Vietnam-Demonstrationen vor dem Pentagon stattfanden, beteiligten sich auch viele Literaten und Filmemacher. Hier wurde u. a. die Idee des »Newsreel«, der Untergrund-Wochenschau, geboren. Von vornherein verstanden sich die geplanten Arbeiten als direkte politische Aktionen. Der Verleih des »Newsreel« ging formlos vonstatten, man bediente sich der vom

New American Cinema aufgebauten alternativen Vertriebsstruktur. Dokumentiert wurden in erster Linie Demonstrationen und Protestkundgebungen, bei denen es oft zu Auseinandersetzungen mit der Polizei und dem Militär kam. Beispielsweise liefert »Columbia revolt« die vollständige Geschichte der Studentenrevolte der Columbia-Universität im Frühling 1968, bei der nach einer fünftägigen Besetzung der Gebäude die Studenten mit Gewalt von der Polizei vertrieben und elfhundert Beteiligte festgenommen wurden. In diesem Jahr drehten einige »Newsreel«-Kollektive auch Filme über die Black Power und für die Black Panther Party.

Spätestens von diesem Zeitpunkt an verstand sich der Undergroundfilm als das stilistisch gehandhabte Vehikel eines Widerstands. Zu diesem Begriff gehörte freilich in den USA viel stärker als in Europa neben dem revolutionären Protest – etwa der Neuen Linken – die »große Verweigerung«. Die amerikanische Gesellschaft wird als vielgesichtiger Moloch erfahren, der den verschlingt, der sich nicht freiwillig ins Abseits stellt. Darum sind viele Untergrundfilme solche von *drop outs*, die auf öffentlich-politische Selbstdarstellung verzichten und statt dessen in alternativen Lebenszirkeln Selbstverwirklichung suchen. Selbst Andy Warhol, der es ablehnte, zum Untergrund zu gehören, der seine Filme allen Leuten, also auch im kommerziellen Kino, zeigen wollte – auch er war einer der Ihren. Wenn er weniger Kritik gesellschaftlicher Zusammenhänge leisten als vielmehr lehren wollte, den Menschen wieder zu entdecken, so ist auch dies ein durchaus politisch gemeintes Programm, freilich mit ganz neuen Prämissen für politische Haltung: Die Verflechtung in die entfremdenden Apparate von Öffentlichkeit und gelenkter Meinung soll durch die Kraft des Privaten, der Authentizität und der solidarischen, im Stilwillen geeinten Gruppe überwunden werden, die nicht nur für die Dauer einer Produktion zusammensteht, sondern darüber hinaus zusammenlebt und die Grenzen zwischen Kunst und alltäglichem Leben zu verwischen strebt.

Dies ist kein Programm für Kinder oder Jugendliche – sagen wir – unter 16 Jahren. Es handelt sich um die erste postadoleszente Bewegung; das meint: Die Vertreter dieser Sphäre waren mehrheitlich zwischen 20 und 30 Jahre alt, oft darüber. Sie sind ein gutes Beispiel für das heute so genannte Phänomen der Postadoleszenz: Kulturell, sexuell und im erworbenen Habitus selbständig, handelt es sich bei ihnen doch insofern noch um Jugendliche, weil das Selbstbild die Figur des Erwachsenen als angepaßten Menschen nicht aufnimmt und häufig ökonomische Selbständigkeit fehlt. Modelle der Außenseiterexistenz, des Dandys, der Bohemien-Szene sind vorherrschend. Hier beginnt die Zeit, in der der Jugend-Begriff sich ausdehnt. Jugend reicht zunehmend nicht mehr von der Pubertät bis zur Schulentlassung, die früher spätestens mit 18 Jahren erfolgte, sondern sie umfaßt einen ausgedehnten Block im Lebenszyklus, der mit 12, 13 Jahren sich öffnet und viele noch mit 30 Jahren fasziniert.

Dies konnte sich nur eine Jugend leisten, die zeitlichen Spielraum hatte. Es handelt sich also vorwiegend um ältere Schüler, vor allem aber Studenten, Literaten, Musiker, Künstler aller Art, die – nicht immer, aber doch in der Regel – ein genügsames Leben lebten und dafür die Intensität unmittelbarer Begegnung und expressiven Ausdrucks suchten.

Film – Bestandteil eines Lebensdesigns

An der Undergroundbewegung läßt sich auch deutlich machen, daß es für diese Jugend weniger darauf ankam, ein einziges Medium zu favorisieren. Ihrer ganzheitlichen Auffassung des Zusammenhangs von Leben, Jugendalter, künstlerischer Produktion und politischem Engagement entsprechend, suchte sie vielmehr eine Fülle von Ausdrucksmitteln. Der Undergroundfilm ist beispielsweise ohne die ihn begleitende Undergroundliteratur kaum zu denken. Und ein Weiteres ist wichtig: Der jugendkulturell orientierte Film wird meist – auch in der Szene selbst – als ein Produkt aufgefaßt, das sich dem Augenblick, der Spontanität verdankt, auf jeden Fall einen ganz und gar neuen Ausdruck von Lebensgefühl und Lebensstil darstellt.

Schon in den vierziger Jahren und bis in die fünfziger Jahre hinein war es die sogenannte Beat-Generation, die eine postadoleszente Jugendkultur darstellte mit starken Auswirkungen auf den Undergroundfilm (dazu gehören: die Hippiebewegung, die Amerikakritik der New Left, die Entdeckung indischer Philosophien gegen den westlichen Rationalismus etc.). Es sind vorwiegend männliche Vertreter eines jungen intellektuellen Amerika: Schriftsteller, Musiker, bildende Künstler, Studenten und Arbeitslose, die die Szene bilden. Die Vielschichtigkeit des Leitwortes »Beat« in der Spannung zwischen ursprünglicher Bedeutung »geschlagene Generation« und mit der neueren Anspielung auf »Beatific« (selig), im Sinne von Lebensintensität und Lebenszugewandtheit, ist Absicht. Rhapsodischer Überschwang, Lebenszuwendung und Bejahung freien Lebensgenusses mischen sich mit dem Gefühl von Außenseitertum und einer Haßliebe auf Amerika, wie sie beispielhaft in Allen Ginsbergs (geboren am 3. Juni 1926) berühmtem Langgedicht »Amerika« deutlich wird. Hier wird ein Lebensgefühl formuliert – »Amerika, ich hab dir alles gegeben und jetzt bin ich nichts...« –, das später auch in vielen Filmen wieder aufgenommen wird.

Neben der Feier des gesellschaftlichen Außenseitertums (Drogen, Sexualität, neue Mythen) stehen zwei weitere Züge, die präfigurativ spätere Jugendkulturen andeuten. Dazu gehört die Feier des Unterwegsseins, wie es in den Roadmovies vorgelebt wird, zu Fuß, ekstatisch aber mit dem Motorrad. Neben die literarische Überlieferung treten die Filmhelden. Jack Kerouac schreibt in seinem Buch »On the Road«: »›Beat-Generation‹ ist ganz einfach Schlagwort oder Etikett für eine Revolution der Verhaltensweise in Amerika geworden, und Marlon Brando war in Wirklichkeit gar nicht der erste Beatnik der Leinwand. Dan Clark mit seinem verkniffenen Dostojewski-Gesicht und seinem Brooklyn-Jargon und natürlich Garfield waren die ersten. Auch die Privatdetektive waren beat, wenn Sie mal zurückdenken wollen. Bogart und Lorre waren beat. Wie Peter Lorre damals in ›M‹ so lässig durch die Straßen schlenderte, da war schon etwas da vom neuen Stil« (zit. bei Paetel, »Beat«, S. 29). James Dean ist später der Heros der neuen Generation geworden. Und daß er bei einem Autounfall stirbt, macht ihn zum Mythos (wie in Frankreich vorher der existentialistische Schriftsteller Albert Camus dazu wurde). Die exzentrische Erfahrung der Raserei auf der Straße und die Nähe zum Tod gehören zum Außenseitertum.

Während in der Bundesrepublik allenfalls die »Halbstarken« und die »Teenager« von sich reden machten, bereiteten die Beatniks in den USA in ihren Haltungen, stilistischen Attitüden und Lebensformen wesentliche Züge heutiger Jugendkulturen vor, und sie waren es, die auf dem Zusammenhang von Lebensstil, Literatur, Musik und Film insistierten.

Wiederbelebung der Beatnik-Kultur im Underground

Was die späten vierziger und fünfziger Jahre in den USA schon ausdrückten, wurde in den Sechzigern wieder aufgegriffen. Gerade in den USA wird deutlich, wie die neuen Bewegungen an die alten anknüpfen. Freilich, in zwei wesentlichen Punkten unterscheiden sie sich formal: Zum einen wird erst jetzt der Film als Ausdrucksmedium hinzugenommen und eigentlich entdeckt. Dies hat natürlich einen schlichten Grund auch in der Tatsache, daß das klassische Studiosystem Hollywoods durch Finanzkonzerne abgelöst wurde und unabhängige Produktionen ermöglichte. Die technische Entwicklung brachte es zum anderen mit sich, daß jetzt einigermaßen preiswerte Kameras und Produktionsmöglichkeiten zur Verfügung standen. Hinzu kommt, daß das Aufkommen des Fernsehens in den USA, von vornherein kommerziell beherrscht, zur Suche nach enklaveneigenem ästhetischen Ausdruck zwang. Die audiovisuelle Welt teilte sich: Neben den angepaßten Mainstream trat der Untergrund. Ein weiterer Unterschied zu den fünfziger Jahren besteht darin, daß die Untergrundbewegung sich international ausbreitet.

Am Vergleich zwischen der Szene in den USA (vor allem New York, San Francisco) und in Berlin kann das gezeigt werden. Ein durchaus gleiches Lebensgefühl wird doch strategisch anders gedeutet.

Im Jahr 1969 erschien im März-Verlag, Darmstadt, Rolf Dieter Brinkmanns und R. R. Rygullas Anthologie »ACID«. Dieses Buch verbindet Verse und Lieder mit Comic strips und Foto-Collagen und insistiert damit auf der Aufhebung der Genre-Gattungen ebenso wie auf der Niederreißung der Grenzen zwischen Text und Bild. Der in der intellektuellen, postadoleszenten Szene vielbeachtete Band ist bis heute ein Dokument geblieben, das die amerikanische Diskussion literarisch und künstlerisch in der Bundesrepublik vergegenwärtigte. Unter den Beiträgern, meist Männer, finden sich neben Klassikern der alten Beatnik-Bewegung (z. B. William S. Burroughs, Jahrgang 1941) viele neue Namen, deren Träger vorwiegend zwischen 1940 und 1945 geboren sind. Außer Schriftstellern sind auch Beatmusiker vertreten, etwa Tuli Kupferberg, der 1965 mit Ed Sanders und Ken Weaver die Beatgruppe The Fugs gründete und von den Herausgebern so vorgestellt wird: »Tuli Kupferberg trägt schulterlanges schwarzes Haar, das er manchmal zu einem Knoten zusammenbindet.« Geburtsdatum und andere »Angaben zur Person« folgen später. Diese Verkehrung der üblichen Reihenfolge ist nicht zufällig. Die Herausgeber übernehmen in ihren Anmerkungen das Prinzip der amerikanischen Untergrundliteratur: Was bürgerlichem Denken als Attribut erscheint – die sinnliche Darstellung der Person –, wird zur Substanz. Entscheidend sind jetzt die »subjektive Perspektive«, die »Attacken gegen das erstarrte Alltagsleben« sowie die »Verweigerung positiver Kritik« (Brinkmann). Literatur verzichtet hier prinzipiell auf jede Chance, klassisch zu werden, versteht sich als Ausdruck des Lebens, dessen Unmittelbarkeit sie reproduzieren soll. Vor aller ästhetischen Reflexion gilt der Augenblick, in und aus dem das Werk entspringt. Dieses kann schon deshalb nicht nur Sprache sein, weil Sprache die Totalität des Lebens – als Erlebnis des Körpers verstanden – nur ganz unvollständig auszudrücken vermag. Mit unseren Kleidern (Dave Potter) wollen sie erscheinen. Gibt man aber das Bild dazu, fehlt doch die Bewegung – die Kunst des Underground bleibt gegenüber seiner Wirklichkeit zurück, verrät darum unfreiwillig immer wieder die theoretische Konzeption, gewinnt allenfalls Gestalt in selbstbezogener Erinnerung. Die narzißtische Komponente dieser Literatur ist unübersehbar.

»Die Hauptsache ist, die Aufgaben, an die man glaubt, die man sich selbst gestellt hat, auszuführen, um ein größeres Bewußtsein vom Körper zu erreichen« (John Cage). Das heißt: der Rezipient dieser Literatur ist zweitrangig. Auch die Stimme des Kritikers erscheint nur schmächtig gegenüber diesem Anspruch omnipotenter Subjektivität. Brinkmann kritisiert in seinem Nachwort die »unbekannte Unsinnlichkeit des Denkens abendländischer Intellektueller« mit einem Beispiel, das nur zu deutlich die Aporie jeder Literatur aufzeigt, die das Leben selbst zu sein behauptet: »Es ist tatsächlich nicht einzusehen, warum nicht ein Gedanke die Attraktivität von Titten einer 19jährigen haben sollte, an die man gerne faßte.« Denn »sinnliches Denken« und »an Titten fassen« sind nun einmal inkommensurable Vorgänge, weil Reflexion von Erfahrung immer der Distanz bedarf. Die Pop-Philosophie des »alles ist eins« von dem im Band nicht zufällig auch vertretenen Marshall McLuhan bleibt, wie alles Nicht-Mögliche, uneinholbare Utopie.

Diese freilich ist inspirierend genug. Sie erscheint vorweggenommen in der Mentalität der jüngsten Pop-Literaten aus dem Underground.

Jonas Mekas beschreibt den Undergroundfilm EAT: »Ein Mann ißt Pilze ... Sonst macht er nichts, und warum sollte er auch? Er ißt nur. Gedanken und Träume spielen über sein Gesicht und verschwinden wieder, während er immerfort ißt ... Ihm schmeckt das Essen, und er könnte eine Million Jahre so weiter essen ...« Hier wird *beatitudo* (ein Wortspiel mit »Beat«) zur obersten Wirklichkeit verklärt: eine kontemplative Haltung im Grunde, die den Augenblick (meist mit Hilfe von Drogen) zerdehnen, ausdehnen, ihm Dauer abgewinnen will und auf diese Weise die Entdeckung eines neuen Menschen vorzubereiten hofft.

Diesem »neuen Menschen« ist der größte Teil eines aufschlußreichen Essays gewidmet. Lesley A. Fiedler beschreibt die neuen Mutanten, die als Weiße den Nigger in sich entdecken, als Männer weibliche Züge (gegen den nationalistischen Männlichkeitswahn eines John Wayne) hervorkehren und die »etablierte Dreifaltigkeit« von Homo-, Hetero- und Bisexualität in Frage stellen (Tyler). Der Underground schert sich nicht nur keinen Deut um die organisatorisch festgelegten Rollen der Gesellschaft, er bezweifelt auch die vitalen Rollen der Geschlechter. Diese Verunsicherung trifft aber nicht nur aggressiv die Etablierten und Angepaßten; sie macht auch denen zu schaffen, die sie wollen. Es ist schwer, ohne definierten sozialen Status zu leben. Daher wohl die Neigung vieler Autoren, in der Entgrenzung von Ekstasen, dem Rausch der Drogen und des Orgasmus, alle Markierungen aufzuheben. Der vom Underground durchweg stark empfundene Gegensatz etwa zu den Mondfahrten der NASA bezeugt, daß es hier um eine Flucht geht – Flucht in die Fiktion, die freilich der Spannung zur Realität nicht entrinnt: Immer wieder wird von den Verbrüderungssüchtigen die Einsamkeit beklagt. Dieser amerikanische »neue Mensch« ist halbtraurig. Denn er hat auch die Bindung an geistige Autoritäten aufgegeben, verzichtet auf den Halt von Ideen, vor allem weil sie sinnlos scheinen.

Darin unterschied er sich am deutlichsten von den Vertretern bundesrepublikanischer Subkultur, deren Berliner Typus sich vorstellte in dem Band »Subkultur Berlin« (ebenfalls März Verlag, Darmstadt 1969). Diese Gruppe hat etwas, an das man sich halten kann, das den Aufbau einer In-Group mit politischem Selbstverständnis erlaubt: ihre Ideologien. Der – ebenso wie »ACID« in poppiger Magazinform aufgemachte – Pappband wird eröffnet durch einen Mao-Satz. Maos

Weisheiten, eingestreut in fotokopierte Hektogramme, geben auch bis zum Ende das Geleit, sind gleichsam das Über-Ich, das den Problemen der Kommunen als ordnende und interpretierende Kontrolle dient. Das Buch gibt einen authentischen Einblick in das Leben dieser Kommunen, dessen Schwierigkeiten (Emanzipation der Frau, Kinderläden, Drogen, Sexualität, Terror der Bevölkerung) unbeschönigt dokumentiert werden. Man kann sich das leisten; denn was »leer und unbefriedigt« macht, sind ja »die Mechanismen der Gesellschaft«, gegen die denn auch eigentlich zu Felde gezogen wird: Nicht bierernst, sondern getreu den Lehrmeistern Langhans und Teufel oft mit Nonsens-Sätzen oder Kalauern (»Klassenkampf ist Klassenkampf ist Kulenkampff«). Der in »ACID« dokumentierte Underground hingegen ist theorie-, und das heißt auch schutzlos. »Freud ist ein Scheißer«, so liest man, und: »id herrsche über Ego, Trieb über Ordnung«. Auch Marx und Mao interessieren nicht, und Marcuse kommt, so scheint es, in dieser Anthologie nie vor.

Der Unterschied wird noch deutlicher, wenn man die Funktion von Protest und Revolte betrachtet. Für die Berliner geht es um die Entlarvung der Machthaber und der sie stützenden gesellschaftlichen Strukturen, im Zentrum der Diskussion steht das Gewaltproblem. Der im »ACID«-Band vertretene amerikanische Untergrund empfindet sich zwar ebenfalls als in Auflehnung gegen die Gesellschaft, will sie aber keineswegs verändern oder programmatisch irritieren. Michael McClure: »Es gibt keine ausdrückliche politische Revolte. Jede Form der Revolte ist persönlich, ist gegen innere Einstellungen und Bilder oder gegen äußere gesellschaftliche Zwänge gerichtet.«

Auch hier also wieder das Betonen der Subjektivität. Wie diese zu verstehen ist, bestätigt sich an anderer Stelle: »Revolte ist das Streben nach einer Lebensweise, die man sich als athletisch vorzustellen hat. Ihre Funktion ist es, den natürlichen physischen Bedürfnissen unseres Gewerbes gerecht zu werden ... Sie sind vielleicht nicht voneinander zu trennen und alle erotischer Natur.« Jegliche Aktion also ist sinnlich bestimmt, Ausdruck und Ziel einer personalen Befreiung von Erlebens- und Gefühlszwängen. Nicht der Homo politicus revoltiert, sondern der Homo sensitivus. Doch versteht sich der Protest nicht »ästhetisch« im Sinne künstlerischer oder literarischer Form, sondern im ursprünglichen Sinne von Aisthesis: als Intensivierung der Selbstwahrnehmung. Man darf das nur nicht mit Sublimierung oder Kultivierung verwechseln. Im Gegenteil, es wird regredientes Verhalten bevorzugt, kindische Unreife gegenüber sexuellem Erwachsensein. (Paul Blackburn:»ich / hielt meine Hand um meine / Eier und ihr jetzt schlaffes Anhängsel. / Und roch nachher / an meiner Hand.«) Daß solche »Revolte« in Form des Exhibitionismus neurotische Züge hat, leugnet kein Untergrundler: Sie als Selbstverständlichkeit zu akzeptieren gehört ja gerade zu der Befreiung, wie er sie versteht.

Dementsprechend entzieht sich auch die literarische Qualität der »ACID«-Beiträge (der Berliner Band steht in dieser Hinsicht gar nicht zur Debatte) herkömmlicher Wertung. Es hilft nichts, die erzählende Prosa als oft verquollenen, abgetakelten, durch Obszönitäten angereicherten Expressionismus abzuqualifizieren oder neue Formexperimente, etwa die Comic novel, die analog zu den Comic strips arrangiert ist, interessant zu nennen. Im übrigen macht nur genaue Kenntnis der Reklamen und Mythen der Trivialliteratur und des Alltags dieses fast schon wieder esoterische Genus dem gemeinen Leser verständlich (vgl. Tom Veitch, »Die Mondschaukel«). Im Vergleich dazu ist die Undergroundlyrik in »ACID« zwar mit ihren Hauptvertretern (Bukowski, Sward, McClure, Perreault, Norse) zu finden, ist aber nur mit wenigen Beispielen vertreten. Ihre häufig metaphernlose Nüchternheit zeigt den Underground aber von der zugänglichsten Seite. Es überwiegt der neue thematische Typus des Fick-Gedichts, das die Entdeckung unkonventionell erlebter körperlicher Lust vergegenwärtigen will.

Noch einmal: Nicht das Werk zählt im Underground, sondern die Wirkung, und zwar auf den Verfasser selbst. Um so mehr fällt der Hang zur Selbsterklärung auf: Die Theorie einer Bewegung steht, Schreckgespenst aller Untergrundler, doch schon am Horizont. Neben der versuchten Darstellung von Unmittelbarkeiten gibt es erstaunlich viele Ableitungen oder Umwandlungen von literarisch (im weitesten Sinne) schon Fixiertem. Alles, und gerade das schon einmal Vermittelte, ist Anlaß für schöpferische Vehemenz. Gil Orlowitz fertigt Oberflächenübersetzungen aus dem Französischen an: Er »übersetzt« ungebunden an Regeln den Sinn mit den Worten, die sich ihm spontan beim Lesen eines Originaltextes einstellen. Burroughs gruppiert Schlagzeilen der New York Times um oder erstellt Ton-Collagen mit Hilfe des Tonbandes. Ursprünglichkeit ist also im Grunde keine Kategorie mehr, an der man mißt. Auch die Originalität liegt mehr im

Feeling des Autors als im Zeugnis der Sprache und der Bilder. Darum ist man fähig zur Teamarbeit; die eigene Personalität, so hofft man, soll sich durch die des anderen erweitern.

Während die Berliner Gruppe auf rationaler Analyse, einer sozialistischen Botschaft und dem sich artikulierenden Individuum besteht, hatte der amerikanische Untergrund, der in »ACID« vorgestellt wird, die Mystik einer Gemeinschaft entdeckt, die für ihre schwarzen Messen keine Proselyten macht. Das High-Sein (unter dem Einfluß von Drogen Stehen) begründet vielmehr eine neue Esoterik, die sich nicht in der Sprache erfüllt, sondern in einem Enthusiasmus, der nah am Schweigen steht und damit am Tod. So ist der intensiv gefühlte »Augenblick« meist Erinnerung oder Projektion – er realisiert sich in der Kunst, deren Ausdrucksgrenzen immer mehr verschwimmen, weil der Mensch seine Ganzheitlichkeit zurückerobern will gegen die Grausamkeit der Systemdifferenzierung und Partialisierung modernen Lebens.

»Flesh« und »Easy Rider« –
Undergroundfilm und Roadmovie

Das Leben als Gesamtkunstwerk – dies blieb ein Traum. Gerade der Undergroundfilm machte bald am meisten von sich reden. Er wirkte totaler, aber häufig auch destruktiver, insgesamt irritierender als die Literatur. Insofern war es der Film, der nicht nur wirkungsvoller Transporteur der neuen Wahrheiten wurde, sondern auch am grellsten Kritik und Träume einer neuen Protestgeneration ausdrückte. Renan (1967) greift dabei wohl zu kurz, wenn er den Undergroundfilm durch folgende vier Punkte kennzeichnet: Zum einen gehe es um ein »personal statement« des Regisseurs oder aller Mitwirkenden; zum anderen seien Form, Technik und Inhalt anders als bei kommerziellen Filmen; zum dritten sei er billig und oft improvisiert hergestellt, und viertens bleibe er außerhalb der kommerziellen Distributionsnetze, da er auf Schemata und Klischees, die Erwartungen beim breiten Publikum einlösen, verzichte. Das alles ist richtig, bleibt aber letztlich formal, äußerlich, weil der Stilwille, die Lust an der Selbstinszenierung und Selbstdarstellung, der Provokation, aber auch an der Inszenierung eigener Traurigkeit und Vergeblichkeit nicht deut-

Der 20jährige Joe Dallesandro ist die erstaunlichste Film-entdeckung der letzten Jahre.

Andy Warhol's FLESH

Eine Farbfilm-Produktion von Andy Warhol

Buch, Regie und Kamera: Paul Morrissey

Constantin-Film

Joe Dallesandro in FLESH

lich genug herausgestellt wird. Und: auch Undergroundfilmer haben durchaus danach gesucht, ein breiteres Publikum zu erreichen, und insofern gab es immer wieder Verbindungen mit großen, kommerziellen Verleihfirmen. Auch hier gilt wie immer: Die Reinheit kultureller Sphären ist nicht zu erhalten. »Undergroundfilm« ist also ein Terminus, der schwer definierbar ist. Sind Warhols Filme »mehr« Underground als die durchaus kommerziellen Produktionen EASY RIDER oder PERFORMANCE? Oder muß man den »wahren« Underground ganz woanders suchen? So bleibt lediglich die Feststellung: Filme und Literatur des Underground haben zum vorwiegenden Thema ein jugendliches Lebensgefühl von Ekstase, Erotik, Direktheit, Offenheit, Ambivalenz, Provokation. Die geregelte bürgerliche Lebenswelt erscheint nur am Rande, als Gegenpart oder Störenfried. Das eigentlich Moderne aber liegt in einem dritten: Auch die Filme bleiben insofern »Oberfläche«, als sie in der Regel auf psychologisierende Analyse verzichten.

Dies ist ein Hinweis darauf, warum die durchaus von einem breiten Publikum rezipierten Filme eines Ingmar Bergman jugendkulturell nicht wirksam werden konnten. Die Filme sind zu literarisch und psychologisch, und Stile trennen mehr als Inhalte oder Wahrheiten. Die neue »Revolution der Wahrnehmung« liest das breite Publikum bis heute mit fremden Augen.

Auch der Undergroundfilm will also den Menschen in seiner Totalität. Mensch bedeutet dabei nicht mehr Menschheit, Wesen oder auch Geist (im Sinne der abendländischen Philosophie). Humanität soll sich entdecken lassen im spontanen, beobachtbaren Verhalten der sich selbst erlebenden (und ausgelieferten!) Existenz. Warhols Konzeption ist hier durchaus bestimmt von der pragmatischen Wissenschafts- und Denkkultur seines Landes, der er zugleich entrinnen will, indem er gegen die allgemeinen Verhaltensgesetze das nur für sich selbst Gültige des Intim-Privaten setzt. Daher die gewollt anti-perfektionistische Verwendung des Mediums: die unscharfen Einstellungen, das Arbeiten mit Handkameras, die Breaks in Ton und Bild, die wenigen Schnitte, der Verzicht auf ein Drehbuch. Indem die Filmfotografie sich gegen ihren zwanghaften Fortschritt wendet, soll sie ein Instrument der befreienden Betrachtung eines Schlafenden werden (SLEEP), eines sich küssenden Paares (KISS), eines jungen Mannes (FLESH).

120

Der Film FLESH ist auch in die europäischen Kinos gekommen. Die Vorstellungen waren ausverkauft. Zum einen wohl, weil der »Undergroundfilm« zu einem (fragwürdigen) Mythos geworden ist; zum anderen, weil der Verleih ankündigt, hier sei zu sehen, was noch nie gezeigt wurde (wobei auf die einst sparsam angebotene männliche Nacktheit angespielt wird). Bereits im Kommentar des Vorspanns wird das breite Publikum jedoch düpiert: Der Film habe mit Pornographie nichts zu tun, im Gegenteil: er zeichne sich aus durch »Reinheit«. Weder das eine noch das andere trifft den Film. Denn der stellt jenseits von Gut und Böse, Rein oder Unrein, bürgerlicher Moral und Anti-Moral den Tag eines (verheirateten) Strichjungen in New York dar, der auszieht, um seiner Frau 200 Dollar für eine Abtreibung bei ihrer Freundin zu besorgen, und dabei verschiedene Begegnungen hat (mit einem Kunstmaler, einem Homosexuellen, einem Mädchen, »Arbeitskollegen« usw.). Oder tut er es gar nicht wegen des Geldes, sondern weil er nicht anders kann (so meint seine junge Frau)?

Eine wohl zwecklose Frage, die der Film weder stellen noch beantworten will: Die Phänomene sind, wie sie sind. Aber sie erschließen sich nicht durchs Anschauen. Joe Dallesandros Gesichtsausdruck, sooft man ihn – wie seinen Körper – sieht, bleibt verschlossen: in der Balance von animalischer Stumpfheit und menschlicher Beseelung, Solidarität ausdrückend mit den Triebbedürfnissen seiner Umwelt und doch von ihnen nicht angerührt oder irritiert – ein Narziß mit Vorbehalten.

Wovor oder wem gegenüber? Das wird nicht zum Thema, aber in die Ritzen der leiblichen Idylle sickert etwas von dem Übermaß an gesellschaftlichen und persönlichen Problemen, die der Film eigentlich zugunsten der Versenkung in die Gestalt ausscheiden will. Nur zwei Beispiele dafür. Joes Frau erklärt ihrer Freundin, warum sie ihn überhaupt geheiratet habe: Sie habe es auf der Schule einfach nicht mehr ausgehalten. Eine Flucht also! Aber schon die Rettung? Sie haben ein Kind, sie haben Spaß an ihren Körpern, aber letztlich bleibt ihr Verhältnis beziehungslos: keine amerikanisch angepaßte Ehe, aber auch kein Gegenmodell. Als Joe abends nach Haus kommt, findet er die Freundin bei ihr vor; endlich schlafen beide Frauen engumschlungen ein, während Joe sich halb gleichgültig, halb unwirsch auf die andere Seite des Bettes legt: nur eben Spuren von Verwirrung in dem fast unbeweglichen Gesicht. Nichts passiert, es war »ein Tag wie jeder andere«. Aber gerade die scheinbare Fraglosigkeit provoziert Fragen. Joe ist keine Statue wie die Figuren in manchen Filmen der Warhol-Gruppe, die auf jede Bewegung verzichten: Er lebt in Situationen, in die ihn Konsequenzen gebracht haben, die Konsequenzen haben werden. Aber welche?

Das erfährt man in dem Roadmovie EASY RIDER (USA 1969; Regie: Dennis Hopper), ebenfalls einem von Anfang an kommerziell geplanten Film. »Road Movies sind Reisefilme«, schreiben Heinzlmeier, Menningen und Schulz (in: »Road Movies – Action-Kino der Maschinen und Motoren«). »Sie erzählen vom Abenteuer der Straße, der Faszination des Unterwegsseins. In ihnen ist alles in Bewegung, Figuren und Fahrzeuge, Kamera und Horizontlinien. In Road Movies geht es um Ankommen und Weggehen, Menschen treffen und trennen sich. Entwicklungslinien werden deutlich, Kongruenzen zwischen räumlichen und zeitlichen Bewegungen sind sinnlich erfahrbar – Kino als Reisefilm, als Lebensreise... Road Movies können immer noch Aussteigerfilme sein, doch spätestens seit EASY RIDER gibt es keine Ziele mehr. Die Reise selbst wird zum Erlebnis, das Fahrgefühl, das Flüstern des Motors, die vorbeiziehenden Lichter der Nacht, die nie endende Landschaft...«

Für EASY RIDER ist die Rockmusik ebenso wichtig wie seine Bilder; die einzelnen Titel werden voll ausgespielt. Allen voran der Steppenwolf-Hit »Born to be Wild«. Peter Fonda und Dennis Hopper traten als Kultfiguren einer neuen Generation die Nachfolge von James Dean und Marlon Brando an; für Dennis Hopper bedeutete dies gleichzeitig den Neubeginn einer durch seine Extrovertiertheit jäh unterbrochenen Filmkarriere. (Sie setzte sich u. a. dadurch fort, daß er als Star von deutschen Filmemachern eingesetzt wurde; in DER AMERIKANISCHE FREUND von Wim Wenders und in WHITE STAR von Roland Klick). Eigentliches Thema des Films EASY RIDER ist die Konfrontation zweier Welten: der der Hippies und der der amerikanischen Provinz. Peter Fonda und Dennis Hopper zeigen den Glücksrausch einer fast schwerelosen Motorradfahrt zweier vagabundierender junger Männer, die, bezaubert durch die großartigen Landschaftspanoramen, das Gefühl völliger Freiheit und Bindungslosigkeit genießen, neue Wandervögel ohne Bezug zu Gruppe und Gemeinschaft. Auch sie sind weder Engel noch Teufel. Auch ihre Welt kennt keine Bewer-

Dennis Hopper, Peter Fonda und Jack Nicholson in EASY RIDER

tungen, ist nicht mehr als das Erlebnis, das im Experiment zeitloser Vergegenwärtigung bei sich selbst bleibt. Aber die Freiheit ist Schein. Wenn Fonda, dessen gleichmäßig freundlicher, zugleich reserviert-konzentrierter Habitus an Joe Dallesandro erinnert, einmal bemerkt: »Wir sind Blindgänger«, so meldet sich zwar Selbstkritik an, aber sie kommt zu spät: Für die Gesellschaft sind sie – gerade weil sie nicht Kriminelle sind, sondern einfach nur »anders«, langhaarig, nutzlos, nicht festlegbar – eine unerträgliche Herausforderung.

Was an diesem Film so erregte, ist die Lehre, daß man nicht nur den Feind erschlägt, vielmehr gerade den, der sich ins Freund-Feind-Schema nicht einpassen lassen will (Polizisten der kanadischen Provinz Quebec äußerten in einer Umfrage häufiger Haßgefühle gegen Hippies als gegenüber Verbrechern). Fonda und Hopper werden, scheinbar völlig unmotiviert, von einem fahrenden Auto aus »abgeknallt«. Damit ist der Film zu Ende, mit Schrecken. Zuschauer in amerikanischen Kleinstädten sollen begeistert Beifall klatschen, wenn der Abschuß erfolgt. Also Mord als ein Akt, der die Welt wieder in Ordnung bringt? Aber fordert Freiheit, die leeres Ritual bleibt und der Anstrengung entgeht, sich gesellschaftlich zu verbürgen, nicht dazu heraus? Sind nicht nur die Mörder, sondern auch die Ermordeten schuldig? Da sie, die es vielleicht vermöchten, sich und den anderen die kritische Analyse der gemeinsamen Ratlosigkeit versagen? Auch ihr »Blindgehen« hat keine Konzeption.

Diese Fragen wurden außerhalb der Szene diskutiert. Die Jugendkultur selbst genoß den Rausch der Freiheit, wie er gezeigt wurde: Alte Beziehungen sind nicht mehr möglich – die Lebensform des Single kündigt sich an –, und »the american dream« findet sich nur noch auf der Straße, in der Ekstase schnellen Fahrens. Ethisch-reflektierender Abstand zerstört, was der Undergroundfilm und das Roadmovie vor allem suchten: provozierende Unmittelbarkeit. Die Verstörung sollte nicht ausgehen von den alten abendländischen Wertfragen, sondern von den neuen Konstellationen, in denen Menschen sich und ihr Leben fühlen. So zeigen Filme wie FLESH und EASY RIDER in besonders markanter Weise die Radikalität eines neuen Lebensgefühls, das seit damals – wenn auch mit unterschiedlicher Wirkung – nicht mehr ganz verschwindet. Im Film drückt sich seither Existenzerfahrung aus, die quersteht zu allen Konventionen.

Die ausradierten Hoffnungen

Zehn Jahre nach den Straßenschlachten der Halbstarken gab es wieder Krawall; diesmal probten allerdings nicht proletarische, sondern studentische Jugendliche den Aufstand. Als Werner Nekes, der Mitte der sechziger Jahre im Studentischen Filmclub Bonn aktiv war, dort seine ersten Filme zeigte, trafen sie auf eine unvorbereitete Szene. FEHLSTART und START (beide 1966) lösten beim Publikum eine unglaubliche Aggression aus; Bänke wurden auseinandergenommen und demoliert, und man suchte den Filmemacher, um ihn zu verprügeln. Nekes ist einer der Protagonisten des Undergroundfilms in Deutschland, für den es auch Etiketten wie *das andere Kino* oder *Avantgardefilme* gab. Er »kannte damals die Filme des New American Cinema nur aus Artikeln von Stan Brakhage in der amerikanischen Zeitschrift ›Filmculture‹; ausgenommen SCORPIO RISING von Kenneth Anger, den er in einer Nachtvorstellung sah und der in ihm eine Art *Kulturschock* auslöste. Nekes war beeindruckt von der Produktionsfreiheit der amerikanischen unabhängigen Filmemacher und von ihrem Selbstverständnis, Filme ganz anders als konventionell üblich und branchenkonform zu machen. Mit START und ARTIKEL befreite er sich von dem Ballast, im Film eine Geschichte so zu erzählen, wie es andere Filmemacher der jungen deutschen Generation machten« (Horst Schäfer,»Werner Nekes Filme«, S. 3).

Werner Nekes, Lutz Mommartz aus Düsseldorf, Hellmuth Costard aus Hamburg sowie Wilhelm und Birgit Hein aus Köln gehörten mit zu denen, die im nachhinein zu Recht als die Avantgarde des jungen deutschen Films bezeichnet werden können. Birgit Hein: »Der Avantgardefilm funktionierte ja zunächst nicht im Sinne einer Bewegung. Er war eher Resultat der Arbeit vereinzelter Filmemacher. Das war für uns das größte psychische und moralische Problem. Einen ersten Schritt heraus aus dieser Isolation bedeutete dann 1967 das Filmfestival in Knokke. Dort lernten wir die deutschen und europäischen Filmemacher kennen, und auch im Filmbereich entstand das Gefühl einer Bewegung. Gemeinsamer Impuls war die Erkenntnis, daß Vorführeinrichtungen geschaffen werden mußten, um unsere Filme zeigen zu können« (»Die Radikalität der Avantgarde«, in: Prinzler/Rentschler [Hg.], »Augenzeugen – 100 Texte neuer deutscher Filmemacher«, S. 222). Es wurden Vereinigungen wie »X-Screen« in Köln und die »Hamburger Coop« gegründet, um Filme zu verleihen und Vorführungen zu organisieren, und für einige Zeit berechtigte *das andere Kino* zu den großen Hoffnungen des deutschen Films; die Filme wurden zu etablierten Festivals wie den Westdeutschen Kurzfilmtagen in Oberhausen 1969 zugelassen und erreichten eine über den engen Kreis der Macher und ihrer Anhänger hinausgehende Öffentlichkeit. »Zu einem Eklat kam es dann allerdings, als der Film BESONDERS WERTVOLL von Hellmuth Costard, der von vornherein zur Sprengung gedacht war, wieder vom Wettbewerb ausgeschlossen wurde. Der Film protestiert gegen die versteckte Zensur der Filmbewertung, indem er einen Penis die Sittenklausel des Filmförderungsgesetzes sprechen läßt und andere direkte Aufnahmen in Verbindung mit dem Initiator des Gesetzes, Dr. Toussaint, bringt« (Birgit Hein, »Film im Underground«, S. 139).

Die Undergroundfilmer machten nicht nur durch spektakuläre Aktionen in elitären Filmclubs oder auf Festivals, sondern auch auf der Straße auf sich aufmerksam; 1968 wurde eine »X-Screen«-Veranstaltung in Köln von der Polizei gesprengt, und die Filme wurden beschlagnahmt. »Zum ersten Mal kam Solidarität von seiten der politischen Bewegung auf; die Linke in Köln stellte sich, noch in derselben Nacht, auf unsere Seite und begann mit Demonstrationen. Das war allerdings der einzige Zeitpunkt, an dem sich Avantgardefilm bzw. Avantgardekunst mit der politischen Bewegung zusammenfand. Als diese Aktion vorbei war, waren die Bereiche wieder getrennt« (Birgit Hein, »Die Radikalität der Avantgarde«, a. a. O., S. 223).

Die vielen Versuche, in Deutschland ähnlich wie in den Vereinigten Staaten eine tragfähige Abspielstruktur für das »andere Kino« aufzubauen, scheiterten aus den unterschiedlichsten Gründen. Was beispielsweise den Erfolg der Andy-Warhol-Filme betrifft, so war er seinen »Superstars« Viva und Joe Dallesandro zu verdanken. An schillernden Typen wie diesen fehlte es im deutschen Film; nur Magdalena Montezuma in den Filmen von Werner Schroeter (u. a. EIKA KATAPPA, 1969, DER BOMBERPILOT, 1970, und SALOME, 1971) und Rosa von Praunheim (MACBETH – OPER VON ROSA VON PRAUNHEIM, 1970, und WAS DIE RECHTE NICHT SIEHT, 1970) und Dietmar Kracht in Praunheims DIE BETTWURST, 1970, und BERLINER BETTWURST, 1973, konnten in den auf sie zugeschnittenen Rollen mit einer unverwechselbaren Ausstrahlung aufwarten. Ein anderer Ansatz, amerikanische Undergroundstars in deutschen Filmen einzusetzen – Louis Waldon aus der Warhol-Factory spielte in LENZ von George Moorse (1969–71) den Pfarrer Oberlin –, stellte sich auch nicht als erfolgversprechend heraus.

Daß ab Mitte der siebziger Jahre die »Äußerungsform des Avantgardefilms im Bewußtsein der Öffentlichkeit praktisch nicht präsent« war (Birgit Hein) – ein Ergebnis, das Werner Nekes als »die ausradierten Hoffnungen der deutschen Filmkunst« ironisiert –, führen Hein und Nekes auch auf das Versagen der Filmkritik zurück. Die Undergroundfilme – die Produktionen eines anderen Kinos, das ja nicht nur die Filmsyntax, sondern wie das Expanded Cinema auch die Rezeptionsformen sprengte – lösten bei den deutschen Kritikern eher Ratlosigkeit und Ablehnung als Zustimmung aus. Ihr Interesse konzentrierte sich ab '68 mehr auf die politischen Filme, die als »unabhängige« Produktionen ebenfalls dem »anderen Kino« zugerechnet wurden, auch wenn sie von der Form her meistens sehr konventionell waren, da es – nach Birgit Hein – ihr Hauptanliegen sein mußte, leicht verstanden zu werden.

In seiner Bilanz der 4. Internationalen Hofer Filmtage 1970 – traditionell trifft sich hier der jüngste deutsche Film mit seinen jungen (und mittlerweile auch alten) Fans – hat Walter Schobert diese Entwicklung konstatiert: »Die politischen Filme, teils soziale Zustände dokumentierend, teils feste Zielgruppen agitierend, sind im Vormarsch. Zwar gab es auch in Hof das schon in Oberhausen aufgetauchte Problem, daß nämlich Qualität nicht durch Gesinnung ersetzt werden kann (auch nicht unter schwierigen Produktionsbedingungen). Besonders gut waren FRANK MILLS, eine hervorragende und engagierte Studie über die Rocker, und ROTE FAHNEN, ein Report über den Symbolwert und die Wirkung des Klassenkampftuches, der erfreulicherweise auch einmal selbstkritische Töne laut werden ließ. TEILUNG ALLER TAGE, ein Lehrfilm von Harun Farocki und Hartmut Bitomski, weist für den politischen Film einen Weg in die Zukunft« (Walter Schobert, »Der Untergrund in Oberfranken«, in: »Evangelischer Filmbeobachter«, 1970). Die durch ein *anderes Kino* eingeleitete und hier bestätigte Entwicklung hat in den folgenden Jahren in entscheidendem Maße die Produktionen des neuen deutschen Spielfilms beeinflußt und mit dazu beigetragen, daß die Intentionen eines sich der Wirklichkeit annähernden und gesellschaftskritischen Jugendfilms mit den Wünschen und Erwartungen seiner Zielgruppe übereinkamen.

8 The Kids Are Alright –
Die Musik- und Jugendfilmszene

Die Ursprünge der musikalischen Popkultur zu finden ist nicht einfach; vielleicht begann es in den zwanziger Jahren dieses Jahrhunderts in der Tin Pan Alley in New York, in der die professionellen Schlagermacher saßen. Der eigentliche Durchbruch jedenfalls gelang viel später, in den fünfziger Jahren, mit dem Aufkommen des Rock 'n' Roll. Den Schlager hörten – und hören bis heute – alle Altersgruppen, die neue, mit dem Rock 'n' Roll initiierte Popmusik jedoch wurde zum Kennzeichen von Jugendlichen und zum Ausdruck von Jugendlichkeit. Heute hat sich der musikalische Sektor – und entsprechend die Zuhörerschaft – entschieden ausdifferenziert. Popmusik reicht vom Rock 'n' Roll klassischer Prägung über Disco, Hardrock, Heavy Metal über Funk, New Wave bis Reggae u. a.

Zum Siegeszug dieser Musik trugen die Medien bei: beispielsweise mit der technischen und elektronischen Ausbreitung durch Radios und Radiosendungen (deren Playlists, Top fourty records, Charts etc. spielen für private Anschaffungen eine erhebliche Rolle). Ebenso beteiligt am Erfolg der Popmusik waren Diskotheken, Life-Auftritte der Gruppen, der Einzelhandel (Zentrum des Platten- und Kassettenverkaufs), Musikboxen (in England noch bedeutsam, in der Bundesrepublik durch andere Konkurrenz an den Rand gedrängt) und Auftritte bzw. das Mitwirken in Spiel- und Dokumentarfilmen. Kaum ein Jugendzimmer, in dem nicht entsprechende Apparaturen aufgebaut sind: Plattenspieler und Tuner, Hifi-Turm, Kassettenrecorder, Kassetten- und Plattensammlungen, und neben dem Bett liegt der Kopfhörer, auf dem Tisch der Walkman für Touren außer Haus, an der Wand Filmposter mit Prince oder Madonna.

Die Entwicklung der Pop- und Rockszene und ihre weltweite Wirkung unter Jugendlichen ist vor allem mit der Radioszene verknüpft (lokale Rundfunksender, Discjockeys, Privatstationen usw.). Die zunehmende Perfektionierung der Einspielungen in den Studios führte dazu, daß Life-Auftritte der Gruppen immer weniger im Mittelpunkt stehen. Um das auszugleichen, nimmt ihre Bereitschaft zu, in Filmen und Videos – Konzertmitschnitte, Clip oder Spielfilme – mitzuwirken.

Soul war zwar schon immer Tanzmusik an öffentlichen Plätzen. Von dieser Musik gingen die wichtigsten Varianten der Tanzrhythmen aus, und Soulmusik war es, die den kurzlebigen Twist ersetzte; aber erst die Präsentation von Schallplatten in den Diskotheken, die sich ihren eigenen Discjockey (oder mehrere) leisten, führte zu einer Explosion in den Jugendkulturen, die bis heute anhält. Reggae oder Breakdance – alle Tendenzen werden vor allem durch die Discos vermittelt. Hier kann sich die Szene intensiv geben und erleben: im drehenden Glitter der Spotlights, in den zuckenden Farben, in den überlaut aufgedrehten Kanälen mit der Betonung der stampfenden Bässe, im stilisierten Herumstehen oder ekstatischen Solotanz – eine Atmosphäre, wie sie in SATURDAY NIGHT FEVER (NUR SAMSTAG NACHT, USA 1977; Regie: John Badham) exemplarisch eingefangen wurde und zuletzt in DANCIN' THRU THE DARK (Großbritannien 1989; Regie: Mike Ockrent) handlungstragendes Element ist.

Popmusik und Jugendkulturen

Spätestens in den fünfziger Jahren wurde das Radio das Medium der Jugendlichen, und im Mittelpunkt stand der Rock. Während die »Teeny-Bopper« in den USA schon seit den zwanziger Jahren in gewisser Weise eine eigene, wenn auch angepaßte Kultur darstellten, kommt es nun zu einer weltweiten Bewegung. In England, vor allem in London, entwickeln die Teddy Boys eine eigene Straßenkultur, und in der Bundesrepublik sind es die sogenannten Halbstarken, die bei Rockkonzerten oder -filmen das Mobiliar der Hallen oder Kinos zertrümmern. Während eine eigenständige Jugendkultur allenfalls auf den College Camps zu finden war (eine Rebellenboheme mit Abgeschlossenheit nach außen und ziemlich elitär), generalisierten sich zunehmend die Motive für einen Generationenkonflikt: das allgemeine Konsumverhalten, das neue Freizeitverhalten der Mittelschicht, das zum Modell für die Arbeiterjugend wird, die Wirkung der Bürgerrechtsbewegung in den USA – nun kommt eine Fülle von Faktoren zusammen, um ein eigenes Jugendbewußtsein entstehen zu lassen.

Hatte der Jugendaufstand in den fünfziger Jahren eher harmlos-frei-zeitorientierte Motive, so wurde er in den sechziger Jahren durch politische Motive angereichert. Dem entspricht die Weiterentwicklung der Rockmusik (etwa durch Bob Dylan). Rock ist nun nicht mehr nur eine Musik, die für den Konsum durch einen jugendlichen Massenmarkt produziert wird, sondern er gewinnt darüber hinaus ideologische Bedeutung. Ehrlichkeit, Authentizität, Alters- und Lebensstilgleichheit von Produzenten und Publikum setzen den Rock – bei aller Unterschiedlichkeit der Ansprüche und Stilebenen – von der traditionellen Schlager-Unterhaltungsmusik ab. Während die traditionelle Popmusik als trivial und routiniert gilt, spielt im Rock der Text (poetische Ansprüche) eine Rolle, und eine starke Gefühlsintensität wird beansprucht.

In den sechziger Jahren vollendete sich, was in den Fünfzigern begann: »Jugend« versteht sich als Altersklasse, die es ablehnt, die Zukunft als Erwachsener zu antizipieren (Beruf, Familie, Rollenzwänge). Die Jugendzeit wird zum Versuch, die sozialstrukturelle Prägung des Lebenszyklus in modernen Gesellschaften zu durchbrechen in der Absolutsetzung einer Altersphase.

Der Punk-Rock

Rock und Pop sind zu einem originären Medium geworden, das Gruppenzugehörigkeit ausdrückt. Ein Beispiel ist der Punk-Rock, die Antwort der unterprivilegierten weißen Jugendlichen auf den Reggae. Der Punk-Rock wurde zunächst von jugendlichen Arbeitern in England übernommen. Sie lassen sich nicht durch die Vorstellung eines religiösen Exodus oder durch Utopien leiten wie die Reggae-Szene, sondern wenden sich in aggressiver, destruktiver Weise gegen ihre Umwelt. Entstanden aus den Garagen-Bands, stellt die Punk-Bewegung (Höhepunkt bereits 1977 in England) eine eigene Jugendszene dar, die auch interne Kritik an der Jugendkultur übt: am Reichtum und der Distanziertheit der großen Popstars; an der Abgrenzung der Popstars von ihren Fans.

Die Punks entdeckten den Life-Charakter der Rockmusik wieder und gründeten kleine Schallplattenlabels nach der Devise »small is beautiful«, im Protest auch gegen das große, international verflochtene, vollkommen durchkapitalisierte Rockgeschäft. Bemerkenswert ist, daß die meisten Punk-Musiker nicht arbeitslose Jugendliche waren, sondern aus dem Kreis ambitionierter, individualistisch orientierter Kunststudenten stammten, die selbst nie zur Arbeiterklasse gehörten und sich allenfalls mit ihr identifizierten. Der Punk-Szene erging es wie den anderen: Sie differenzierte sich zunehmend aus, beispielsweise in »Populisten« und »Avantgarde«, und natürlich wurde sie auch für den Film vermarktet; PUNK IN LONDON (BRD 1977; Regie: Wolfgang Büld) war eine der ersten, spontan gedrehten Dokumentationen einer Szene, die sich in THE GREAT ROCK 'N' ROLL SWINDLE (Großbritannien 1979; Regie: Julian Temple – mit den Sex Pistols) selbst persiflierte. Wolfgang Büld drehte 1978 mit BRENNENDE LANGEWEILE auch einen der wenigen gelungenen deutschen Spielfilme, in denen die Musikszene mit einer überzeugenden Jugendgeschichte kombiniert wird. Für Peter und Karin aus Lüdenscheid sind »The Adverts« aus England die Größten. Als ihre Idole – die sich in dem Film selbst spielen – in Dortmund ein Konzert geben, können die beiden mit der Gruppe Kontakt aufnehmen; man freundet sich an. Was dann an Unmöglichem und Zufälligem passiert, hat Büld unverkrampft und locker eingefangen. BRENNENDE LANGEWEILE drückt aus, was Punk bedeutet, wie er von den Fans aufgenommen und vermarktet wird.

Aber obwohl gerade Rock- und Popmusik natürlich allen Marktmechanismen unterliegt, wird sie von den Jugendlichen spezifisch angeeignet und zum jugendkulturellen Ausdruck benutzt. Immer wieder grenzen sie sich ab, die »Exis« gegen die Rocker, die Popper gegen die Punker, die Hausbesetzer gegen die Discofans – und entsprechend sortiert ist die Bandbreite der Rock- und Popfilme.

Rock Around the Cinema

Es würde die Grenzen dieses Buches sprengen, auf alle Jugendfilme einzugehen, die im weitesten Sinne dem Genre des Musikfilms zugerechnet werden können. Die Angebotspalette reicht von der sensiblen Dokumentation AMON DÜÜL PLAYS PHALLUS DEI von Rüdiger Nüchtern bis zu WOODSTOCK, von Rockstar-Filmen mit Bill Haley bis John Travolta, von dem Elvis-Western bis zu Michael Jacksons Mara-

thonclip MOONWALK, von der WEST-SIDE-STORY bis zu STREETS OF
FIRE, von TWIST, DASS DIE RÖCKE FLIEGEN bis zu BREAKDANCE und
FLASHDANCE, von CONNY UND PETER bis zu den TOTEN HOSEN. Hinzu
kommen noch Filme wie EASY RIDER oder AMERICAN GRAFFITI, die
ohne ihren Soundtrack nicht denkbar wären. In Anbetracht der zahlreichen Fachpublikationen über die Jugend- und Musikszene und
über die Rock- und Popfilme – als exemplarisches Beispiel sei hier
Jürgen Strucks Standardwerk »Rock Around The Cinema – Die Geschichte des Rockfilms« genannt – erscheint es den Autoren dieses
Buches vertretbar, das Genre auszugrenzen und nur in anderen Zu-
sammenhängen wie Trendsetter, ästhetische Innovationen oder au-
ßergewöhnliche Akzentuierungen darauf einzugehen. Ausführlicher
wird dafür auf die deutschen Jugendfilme eingegangen, die über diese
Szene gedreht wurden. Entsprechendes gilt im übrigen generell für
den kaum überschaubaren Bereich der vielen Genrefilme und der bei
Jugendlichen sehr beliebten Kultfilme wie die ROCKY HORROR PICTURE
SHOW oder DIRTY DANCING. Hier sei auf das Buch von Heinzlmeier,
Menningen und Schulz »Kultfilme« verwiesen, das der Rock- und Pop-
filmszene einen besonderen Teil widmet: »Rockfilme sind wie eine
Droge. Lebensretter in einem öden und unmusikalischen Lebensall-
tag. Solange der Rockfilm läuft, merkt der Fan nicht, wie die Welt
zerfällt. Rock ist Herzschlag-Musik. Mit Rockmusik im Kopf ist jeder
ein Star. Rock will eine andere als diese Szene – eine sinnliche, zärt-
liche, abfahrende. Deshalb liegen Rock und Sex eng beieinander. Das
›Rock Me All Night Long‹ ist anzüglich gemeint . . . In Rockfilmen ist
Musik auch zu sehen. Ein Erlebnis für Ohr *und* Auge« (Ebd., S. 134).

**Hard Days, Hard Nights, Hard Movies –
Die deutsche Szene**

Aus der durch eigene Erfahrungen gefilterten Perspektive der achtzi-
ger Jahre blicken zwei sich (ungewollt) ergänzende Filme auf die wil-
den sechziger in Hamburg zurück. HARD DAYS, HARD NIGHTS von
Horst Königstein (BRD 1989) handelt von vier jungen, unerfahrenen
Musikern aus Liverpool, denen innerhalb weniger Wochen in Sankt
Pauli der Durchbruch gelingt – Assoziationen mit dem Beginn der
Beatles-Karriere sind erlaubt –, und der Titel des Films DIE WONDER-

BEATS von Claude Oliver Rudolph (BRD 1990) steht für die legendären Rattles, Deutschlands Antwort auf die Beatles.

In Königsteins Film versuchen »Rick and the Rich Kids« 1960 ihr Glück in Hamburg. Statt im populären Star-Club landen sie in einem Musikschuppen in Sankt Pauli und müssen sehen, daß sie über die Runden kommen. Voller Neugier, Furcht und Wut mischen die Jungs die Reeperbahn auf; sie kommen gut an, besonders bei den Mädchen. Die miese Bezahlung wird ihrem Erfolg nicht gerecht, und für die vier jungen Engländer ist nach wie vor das Hinterzimmer eines Pornokinos die Bleibe. Noch eine Weile genießen sie das zügellose Leben; die naiven Jungen aus Liverpool lernen Alkohol, Drogen und die dubiosen Machenschaften der Könige der Reeperbahn kennen. Sie erleben Ausbeutung, Intrigen und Spekulationen; sie werden älter, reifer und abgeklärter. Aber dann droht die Band an internen Streitigkeiten zu zerbrechen. Das Zusammenleben auf engstem Raum, der Prozeß des Erwachsenwerdens und der Geldmangel zerstören die freundschaftlichen Bande. Zwei Monate nach ihrer Ankunft verlassen »Rick and the Rich Kids« Hamburg. Sie nehmen viele neue Erfahrungen mit und lassen noch mehr gebrochene Herzen zurück.

Horst Königstein, der sich in mehreren TV-Dokumentationen mit Jugendthemen und -problemen befaßt hat, sieht sein Spielfilmdebüt als »poetisches Zeitbild« und hat die Geschichte der Band mit zeittypischen Versatzstücken und Figuren garniert. Die Hamburger Musikszene der frühen sechziger Jahre zeichnet er in melancholischen Grundtönen; die steife hanseatische Atmosphäre wird durch die kreativen Liverpooler aufgebrochen. Der in der ursprünglichen Version fast vier Stunden dauernde Film wurde in der Kinofassung auf ca. 100 Minuten zusammengeschnitten; von der vom Regisseur gewollten »archetypischen Verdichtung« blieben so nur Fragmente übrig.

Mehr Glück mit der Reminiszenz an die Gründerjahre des Beat und in der Rekonstruktion dieser Zeit hatte Claude Oliver Rudolph. Sein Film WONDERBEATS zeigt die Karriere der Rattles, die Anfang der sechziger Jahre in Hamburg eine der populärsten Beatbands waren. Sie brachten es vom Star-Club aus sogar zu einer England-Tournee mit Eric Burdon und Joe Cocker im Vorprogramm; 1966 traten sie in München als Opener der Beatles auf. Als der Bandleader Achim Reichel 1967 seine langen Haare der Bundeswehr opfern mußte, zeichnete sich der Zerfall und das Ende der Gruppe ab. Daß der sich durch Witz und Detailliebe auszeichnende Film über diese Gruppe mit viel Beifall aufgenommen wurde, ist »auch ein Verdienst der vier Hauptdarsteller, die das wohl unverkrampfteste deutsche Filmstück seit langem abliefern. Ihr Gewicht liegt nicht auf Perfektion, akustische Rückkoppler gehören dazu wie der 0,5-Liter-Bierbecher, sondern auf der ungestümen spontanen Persiflage auf jene Zeit, als die Dorfmusik ein Ende hatte und der ›Star-Club‹ in der Stadt die neuen Helden magisch anzog. Es sind die Beat-Brothers, die da mit den Klischees ihre absurden Späße treiben, begleitet von ordentlichem Gekreische in Hamburgs In-Clubs endlich wirklich die Sau rauslassen können« (Heiko Küffner, Süddeutsche Zeitung, 24.7.1991).

Einen Fehlgriff leisteten sich die Rattles 1965 mit ihrem Spielfilm HURRA, DIE RATTLES KOMMEN! (Regie: Alexander Welbat). Die Geschichte einer Beatband, die es aus kleinen Auftritten heraus zu einem Konzert in der Berliner Waldbühne bringt, verunglückte filmisch und wurde von den Fans gnadenlos ausgepfiffen. Der Beliebtheit der Rattles und ihrem Vorbildcharakter hat dieser Film dennoch nicht geschadet. Animiert von dem Erfolg der Rattles versuchten viele deutsche Amateurbands ebenfalls ihr Glück. Peter F. Bringmann zeigt in DIE HEARTBREAKERS (BRD 1982) Jugendliche, die Mitte der sechziger Jahre im Ruhrgebiet unter abenteuerlichen Bedingungen eine eigene Beatgruppe auf die Beine stellen. Der Film spielt 1966 in Recklinghausen. Es ist die Zeit der unzähligen kleinen Bands. Sie treffen sich in Kellern, Schuppen und Garagen und üben, bis sie ihre Finger nicht mehr spüren. Alle haben den gleichen Traum: groß herauszukommen, vielleicht sogar wie die Stones. In einem Einsatzwagen der Bereitschaftspolizei, die jugendliche Randalierer nach einem Konzert der Rolling Stones zur Polizeiwache schafft, treffen vier Jungen zusammen. Gesucht haben sie sich nicht, aber über die Liebe zur Musik gefunden. Das ist die Geburtsstunde der »Heartbreakers«. Doch bis zur Berühmtheit ist es noch weit, auch wenn Pico, ihr 14jähriger kettenrauchender Manager, sich die Hacken krummläuft, um ihnen einen Auftritt zu verschaffen. Und dieser Auftritt wird dann ein einziges Fiasko. Aber die »Heartbreakers« sind hart im Nehmen. Sie verschulden sich bis über beide Ohren für eine neue Verstärkeranlage, spielen in den schäbigsten Kaschemmen und hoffen auf ihre große Chance beim Beat-Wettbewerb, von dem jetzt alle Gruppen

Mark Eichenseher, Sascha Disselkamp und Hartmut Issenhorst als DIE HEART-BREAKERS

sprechen. Die Katastrophen nehmen kein Ende: Kurz vor dem Wettbewerb wird ihre ganze Anlage geklaut, und ihr Schlagzeuger bricht sich bei einer Schlägerei den Arm. Ein Ausweg aus diesem Fiasko zeichnet sich durch Lisa ab, ein verwildertes Mädchen aus einer Obdachlosensiedlung. Sie wollte immer schon Sängerin bei den »Heartbreakers« werden, wurde aber abgewiesen – kann man sich die Stones auf der Bühne mit einem Mädchen vorstellen? Lisa setzt sich auch ohne die Band durch, verliert aber ihre Zuneigung zu den sympathischen Pechvögeln nicht. Die »Heartbreakers« müssen umdenken. Nachdem sie ihren Fehler wiedergutgemacht haben und Lisa nun zur Band gehört, sieht die Welt rosiger aus.

Peter F. Bringmann und sein Drehbuchautor Matthias Seelig – dieses Team drehte übrigens auch das bei Jugendlichen sehr beliebte Roadmovie THEO GEGEN DEN REST DER WELT mit Marius Müller-Westernhagen – haben es bei den HEARTBREAKERS verstanden, die fetzige, überdrehte Rockszene mit dem unverkrampften Charme ihrer jugendlichen Protagonisten einfühlsam zu verbinden. Dadurch, daß sie ihren Film hauptsächlich mit Laiendarstellern zwischen 15 und 18 Jahren besetzt haben und dabei eine glückliche Hand hatten, vermittelt er sogar so etwas wie ein *authentisches* Lebensgefühl; dies ist bei retrospektiv gerichteten Filmen, in denen die Macher ihre eigene Jugendzeit rekonstruieren und Jugendliche sich als Darsteller in eine andere Zeit hineinversetzen müssen, nur selten der Fall.

»Johnny«, »Richy« und »White Star«

Roald Koller, der in den ersten Jahren der Beatles-Ära selbst Musik gemacht hat, war ein Fan der »Manhattans«: vier farbigen Sängern, die er in amerikanischen Clubs kennenlernte, wo sie mit ihrer Show das Publikum zum Rasen brachten. Da ihm die unüberbrückbaren traditionellen Gegensätze zwischen »schwarzen« und »weißen« Musikern ein faszinierendes Thema zu sein schienen, drehte er darüber den Spielfilm JOHNNY WEST (1977). Er erzählt die Geschichte des rockbegeisterten Hans-Michael Westerfeld, der sich selbst aber lieber Johnny West nennt und von einer großen Zukunft im Showbusineß träumt. Als Roadie bei der amerikanischen Soulgruppe »The Manhattans« sorgt er allabendlich für den Auf- und Abbau der Bühne und kümmert sich um den reibungslosen Ablauf der Show. Dabei macht er seine ersten praktischen Erfahrungen im Musikgeschäft und erlebt seine erste Liebe. Nach einem Streit mit dem Manager wird Johnny entlassen. Inzwischen hat er Gitarre gelernt und versucht, sich auf eigene Füße zu stellen. Am Schluß des Films steht er dann selbst auf der Bühne – in Frankfurt, vor einem familiär gestimmten Ami-Publikum. Die Frage bleibt offen, ob aus Hans-Michael Westerfeld ein Johnny West wird.
Roald Koller mußte seinen Film unter extrem schwierigen Produktionsbedingungen realisieren. Am Rande der Konzerttournee der »Manhattans« war er zu Improvisationen gezwungen; seine Schauspieler (u. a. Rio Reiser in der Titelrolle) hatten kaum Zeit zur Vorbereitung oder gar zu Proben. So entstand neben der eigentlich gewollten Spielfilmhandlung parallel eine kritisch-distanzierte Reportage über das Innenleben des Showbusineß. Die anschließende Verbrei-

tung des Films konnte diesen Aspekt sowie die Produktionshintergründe nicht deutlich genug herausarbeiten; dies trug mit dazu bei, daß der Film kontrovers aufgenommen wurde. Kollers zweites Spielfilmprojekt sollte den Titel STOP – BRAUCHE DICH, MAN – STOP tragen und davon erzählen, wie einem Filmregisseur nichts anderes übrigbleibt, als Pornofilme zu drehen. Roald Koller starb im Juni 1978 im Alter von 33 Jahren in einem Münchner Krankenhaus nach einem Selbstmordversuch.

Nach JOHNNY WEST gab es noch zwei weitere deutsche Filme über junge Musiker, die von dem großen Auftritt träumen; beide spielen im Berlin der achtziger Jahre. RICHY GUITAR (1985; Regie: Michael Laux) handelt von den vergeblichen Bemühungen eines Jungen um Anschluß an eine Band. Als er dann versucht, seine eigene Gruppe auf die Beine zu stellen, fangen die Schwierigkeiten erst richtig an. Trotz der Besetzung mit der Gruppe »Die Ärzte« und einem Gastauftritt von Nena konnte der Film nicht überzeugen; er fand beim Publikum eine schwache Resonanz.

In WHITE STAR von Roland Klick (1981/82) geht es um das Verhältnis des jungen Popmusikers Moody zu seinem skrupellosen Promoter Barlow – gespielt von Dennis Hopper. Barlow hat als Tournee-Manager der Rolling Stones schon einmal bessere Zeiten gesehen, und mit Moody will er jetzt wieder ganz nach oben. Dabei ist ihm jedes Mittel recht. So sorgt er auch beim ersten öffentlichen Auftritt von Moody für einen Skandal. Er läßt den blonden blauäugigen Musiker vor einer Horde Punker spielen. Bierdosen und Beschimpfungen hageln auf Moody nieder, und er entkommt nur mit Müh und Not dem aufgehetzten Publikum, das sich anschließend mit der Polizei eine wüste Straßenschlacht liefert. Doch Barlow hat damit seinen »White Star« in die Schlagzeilen gebracht. Um Moodys Verkaufswert bei den Verhandlungen für einen Schallplattenvertrag noch zu steigern, geht Barlow selbst über Leichen. Während einer Pressekonferenz arrangiert er ein Scheinattentat auf Moody. Versehentlich trifft der Heckenschütze einen der weiblichen Fans von Moody. Das Mädchen wird schwer verletzt, doch der Schallplattenvertrag ist jetzt reif zur Unterzeichnung. Moody wird allerdings mit diesen schockierenden Ereignissen nicht so einfach fertig wie sein Manager. Bei einem für die Presse organisierten Besuch des schwerverwundeten Mädchens flippt Moody aus. Vollgepumpt mit Rauschgift erfährt er, daß das Mädchen

Terrance Robay als WHITE STAR

bereits gestorben ist. Er randaliert im Krankenhaus. Erst nach diesem
erneuten Skandal trennt sich Moody von seinem Manager. Immerhin
ist er nun so bekannt, daß der Musikverlag mit ihm einen Vertrag
abschließt und Barlow dabei ausbootet. Dieser wird sich nach einem
anderen unbedarften Musiker umsehen, um weiterhin im Geschäft zu
bleiben.

In kurzen, drastischen Skizzen zeichnet Roland Klick das verhängnis-
volle Abhängigkeitsverhältnis eines jugendlichen Musikers von
einem profit- und profilsüchtigen Szenenhai. Mit seinen direkten,
mitunter brutalen Arrangements ist der Film sehr stark an amerikanische Vorbilder angelehnt, in denen mit den Stilmitteln des Action-
kinos dubiose Geschäftsgewohnheiten, zynische PR-Strategien und
branchenübliche Manipulationen offengelegt werden. Für Dennis
Hopper ist der Part des unsympathischen Managers, mit dem keiner
etwas zu tun haben möchte und auf den man trotzdem nicht verzichten kann, eine Paraderolle. Als »Musikfilm« erfüllte WHITE STAR

nicht die Erwartungen eines großen Publikums, da nicht der Star – diese Figur bleibt blaß und ohne Profil –, sondern sein Promoter das Thema des Films ist. Bei dieser Konzeption fehlt das, was für den Erfolg bei Jugendlichen mit entscheidend ist: eine Identifikationsfigur.

9 Der authentische Jugendfilm

Alte und neue Leiden

Das 1972 in der DDR uraufgeführte Theaterstück »Die neuen Leiden des jungen W.« des DEFA-Autors Ulrich Plenzdorf bot vom Thema und von der Position des Autors her die besten Voraussetzungen für einen attraktiven Jugendfilm und wäre als DEFA-Produktion mit Sicherheit in beiden Teilen Deutschlands im Kino erfolgreich gelaufen. Aber in der DDR war es nach den schmerzlichen Erfahrungen mit den *Verbotsfilmen* noch zu riskant, wieder einen jugendlichen Verweigerer als Protagonisten groß herauszustellen (vgl. hierzu das Kapitel »Bluejeans und Blauhemden« S. 217ff.). So kam es dazu, daß die Vorlage erst 1975 in der Bundesrepublik (Regie: Eberhard Itzenplitz) verfilmt wurde.

Die Geschichte des 17jährigen Ostberliners Edgar Wibeau, der seine Lehre hinschmeißt, von zu Hause abhaut, in einer abbruchreifen Laube herumgammelt und dort auf ein zerfleddertes Exemplar der Goethe-Novelle »Die Leiden des jungen Werthers« stößt, wurde für das Fernsehen produziert und fand darüber hinaus auch im Kino ein aufnahmebereites Publikum. Immerhin liest Edgar nicht nur den alten Goethe, sondern auch den bei west- und ostdeutschen Jugendlichen gleichermaßen beliebten Roman von Jerome D. Salinger »Der Fänger im Roggen«. Außerdem liebt er Rockmusik und »echte« Jeans; seine Identifikation damit drückt er in einem eigenen improvisierten »Bluejeans-Song« aus. Klaus Hoffmann in der Hauptrolle verkörpert den in Ost und West auffallenden Typ mit Jeans und langen Haaren, der mit seinem Aussehen seine Umwelt provoziert und seinen Protest gegen das Establishment ausdrücken will. (In der DDR adaptierte zur gleichen Zeit Egon Günther, einer der renommiertesten Regisseure der DEFA, Goethes klassische Vorlage für das Kino, weil er auch zu diesem Zeitpunkt seine Vorstellungen von einem Gegenwartsfilm nicht realisieren konnte. Zehn Jahre zuvor

Der »Bluejeans-Song« – Klaus Hoffmann als Edgar Wibeau in DIE NEUEN LEIDEN DES JUNGEN W.

hatte er bereits mit seiner listigen Märchenkomödie WENN DU GROSS BIST, LIEBER ADAM, 1965, versucht, die Lügen und Heucheleien des Systems transparent zu machen; sein Film wurde ein Opfer des 11. Plenums des ZK der SED.)

Annäherung an die Wirklichkeit

Ulrich Plenzdorf zählt seit »Die neuen Leiden des jungen W.« zu den führenden deutschsprachigen Dramatikern und Autoren. Als sein Stück auf Bühne, Bildschirm und Leinwand den Westen erreichte, hatte sich hier eine neue Generation des Jugendfilms etabliert; die Entwicklung des jungen deutschen Films zum neuen deutschen Film ermöglichte es, von *authentischen Jugendfilmen* zu sprechen, obwohl die Filmemacher ihre Filme nicht explizit so verstanden.

Der authentische Jugendfilm geht von einem völlig anderen Ansatz aus als die synthetischen Jugendfilme in den fünfziger und sechziger Jahren. Eingeleitet wurde dieser Trend mit den Filmen ES von Ulrich Schamoni (1966), DER SANFTE LAUF von Haro Senft (1967), TÄTOWIERUNG von Johannes Schaaf (1967), ZUR SACHE, SCHÄTZCHEN von May Spils (1967) und ICH BIN EIN ELEFANT, MADAME von Peter Zadek (1969).

Die Lust am Kino hatte zwar allgemein nachgelassen, aber der prozentuale Anteil der Jugendlichen an den Zuschauerzahlen nahm durch deren häufigere Kinobesuche zu. Losgelöst von den Engen und Zwängen, die sich mit »Opas Kino« und dem Image der Altherren-Branche verbanden, konnten junge Filmemacher an Stoffe und Themen herangehen, die mit ihnen selbst noch etwas zu tun hatten. Die meisten Filme entstanden allerdings nur mit Hilfe des Fernsehens und wurden erst nach ihrer Ausstrahlung im Kino ausgewertet. Diese Absicherung ermöglichte riskante Stoffe und andere Vorgehensweisen wie beispielsweise die Arbeit mit Laiendarstellern. So entstanden Produktionen, die die Jugendlichen und ihre Probleme ernst nahmen und in ihnen eine neue Zielgruppe sahen. In diesen Filmen, zum Beispiel in denen der Regisseure Hark Bohm (NORDSEE IST MORDSEE, 1975; MORITZ, LIEBER MORITZ, 1977), Rüdiger Nüchtern (ANSCHI UND MICHAEL, 1976; SCHLUCHTENFLITZER, 1978) und Reinhard Hauff (PAULE PAULÄNDER, 1975; DER HAUPTDARSTELLER, 1977), ste-

144

hen Jugendliche im Mittelpunkt des Geschehens, das ein zeitbezogenes – also auch ungefähr zur Zeit des Produktionsjahres aktuelles – Thema widerspiegelt.

Hark Bohms Filme spielen in Hamburg. In NORDSEE IST MORDSEE erzählt er die Geschichte von zwei heranwachsenden Jungen, Uwe und Dschingis, die auf der Elbinsel Hamburg-Wilhelmsburg – im dortigen Jargon Niggertown genannt – leben. Weil sie mit ihren Nöten, Ängsten und Sehnsüchten nicht zu ihren Eltern gehen können, klauen sie ein Segelboot und versuchen über die Unterelbe in Richtung Nordsee zu fliehen. Bohm: »Die beiden Hauptpersonen meines Films erleben die Welt als eine Versammlung von Leuten, die ständig versuchen, sich gegenseitig zu unterdrücken. Das passiert sowohl bei Erwachsenen als auch in der Gruppe, in der Uwe lebt. Dabei haben sie das Bedürfnis, mit anderen zusammen zu sein. Das Bedürfnis nach Freiheit stellt sich für mich deswegen als der Wunsch dar, mit anderen Menschen zusammen zu sein, die nicht davon beherrscht werden, andere zu unterdrücken, und in solchen Gruppen auch die Möglichkeit zu haben, seine eigenen Wünsche zu formulieren und sie respektiert zu sehen.« In MORITZ, LIEBER MORITZ wechselt Bohm das Milieu und den Schauplatz. Moritz wohnt in einer feudalen Villa an der Elbchaussee; die Firma seines Vaters hat Konkurs angemeldet, und die Familie befindet sich im Zustand der Auflösung. In der Schule gilt Moritz als Außenseiter und Einzelgänger. In seiner Phantasie lebt er die Dinge aus, denen er sich im Alltag nicht stellt. Nach einigen schmerzlichen und schockierenden Erfahrungen – u. a. wird er Zeuge eines Autounfalls, bei dem die attraktive Fahrerin eines offenen Sportwagens vor seinen Augen enthauptet wird – sucht er den Anschluß an Gleichaltrige. Eine Rockband nimmt ihn auf, und in Barbara findet er seine erste Liebe.

SCHLUCHTENFLITZER von Rüdiger Nüchtern und PAULE PAULÄNDER von Reinhard Hauff spielen auf dem Land. SCHLUCHTENFLITZER erzählt von Andy und seinem heißgeliebten Moped, seinen Freunden und den Mädchen, die sie abends in den schummrigen Bauerndiskotheken treffen, von ihren Wünschen, Träumen und Hoffnungen. Realistisch und spannend schildert Rüdiger Nüchtern Andys Suche nach dem großen Leben, sein Verlangen nach Freiheit, die erste Liebe und eine bittere Lebenserfahrung: Andys Vater will den Hof erweitern und stirbt plötzlich bei einem Unfall; die Mutter möchte,

Manfred Reiss als PAULE PAULÄNDER

daß Andy den Hof übernimmt, doch dieser will kein Bauer werden, sondern lieber frei sein.

In einer vergleichbaren Situation befindet sich auch Paule Pauländer. Der 15jährige arbeitet als billige Arbeitskraft auf dem Hof seines Vaters und hat keine Chance, einen Beruf zu erlernen. Der Vater kämpft verbittert um seine Existenz und läßt seinen Frust an der Familie aus. Durch die Freundschaft zu einem Heimmädchen aus der Stadt wird sich Paule der Enge seines Lebensraums und des Unrechts bewußt, das er hinnehmen muß. Aus Angst vor seinem tobenden Vater verstummt Paule immer mehr. Erst als der Vater endgültig vor dem Ruin steht, aus Verzweiflung und Wut seinen Hof verwüstet und Paule verprügelt, schlägt dieser brutal zurück. Er verläßt den Hof in dem Gefühl, nicht nur einen Zweikampf, sondern auch seine Zukunft gewonnen zu haben. PAULE PAULÄNDER ist ein exemplarischer Film über die Chancenlosigkeit der Landjugend, über die gewandelten Produktions- und Marktverhältnisse der Landwirtschaft heute und die daraus resultierende Abhängigkeit. Reinhard Hauff und Burkhard Driest (Drehbuch) haben die Geschichte ihrer beiden Protagonisten in die sorgfältig recherchierten Erfahrungen von Bauern eingeflochten. Die soziale Wirklichkeit des Films verkörpern die beiden Hauptdarsteller in schlüssiger Weise: Sie spielen im Film und sind im Leben Vater (Stiefvater) und Sohn. In seinem Film DER HAUPTDARSTELLER, 1977, hat Hauff seine bei PAULE PAULÄNDER gemachten Erfahrungen mit jugendlichen Laiendarstellern reflektiert. (Siehe hierzu den Abschnitt »Die Hauptdarsteller« am Ende dieses Kapitels.)

Berliner Szenen

Anfang der siebziger Jahre wurde mit den »Berliner Arbeiterfilmen« der erfolgreiche Versuch unternommen, die durch die Nazis unterbrochene Tradition des proletarischen Films weiterzuführen. Ein wesentliches Element dieser Filme war es, Filme mit Arbeitern zu initiieren, um auf diese Weise in den Medien ein authentisches und realistisches Bild ihrer Situation und ihrer Belange widerzuspiegeln. »Impulse kamen vor allem von den Studenten der Film- und Fernsehakademie in Berlin (West); KINOGRAMM I und KINOGRAMM II (1969) von Christian Ziewer und Max Willutzki, Dokumente über Mietprobleme und Bürgerinitiativen im Märkischen Viertel, die dann zur Diskussion mit Betroffenen eingesetzt wurden, deuteten schon die Entwicklung zur Gestaltung dieser Fragen in Spielfilmform an, die Max Willutzki dann in seinem ersten Spielfilm DER LANGE JAMMER vorgenommen hat. Den Anfang machte sein Kollege Christian Ziewer zusammen mit Klaus Wiese 1971 mit LIEBE MUTTER, MIR GEHT ES GUT...« (Pflaum/Prinzler, »Film in der Bundesrepublik Deutschland«). Der für die »Berliner Arbeiterfilme« entscheidende Ansatz der Authentizität und der Solidarität wurde von den *authentischen Jugendfilmen* übernommen; deutlich wird das in den Filmen von Max Willutzki, der sich in DER LANGE JAMMER (1973) mit der Solidarität der Mieter im Märkischen Viertel und in VERA ROMEYKE IST NICHT TRAGBAR (1976) mit dem Radikalenerlaß und dem Berufsverbot auseinandersetzte. Sein Film DIE FAUST IN DER TASCHE (1978) geht auf Diskussionen zurück, die der Regisseur im Rahmen seiner Tournee mit VERA ROMEYKE in Jugendclubs führte, und handelt von einer

Gruppe von Jugendlichen aus Berlin-Kreuzberg und von ihren Vorlieben für Rockmusik und Motorräder, von ihrer Sehnsucht nach Unabhängigkeit und Abenteuer. Angesprochen werden auch Jugendkriminalität, Alkohol- und Drogenprobleme. Es war für Willutzki anfangs nicht leicht, mit den Jugendlichen über sein Projekt zu reden:»Mit der Zeit kamen die Gespräche dann trotzdem zustande, und ich hörte immer wieder Namen wie Peter Fonda, Steve McQueen, Dennis Hopper. Sie stellten sich einen Film über Jugendarbeitslosigkeit vor als Mischung aus EASY RIDER, Motorradfahrten, Frust, Kaputtsein und Realität mit Schweiß – bei einem gleichzeitigen Eingehen auf die Probleme, die ein Arbeitsloser wirklich hat. Sie meinten zwar nicht, daß es einen Actionfilm geben müßte – aber jedenfalls einen Film, den wir alle nicht drehen würden. Sie zumindest hätten noch nie einen solchen Film aus Deutschland gesehen und würden deshalb auch nur noch selten ins Kino gehen. Höchstens noch in Karate-Filme...« (aus einem Interview von Thomas C. Maurer mit Max Willutzki, »Film-Korrespondenz«, 8/1978). In der Rolle eines handfesten Laienpriesters, der als unkonventioneller Streetwalker schließlich selbst auf der Straße liegt, war Manfred Krug – der dem SED-Regime nicht willkommene Held des *Verbotsfilms* SPUR DER STEINE (DDR 1966) – erstmals in einem westdeutschen Spielfilm zu sehen.

Die Gegenüberstellung von zwei anderen Filmen, die in diesen Jahren gedreht wurden und beide ebenfalls in Berlin spielen, macht die Unterschiede zwischen der parteilichen und engagierten Position eines *authentischen Jugendfilms* und dem *synthetischen Jugendfilm*, der spekulativen kommerziellen Vermarktung von Jugendszenen, deutlich: DAS ENDE DES REGENBOGENS von Uwe Frießner (1979) und WIR KINDER VOM BAHNHOF ZOO von Ulrich Edel (1981). DAS ENDE DES REGENBOGENS ist die Geschichte Jimmis, eines kleinen Kriminellen, der sich als Stricher und Dieb kaum über Wasser halten kann und immer wieder davon redet, sich Arbeit suchen zu wollen. Der Zufall führt ihn in eine Berliner Wohngemeinschaft von Studenten. Diese Studenten besitzen eine so naive Mitleidsfähigkeit, daß sie seinen Sprüchen den nötigen Ernst entgegenbringen und ihm bis zur Beschaffung von Papieren und Arbeit Unterkunft gewähren wollen. Schon der erste Gang zur Meldestelle ist erfolglos, weil die Geburtsurkunde fehlt. Die haben seine Eltern, vor denen er ja gerade immer wieder geflüchtet ist. Zwar quält er sich zu seinen Eltern hin, aber wieder ist die Spannung uner-

DIE FAUST IN DER TASCHE – Bruder Lukas (Manfred Krug) beendet eine Schlägerei zwischen Wolle (Ernst Hannawald) und Eddie (Jako Benz)

träglich. Es kommt zur gewalttätigen Auseinandersetzung zwischen Jimmi und seinem Vater.

Eines Tages erscheint Jimmi fast zu früh, jedenfalls als erster bei einer Arbeitsstelle, wirkt harmlos und bemüht und wird eingestellt. Mit einem unbändigen Arbeitseifer reagiert er am ersten Arbeitstag auf das verblüffende Ereignis. Schon am zweiten Tag jedoch fühlt er sich zu sicher; er versucht nicht mehr zu verbergen, wie ihn die ungewohnte Tätigkeit erschöpft, läßt seine Verspieltheit erkennen, versagt vor komplizierten Aufgaben – und schon ist er wieder gekündigt. Der Lohn, den er erhält, der Schatz, der ihm am Ende des Regenbogens zugedacht ist, reicht nicht einmal für eine neue Hose, die er bitter nötig hätte; nur für ein paar Spielautomaten und etwas Pizza. Jimmi ist zu stolz, weiter von den Studenten abhängig sein zu müssen, und verläßt die Wohngemeinschaft. Aber dieses kleine verbitterte Heldentum fordert Opfer. Er weiß, wo die Oma seiner Freundin das Geld versteckt hält. Als er mit seinem Kumpel die Freundin besuchen will und sie nicht da ist, stiehlt er das Geld aus dem Versteck. Die Oma

Thomas Kufahl (links) als Jimmi in DAS ENDE DES REGENBOGENS

erwischt sie und wird von dem Kumpel vor Schreck niedergeschlagen. Sie flüchten. Ein kleiner Junge sieht sie und wird sie identifizieren können. Der Abspann des Films weist auf den authentischen Fall hin: »Dieser Film ist Andy gewidmet. Nach jahrelangem vergeblichem Versuch, Herr seines Lebens zu werden, beschloß er, 18jährig, wenigstens Herr seines Todes zu sein. Mit einer Planmäßigkeit, die ihm zum erstenmal Erfolg versprach, setzte er nach wochenlanger Vorbereitung zwischen dem 15. und 18. 2. 1976 seinem Leben ein Ende.«

Jimmis Geschichte beruht auf Erfahrungen, die Uwe Frießner in seiner Wohngemeinschaft mit einem Jugendlichen gemacht hatte. Er hieß Andy, hatte sein ganzes Leben in Heimen zugebracht, wobei man ihn in Westdeutschland und Westberlin herumgestoßen hatte, war Analphabet und extrem aggressiv. Für Frießner ist Andy ein außergewöhnlicher, sehr spezieller Fall. Der Jimmi in seinem Film ist durchschnittlicher und damit typischer. Er verkörpert beispielhaft die Lebensschwierigkeiten dieser Jugendlichen. Die jungen Darsteller entstammen alle ähnlichen Lebensbereichen. Sie sind entweder lange Zeit im Heim gewesen oder auf Trebe oder mit dem Gesetz in Konflikt gekommen. Frießner: »Ich wollte, daß Betroffene selbst ihre eigene Situation darstellen, einfach, weil in ihren Gesichtern und Bewegungen unzählige Merkmale ihrer Erfahrung und ihres Verhaltens erkennbar sind. Voraussetzung war natürlich, daß sie keine Hemmungen vor der Kamera hatten. Aber diese Jugendlichen werden ja sonst so wenig ernst genommen, daß sie meistens ein großes Bedürfnis haben, sich selbst in verschiedenster Form darzustellen... Jeden Tag erfährt man aus Sensationsschlagzeilen von Delikten jugendlicher Krimineller. Aber über die Jugendlichen und deren Lebensumstände erfährt man so wenig, daß nur unangemessene Angst oder unangemessener Haß entstehen kann. In diesem Film kann der Zuschauer Jimmis Freuden und Jimmis Qualen miterleben. Vielleicht wird er erkennen, wie wenig Bosheit meistens in Kriminalität steckt und wieviel Respekt dem Stolz solch eines Jugendlichen zukäme. Solange Jimmi Arbeit sucht, ist er nur Spielball der Kräfte. Während er stiehlt oder einbricht, ist er wenigstens für kurze Zeit Herr der Ereignisse. Und diese Freude sollte der Zuschauer mit ihm teilen.«

Ein anderer Film über die Berliner Szene – CHRISTIANE F. – WIR KINDER VOM BAHNHOF ZOO – entstand nach einer aufsehenerregenden Illustrierten-Story und einem Bestseller. »Die bürgerliche Gesellschaft hat ihre Jugend neu entdeckt, mindestens publizistisch«, schreibt Hans-Dieter Kübler in der Zeitschrift »päd. extra«, 5/80. »Kein Medium, wie unterschiedlich motiviert oder strukturiert, kann sich der systembedingten Ambivalenz zwischen Kritik und Apologie gänzlich entziehen... Hat sich ein Thema erst einmal als Aufmerksamkeit erheischende (heißt stets zugleich: verkaufsträchtige) News empfohlen, dann schwappt eilends eine Flut bilanzierender, anklagender und rechtfertigender Titel über den Medienmarkt. Schon lange hält sich der ›stern‹-promotete Enthüllungsbericht der Christiane F. in den Bestsellerlisten. ›Mit minuziösem Erinnerungsvermögen und rückhaltloser Offenheit‹ will er über das von der Drogensucht bestimmte Doppelleben, über die tödliche ›Zerstörungskarriere‹ von Kindern und Jugendlichen nicht nur am verruchten Bahnhof Zoo, sondern überall in Kleinstädten und Dörfern berichten.« Bei dieser Vermarktungsstrategie ist es nicht weiter verwunderlich, daß »Christiane F.« sehr schnell verfilmt wurde.

»So paradox es klingt: Glaubwürdig hätten sie wohl nur dadurch bleiben können, daß sie diesen Film nicht gemacht hätten, sie alle, die an ihm beteiligt sind, die anonyme Christiane, die vor einigen Jahren die traurige Geschichte ihrer Sucht den beiden ›stern‹-Reportern Kai Hermann und Horst Rieck aufs Band gesprochen und zusammen mit ihnen die Verfilmungsrechte verkauft hat; der ehrgeizige junge Produzent Bernd Eichinger, der das Projekt – vom kaufmännischen Standpunkt aus – perfekt durchgezogen hat; der Autor Herman Weigel und der Regisseur Ulrich Edel, der sich gleich bei seinem ersten Spielfilm an solch einen Stoff wagen durfte – und mit ihm, zwangsweise, scheitern mußte.

Ihnen allen sollen die Redlichkeit und Ehrlichkeit ihrer Absichten gar nicht bestritten werden, nämlich unter weitgehendem Verzicht auf Spekulation einen ungeschminkten Report über die Szene der jugendlichen Fixer und Prostituierten abzuliefern, ihn so aufzubereiten, daß er abstoßend sein sollte. Dennoch: solche Themen, solche Stoffe, solche Filme haben ihre eigenen Gesetze – und zum Thema Rauschgift gibt es bisher noch überhaupt keinen, dem man unterstellen könnte, daß er die beabsichtigte Wirkung auch erzielt hätte. Das Gesetz, das dem im Weg steht, heißt: Erfolg. Wer solche Filme macht, will, daß sie erfolgreich sind, ein großes Publikum finden, Kasse machen. Deshalb darf er niemanden vergrämen: die Jugendlichen nicht, denen der Film so angeboten werden muß, daß sie in ihm ein Stück von sich wiedererkennen; die Erwachsenen, Eltern, Lehrer, Drogenberater nicht, denen er nicht als Anreiz zu neuem Drogenkonsum erscheinen darf. Es ist denn auch genau die Halbherzigkeit, die Unentschlossenheit, die den Film unglaubwürdig macht – ein Vorwurf, den man der Vorlage nicht machen mußte, obwohl auch sie dem Vernehmen nach vor allem bei jugendlichen Lesern durchaus nicht nur einen aufklärerischen Effekt hatte, sondern als Bestätigung ihrer Wünsche und Sehnsüchte konsumiert wurde. Doch Christiane F.s Lebensgeschichte – als 13jährige beginnt sie mit Tabletten, steigt bald auf Heroin um, sucht aus ihrem tristen Alltag (Wohnverhältnisse, Schule, Familie) durch ihre Clique und die Liebe zu ihrem Freund zu entkommen, wird bald zur Prostituierten, kommt aber nach mehreren vergeblichen Versuchen von der Droge los – beeindruckte vor allem durch die Genauigkeit ihrer Beobachtungen und den Versuch, auch die Hintergründe für Einstieg, Abstieg und Verfall authentisch zu beschreiben – Versuche, auf die die Filmautoren verzichtet haben...

Nützen wird dieser Film wohl nur denen, die ihn gemacht haben. Ob er schadet? Wer kann das schon sagen. Es wäre aber schon schlimm genug, wenn der Verleih recht hätte mit seinem Slogan, es handle sich um einen Film über ›das Lebensgefühl einer Jugend‹, zumal sich seine Autoren, um niemandem weh zu tun, sehr gezielt darum drücken, mitzuteilen, ob sie dieses Lebensgefühl gut oder schlecht finden...« (»Fischer Film Almanach 1982«).

Die offene Herangehensweise an Jugendprobleme und Jugendkriminalität in den bundesdeutschen Spielfilmen der siebziger Jahre sowie die ungeschönte Darstellung des Drogen- und Strichermilieus sind in keiner Weise vergleichbar mit den parallel dazu von skrupellosen Produzenten auf den Markt geworfenen Pseudo-Dokumentationen der SCHULMÄDCHEN-REPORTE (ein erwachsenes, voyeuristisches Publikum delektierte sich immerhin an insgesamt 13 Folgen). Jugendliche wurden von Bohm, Nüchtern, Hauff, Willutzki und Frießner nicht mehr länger als nur zahlende Kinobesucher, sondern als anvisierte Zielgruppe betrachtet, der eine eigene Öffentlichkeit zugestanden wurde. Die meisten ihrer Filme sind in hohem Maße authentisch, da sie sehr gut recherchiert waren und in direkter Zusammenarbeit mit Jugendlichen entstanden. Ohne auf den Unterhaltungswert von Kinogeschichten zu verzichten, setzten sie sich mit der gesellschaftlichen Realität und den Erfahrungen Jugendlicher auseinander und nahmen sich ihrer Probleme an. Zu den beeindruckendsten Filmen zählt in diesem Zusammenhang DIE LETZTEN JAHRE DER KINDHEIT von Norbert Kückelmann (1979), in den der Regisseur – ein Rechtsanwalt – authentische Fälle von Jugendkriminalität einfließen läßt: Ein 14jähriger Junge nimmt sich in der Untersuchungshaft das Leben. Mehrere

Versuche, sich in einen normalen Alltag einzugliedern, scheiterten am Unvermögen einer Bürokratie, die zu echten Hilfeleistungen nicht fähig ist. DIE LETZTEN JAHRE DER KINDHEIT ist, »zum Teil mit Laiendarstellern gedreht und mit Zitaten aus Originalakten der Behörden über kindliche Übeltäter versehen, ein überzeugend-realistischer Film, der die Zwangsläufigkeit einer kriminellen Karriere zwischen Verwahrlosung und behördlichem Versagen ergründet, dabei aber auf Action nicht verzichtet und so die Situation jugendlicher Straftäter mit Spannung und Anschaulichkeit bebildert. Diese Geschichte des Jungen Martin wurde nicht laut und aggressiv in Szene gesetzt, sondern kühl und fast ohne Emotionen. Kückelmann, der in seinen Filmen die Fortsetzung seines beruflichen Engagements versucht, demonstriert den verhängnisvollen Mechanismus der Behörden, dem die kleinen sprachlosen Leute nicht entrinnen können« (Manfred Hobsch, »Evangelischer Filmbeobachter«).

Die Jugendfilme dieser Jahre waren attraktive Kinofilme und weder das Extrakt überholter Moralvorstellungen noch bewahrpädagogischer Reißbrettarbeit. Viele Filme waren kommerziell erfolgreich, auch wenn sie in ihrer Startphase – bedingt durch ihre Erstausstrahlung im Fernsehen und die desolate Kinosituation – nicht direkt den größten Teil der jugendlichen Zuschauer erreichten. Dafür fanden sie parallel dazu oder etwas zeitversetzt in den zahlreichen nichtgewerblichen Jugendfilmclubs eine starke Resonanz. Bedauerlich ist, daß die starke Zeit des westdeutschen Jugendfilms, der in erster Linie für ein Kinopublikum produziert wurde, in den achtziger Jahren spürbar nachließ und das besondere Engagement dafür fast spurlos versandete. KRAFTPROBE von Heidi Genée (1982) ist einer der letzten Filme in der Tradition der siebziger Jahre und insofern bemerkenswert, als er nach einer Romanvorlage (»Ich bin eine Wolke« von Dagmar Kekulé) entstand und zu den wenigen westdeutschen Produktionen zählt, in denen Mädchen die Hauptrolle spielen. Die 15jährige Paulina lebt allein in einem gutbürgerlichen Wohnviertel in München. Ihre Mutter macht gerade eine Entziehungskur und muß das Mädchen sich selbst überlassen. Paulina ist selbständig und kommt auch ohne Aufsicht gut zurecht; sie geht weiterhin zur Schule, versorgt die Wohnung und ihre beiden Meerschweinchen und jobbt abends in einem Autokino, um ihren Lebensunterhalt zu verdienen. Aber den Erwachsenen ist Paulinas Selbständigkeit suspekt: Für Nachbarn,

Lehrer und nicht zuletzt das Jugendamt ist sie noch ein Kind, das Aufsicht und Fürsorge braucht. Doch Paulina entflieht der ständig drohenden Bevormundung durch Eigensinn und Phantasie. Schließlich nimmt sie den entflohenen Heimzögling Blues in ihrer Wohnung auf, versteckt ihn, gibt ihm zu essen. Blues ersetzt ihr die fehlende Familie. Doch als die Erwachsenen endlich entdecken, daß Paulina nicht mehr allein ist, greifen sie ein.

Ein Glücksfall für den Film ist, daß Heidi Genée die Hauptrolle mit ihrer Tochter Kristin besetzen konnte, die – ohne Dreherfahrungen – sensibel und überzeugend einen starken Charakter spielt, der die Kraft hat, zu träumen und trotzdem zu handeln. Der Regisseurin hat am meisten gefallen, »daß man den Zuschauer zwar mit der Problematik konfrontiert, ihn aber trotzdem nicht aus dem Kino gehen läßt mit der deprimierenden Botschaft: ›Ist sowieso alles Scheiße!‹«

Klassen Feind

Unter dem Eindruck der Jugendunruhen Ende der siebziger Jahre in den Slums von Brixton schrieb der englische Autor und Ex-Lehrer Nigel Williams das Bühnenstück »Class Enemy«, das einen schockierenden Eindruck von den Lebensbedingungen jugendlicher Outsider vermittelt und in England zu einem Bühnenhit wurde. Es verdichtet auseinanderstrebende und sich widersprechende jugendkulturelle Strömungen und Proteste zu einer beklemmenden dramaturgischen Einheit. Peter Stein hat das Stück für die »Schaubühne« inszeniert und bei der filmischen Adaption der Bühnenfassung auch Regie geführt. Sechs Schüler zwischen 16 und 18 Jahren – der »fleischgewordene Traum jedes Scheiß-Sozialarbeiters« – warten in einem Klassenzimmer auf ihren neuen Lehrer. Alle Lehrer, die bisher in dieser Klasse unterrichten sollten, haben das Handtuch geworfen. Einer der Schüler hält Wache. Sobald irgendwelche Schritte zu hören sind, verbarrikadieren sie mit Tischen und Stühlen die Tür. Aber es kommt niemand. Sie entschließen sich, während des Wartens selbst Lehrer zu spielen. Jeder hält eine »Stunde«, und die anderen funken in gewohnter Manier dazwischen. Im Verlaufe dieses Unterrichts an Lebenspraxis und -erfahrung erzählen die Protagonisten von sich, ihren Nöten, ihrem Haß, ihrer Angst und ihren Sehnsüchten. Als sie erfahren, daß kein Lehrer mehr kommt und man sie aufgegeben hat, brechen die Aggressionen offen aus: Das Klassenzimmer wird verwüstet, danach folgt der Zusammenbruch. Bei offener Tür warten sie weiter auf Zeichen der Außenwelt – aber die Schule ist aus. Sie haben und finden keinen anderen Ort als die trostlose Betonburg Schule.

Peter Stein hat die Ausgangslage des Stücks verändert und es nach Berlin-Kreuzberg – mitten in die Szene der Hausbesetzer, Punker und Null-Bock-Typen – übertragen, Sprache und Gehabe dem Jargon und dem aufgeheizten Klima angepaßt. Das Ergebnis ist eine provozierende Zurschaustellung der Innenwelt der No-Future-Generation, der Gründe ihrer wütenden Proteste und der Ursachen ihrer Resignation. Trotz künstlerischer Hochleistungen (Darsteller, Kamera, Regie) kam KLASSEN FEIND (BRD 1982) bei den jugendlichen Kinozuschauern nicht gut an. Es fehlte die Authentizität, die die Qualität der anderen Jugendfilme bestimmte; Bühnenstück und Film sind zu sehr auf eine gesellschaftliche Modellsituation hin konstruiert. Darüber hinaus besteht für die Jugendlichen auch keine Identifizierungsmöglichkeit mit den Protagonisten: Die (hervorragenden) Darsteller sind im Schnitt ca. acht bis zehn Jahre älter als die Schüler, die sie zu spielen haben. Es ist schade, daß einer der besten Filme über die Jugendszene nur von den Erwachsenen und nicht von den Jugendlichen goutiert wurde.

Die Hauptdarsteller

Die mangelnde Akzeptanz des Films KLASSEN FEIND bei Jugendlichen verweist auf das Problem, die Protagonisten – die Identifikationsfiguren – richtig zu besetzen. Das amerikanische Kino hat hierfür ein in sich stimmiges und an geltenden Vermarktungsregeln orientiertes Konzept anzubieten: eine Variation des traditionell bewährten Starsystems, in dem aber nicht mehr die Distanz, sondern die Nähe zum Star ausschlaggebend ist. Damit soll die Authentizität der Figuren hervorgehoben und eine Art Partnerschaft zwischen Star und Fan hergestellt werden. Das im Branchenjargon »Brat Pack« genannte Erfolgsrezept meint ein Jungstar-Ensemble, das in mehreren Filmen hintereinander in variierter Formation immer wieder aufeinander

(v.l.n.r.) Greger Hansen, Ernst Stötzner, Stefan Reck und Jean-Paul Raths in KLASSEN FEIND (BRD 1982)

trifft. THE OUTSIDER von Coppola (USA 1982) kann in diesem Sinne als ein typischer »Familienfilm« bezeichnet werden, spielen doch u. a. Matt Dillon, Patrick Swayze, Ralph Macchio, Emilio Estevez und Tom Cruise mit. Was fast alle zusätzlich miteinander verbindet, ist der frühangelegte Wunsch, Schauspieler zu werden; entweder stammen sie aus einschlägigen Elternhäusern, oder sie nahmen in jungen Jahren bereits Schauspielunterricht. Zu den wenigen Ausnahmen zählt Matt Dillon, der für sein erfolgreiches Debüt in OVER THE EDGE (siehe S. 163) buchstäblich vom Schulhof weg fürs Casting engagiert wurde.

Was den deutschen Jugendfilm vom amerikanischen unterscheidet, ist nicht zuletzt die Tatsache, daß es bei uns eine so systematische Talentsuche und -schule nicht gibt und daß bei den authentischen Jugendfilmen nicht Profis, sondern Laien die Hauptdarsteller sind. Von ihrer Leistung – die Milieukenntnisse vor der Kamera überzeugend umzusetzen – hängt der Erfolg des Films ab; ihr »Ruhm« geht über diesen einen Film nicht hinaus. Da die Jugendlichen für kurze Zeit ihren gewohnten Lebensrhythmus unterbrechen und danach wieder

157

den Anschluß finden müssen, stellt sich die Frage nach der Verantwortung des Filmemachers.

Das tragisch verlaufene Schicksal von Manfred Reiss, dem Darsteller des Paule in PAULE PAULÄNDER, zeigt die Gefahren auf, die sich für einen Filmemacher bei der Arbeit mit jugendlichen Laien auftun, und markiert die Grenzen gegenseitiger Einvernahme und Belastbarkeit. Reinhard Hauff hat dieses Problem mit seinen Mitteln aufgearbeitet. In DER HAUPTDARSTELLER (BRD 1977) greift er die Ausgangssituation von PAULE PAULÄNDER (siehe S. 145f.) auf und schildert aus seiner Perspektive die Arbeit und den Umgang mit den Darstellern von Paule (hier jetzt »Pepe« genannt und von Michael Schweiger gespielt) und seinem Vater (von Mario Adorf vital und virtuos verkörpert). Der Abschluß der Dreharbeiten bedeutet für Pepe: »Schluß mit dem Kino; jetzt muß wieder richtig gearbeitet werden.« Der Junge fällt in ein Loch, fühlt sich hin und her gerissen und schließlich von allen hintergangen. Leichtfertig verspricht der Regisseur Max dem Jungen, weiterhin für ihn da zu sein. Darauf vertrauend, löst Pepe sich von seiner Familie. Er verhält sich wie »Paule« und haut einfach ab. In München trifft er auf den unvorbereiteten Max, dem der Junge bei der Fertigstellung des Films nur im Wege steht. Soweit es ihm möglich ist, läßt sich Max auf den Jungen ein, aber dessen Ziel- und Interessenlosigkeit ist mit halbherzigem Engagement nicht gegenzusteuern. Je mehr sich der Film über »Pepes Leben« der Endfassung nähert, desto weniger hat er noch etwas mit dem tatsächlichen Leben Pepes zu tun. Der Junge wird mit diesem Widerspruch nicht fertig. Er fühlt sich ausgeschlossen und zündet bei der Premiere »seines Films« das Kino an. Danach haut er ein zweites Mal ab.

DER HAUPTDARSTELLER ist ein ungewöhnlicher Beweis für Aufrichtigkeit und Engagement. Es kam Reinhard Hauff darauf an, in exemplarischer und verdichteter Form seine Erfahrungen weiterzugeben und auf den Grad der Verantwortung hinzuweisen, bei Jugendlichen möglicherweise falsche Hoffnungen zu erwecken. Obwohl sich Hauff jahrelang um seine jugendlichen Darsteller kümmerte, stehen veränderte Interessenlagen und Kommunikationsprobleme einer Ideallösung entgegen. Die Konsequenz für ihn ist, in vergleichbaren Situationen weiterhin mit Laien zu arbeiten, aber die handlungstragenden Figuren möglichst nicht direkt, sondern lieber »fiktiv« zu besetzen, d. h. mit Jugendlichen, die zu ihren Rollen auf Distanz gehen können.

Es gibt insgesamt wenig Informationen darüber, was aus den Hauptdarstellern der authentischen Jugendfilme geworden ist. Thomas Kufahl, der Protagonist des Films DAS ENDE DES REGENBOGENS (siehe S. 148f.), kann auf ähnliche Heim- und Familienerfahrungen wie »Jimmi« zurückblicken, was diesen Film zu einem einzigartigen Dokument macht. Einem im Presseheft von Basis-Film abgedruckten Interview ist zu entnehmen, daß er stark genug war, zwischen der »Welt des Films« und seinem Milieu zu unterscheiden. Gefragt, was er mit seiner Gage gemacht hat, antwortete er:

»Ausgegeben! Hab' mir 'ne Stereo-Anlage davon gekauft. Ich hab' eigentlich von meiner ganzen Gage eine ganz neue Zimmereinrichtung gekauft, mit Teppich, Lampen und Anlage ... Ich hatte das auf einmal, was ich mir alles gewünscht habe – und dann haben sie mir alles geklaut. Alles! Mein ganzes Zimmer! Alles geklaut!«

»Wer? Weißt du das?«

»Ich weiß, wer, aber das ist eine andere Geschichte.«

10 Neue Szenen und Unübersichtlichkeiten

»Stammeskriege erschüttern europäische Metropolen. Ob London, Paris, Frankfurt, Leipzig oder Berlin: Überall bietet sich ein ähnliches Bild. Jugendbanden durchstreifen mit lautem Kriegsgeschrei und martialischem Outfit den Großstadtdschungel. Aufgeschreckte Bürger verlangen nach Polizeischutz und verbarrikadieren sich in ihren Wohnungen. Die Rhythmen, die den multikulturellen Alltag begleiten, sind ihnen zu heiß... Rivalisierende Gangs wandeln auf dem Kriegspfad. Sie kämpfen um Ruhm, Ehre und Kontrolle über ihre Hoheitsgebiete. Mit Fahrradketten, nagelbespickten Baseballschlägern, Butterfly-Messern, Wurfsternen, Leuchtspurgeschossen, Molotowcocktails und asiatischen Kampfhölzern bewaffnet, ziehen sie in die Schlacht...«

Mit diesem Szenarium leiten Klaus Farin und Eberhard Seidel-Pielen ihre Studie über Jugendgangs in Deutschland ein (»Krieg in den Städten«). Was sie beschreiben, gleicht den Bildern amerikanischer Streetfighter-Filme; Filme, wie sie seit den siebziger und achtziger Jahren in unseren Kinos zu sehen sind. Gegenüber den Filmen aus den fünfziger Jahren wie beispielsweise SAAT DER GEWALT oder DER WILDE, die solche Entwicklungslinien zeigen, sind die neueren Filme erheblich härter, brutaler und zynischer. Sie zeigen keine gesellschaftlichen Outsider mehr, die durch gelegentliche Übergriffe und Provokationen auffallen, sondern selbstbewußte, starke und auch kriminelle Gangs, die vom Rand in die Mitte drängen. Ein vorschneller oder allzu leichtfertiger Vergleich mit Jugendunruhen oder Protestbewegungen der Vergangenheit ist dabei fehl am Platze, denn nach Ansicht von Farin/Seidel-Pielen macht es »...einen gewaltigen Unterschied, ob Jugendliche ihre Feindbilder politisch motivieren... oder Jagd auf ›Kanaken‹ machen...« Die Symptome dieser Eskalation finden sich in den amerikanischen Streetgang-Filmen wieder, auch wenn die Situation in den Metropolen dort nicht deckungsgleich auf deutsche Verhältnisse übertragen werden kann. Die Filme geben

Jagd auf DIE WARRIORS

dennoch Verhaltensmuster vor, denen sich die Wirklichkeit zunehmend annähert. Farin/Seidel-Pielen verweisen auf den Einfluß der amerikanischen Straßenbanden-Filme auf die Jugendgangs in Deutschland Anfang der achtziger Jahre: »Der Film WARRIORS wirkt als Katalysator und bringt die Kids in Bewegung. Überall im Land entstehen deutsch-türkische ›Ableger‹ der acht Slumkids, die sich in WARRIORS mit Baseballschlägern durch die Stadt prügeln, gejagt von rivalisierenden Gangs...« Nachdem ab Mitte der achtziger Jahre die Streetgangs aus den Schlagzeilen verschwunden sind, kommt es einige Jahre später wieder zu spektakulären Aktionen. Die Banden sind nicht mehr auf ihre eigene Szene fixiert, sondern breiten sich aus und suchen durch neue Feindbilder ihre Selbstbestätigung.

»Warriors« und »Wanderers«

Die Hell's Angels, Wild Angels und Easy Rider verlassen den Highway und kehren in die Citys zurück, um die Straßen in Schlachtfelder zu verwandeln. Das klassische Roadmovie existiert seit den achtziger

161

Jahren nur noch als Kultfilm; billige Gags über die chaotischen und tölpelhaften Highway-Cops verdrängen das Gefühl von Freiheit und Abenteuer, und die apokalyptisch-visionären Aggressionen eines Mad Max haben mit der Rebellion der sensiblen jugendlichen Helden der fünfziger Jahre nichts mehr gemein. Exemplarisch führt DIE WARRIORS (THE WARRIORS, USA 1978/79; Regie: Walter Hill) die jüngste Generation, die sich im Genre der Streetgang- oder Streetfighter-Filme wiederfindet, vor. Nicht mehr die Liebe zum Rock 'n' Roll oder zu den Motoren bildet den Zusammenhalt der Gruppen, sondern die territoriale Gemeinsamkeit. In den WARRIORS treffen Abgesandte aller rivalisierenden Gangs aus New York zusammen, um eine neue Dimension zu erschließen. Es geht nicht mehr um den abgegrenzten Bereich einzelner, sondern um die Macht über die Stadt. Acht »Warriors« fahren von Coney Island in die Bronx, um an dem großen Meeting teilzunehmen, bei dem die Feindseligkeiten begraben und eine gemeinsame Strategie erarbeitet werden soll. Als der charismatische Initiator des Treffens aus dem Hinterhalt erschossen wird, ist der Waffenstillstand wieder aufgehoben. Die Warriors müssen sich gegen die fälschlicherweise gegen sie erhobene Anschuldigung des Attentats wehren und sich unbewaffnet durch das Gebiet feindlicher Gangs nach Coney Island durchschlagen. Gejagt von der Polizei und angegriffen von den gegnerischen Banden, hinterlassen die Warriors auf ihrem Rückzug eine blutige Spur von Chaos und Zerstörung. Als sie arg dezimiert Coney Island erreichen, ist der wahre Mörder enttarnt und die Gefahr für die Warriors vorbei.

Dem Grundmuster der Kriegsfilme folgend und ihrer Topographie nachempfunden (Vorstoß, Flucht oder Rückzug durch feindliches Gebiet von Stützpunkt zu Stützpunkt), gleichen die neuen Streetgang-Filme mehr den Vietnamfilmen als den Jugendbanden-Filmen der fünfziger und sechziger Jahre. Die WARRIORS sind technisch perfekter und in der Darstellung von Gewalt raffinierter und stimulierender.

Auch die »Wanderers« (THE WANDERERS, USA 1978; Regie: Philip Kaufman) verteidigen ihr Territorium; sie sind eine Schul- und Straßengang, die sich Anfang der sechziger Jahre in der Bronx gegen andere Banden behaupten muß. Neben der territorialen Gemeinsamkeit spielt auch die Abstammung eine Rolle; zu den Wanderers zählen vornehmlich Italiener; irische, chinesische und schwarze Jugendliche bilden die anderen Gruppen. Die multikulturellen Konflikte, die sich aus der Enge des Zusammenlebens im Alltag der Jugendlichen ergeben, werden von den Alten geschickt geschürt und zum Vorwand rassistischer Feindseligkeiten genutzt. Die eigentlichen Brutalos und Machos – so zeigt es der Film – sind nicht die Jugendlichen, sondern ihre Väter. Die Wanderers sind keine Warriors; sie begnügen sich mit großmäuligen Sprüchen gegen die unbeliebten »Glatzen«, mit der Anmache von Girls und ein paar übermütigen Aktionen, bei denen sie meistens den kürzeren ziehen. Mit den verfeindeten »Niggern« wollen sie sich lieber im Footballspiel als mit den Baseballschlägern messen, und bei der Nachricht von Kennedys Ermordung zeigen die Harten und die Zarten, wie betroffen und bewegt sie sind. Die Wanderers lösen sich auf, als ihre Gemeinsamkeiten wie Schule und Nachbarschaft nicht mehr gegeben sind.

Davon, daß sich die Jugendunruhen nicht allein auf die Citys beschränken, handelt OVER THE EDGE (WUT IM BAUCH, USA 1978; Regie: Jonathan Kaplan). Ausgangspunkt sind authentische Ereignisse an einer kalifornischen High School an der San Francisco Bay. Im Film wird der Ort »New Granada« genannt und ist eine der unwirtlichen Trabantenstädte, in denen an Freizeitangeboten und Treffpunkten für Jugendliche zugunsten kommerzieller Investoren gespart wird. Die Planer dieser Reißbrettstadt haben nicht berücksichtigt, daß ein Viertel der Einwohner Jugendliche unter 16 Jahren sind. Für die Jugendlichen bleibt außerhalb der Schule eine Wellblechbaracke als Aufenthaltsort. Ihr Verhältnis zu den Eltern und zur Polizei ist gestört; die Alten finden weder den richtigen Ton, noch zeigen sie echtes Interesse, sich auf die Jungen einzustellen. Angeführt von Richie White (gespielt von Matt Dillon), lehnt sich eine Clique von Jugendlichen dagegen auf, daß ein in Aussicht gestelltes Freizeitzentrum nicht gebaut wird; an diesem Punkt wird die doppelte Moral der Erwachsenen besonders deutlich. Da niemand das Anliegen der Kids ernst nimmt, äußert sich ihr Protest durch Vandalismus; es kommt zu einer offenen und blutigen Konfrontation zwischen ihnen und den Autoritäten der Stadt, die für einige der Beteiligten tödlich endet. Die Anführer der Jugendlichen kommen ins Jugendgefängnis; in die Retortenstadt kehren »Ruhe und Ordnung« zurück.

Der Regisseur Jonathan Kaplan betont den authentischen Kern sei-

WUT IM BAUCH

nes Films: »Alles, was ich zeige, ist wirklich passiert, ich bin sogar noch ein bißchen unter der Wahrheit geblieben. Dieser Aufstand war nämlich noch viel gewalttätiger, die Jugendlichen haben alle Autos der Stadt zerstört, das Elektrizitätswerk in die Luft gejagt und mehrere Gebäude zertrümmert.« In den USA wurde die Brisanz des Films rasch erkannt – die Produktionsfirma startete ihn zunächst nicht in den Kinos, sondern nur im Kabelfernsehen; ausschlaggebend dafür waren auch Begleitumstände bei den Vorführungen des Films THE WARRIORS, der mehrere Zwischenfälle auslöste. Dagegen wurde OVER THE EDGE in Europa zu einem Kultfilm. Viele Jugendliche konnten sich mit den Protagonisten identifizieren: Die Situation in den Trabantenstädten, die fehlenden Räume für Jugendliche und der Kampf um autonome Jugendzentren waren Themen, von denen sie ebenfalls betroffen waren.

The Outsiders – Straßen in Flammen

Jugendprobleme werden zunehmend auch Themen für berühmte Regisseure. In den USA steht dafür als Beispiel Francis (Ford) Coppola, der mit THE OUTSIDERS (DIE OUTSIDER, USA 1982) nicht nur das Thema der Straßenbanden und Straßenkämpfe erfolgreich aufgriff, sondern auch eine Gruppe von jungen Schauspielern versammelte, die später sämtlich Karriere machen sollten (siehe hierzu S. 157). Es sind die – im Alter und im Gestus – immer jugendlicher werdenden Erben eines Marlon Brando und James Dean. Der Film erzählt eine Geschichte, die 1966 in Tulsa/Oklahoma spielt. Zwei rivalisierende Jungenbanden treffen aufeinander: Auf der einen Seite stehen die Armen, die »Outsiders« und »Greasers« (so genannt, weil sie sich wie ihr Idol, Elvis Presley, Pomade ins Haar schmieren); auf der anderen Seite stehen die »Socs«, die reichen Jungen, die mit ihren schicken Autos die Greasers herausfordern. Die Greasers haben keine Chance, obwohl sie in der letzten Schlacht die Sieger sind. Ihr Führer, Dallas (gespielt von Matt Dillon), verzweifelt über den Tod eines seiner Bandenmitglieder, überfällt spontan ein Geschäft und wird von der Polizei getötet. Diese Jungengeschichte stammt übrigens von der 17jährigen Schülerin Susan E. Hinton, die später eine berühmte Autorin wurde; und sicherlich hat der Film seine Teil-Authentizität gewonnen durch die Zeitgleichheit jugendlichen Erlebens.
Die neuen Idole sind romantische Nicht-Helden, die sich dennoch einen instinktiven Sinn für Ehre bewahrt haben und deren Schicksal deshalb anrührt. Es sind Teenager, die in den Mythen der Rock- und Popkultur leben und dadurch ihre tristen Lebenskarrieren überhöhen. Zu diesen Jungen auf der Straße zählten damals die Schauspieler Patrick Swayze (später bekannt geworden durch DIRTY DANCING), Matt Dillon (RUMBLE FISH, DRUGSTORE COWBOY), Ralph Macchio (UP THE ACADEMY, THE KARATE KID), C. Thomas Howell (Debüt in Spielbergs E. T., später Rollen in HITCHER und SOUL MAN), Rob Lowe (ST. ELMO'S FIRE), Emilio Estevez (THE BREAKFAST CLUB, YOUNG GUNS) und Tom Cruise (TOP GUN). Der Erfolg des Films THE OUTSIDERS vor allem in den USA führte im Jahr 1989 zu der Fortsetzung THE OUTSIDERS II unter der Regie von Sharron Miller und Alan Shapiro. Wieder geht es um Banden- und Straßenkämpfe, um Liebe und Leidenschaft, um Kameradentreue und Solidarität, um das Zu-

sammentreffen unterschiedlicher sozialer Milieus; diesmal versuchen jedoch die Brüder Pony Boy, Soda Pop und Darrell Curtis, sich aus dem Krieg der Banden herauszuhalten. Der Film erreicht nicht die Stärke seines Vorgängers, aber auch in ihm wird ein neuer Jugendstar kreiert: Jay R. Ferguson spielt Pony Boy und verlängert damit die Reihe neuer Jungstars aus den USA.

Davor, daß der verbissene Fight auf den Straßen böse enden kann, wollte Francis (Ford) Coppola auch mit RUMBLE FISH (USA 1983) warnen: Rusty James (gespielt von Matt Dillon) ist ein teils aggressiver, teils träumerischer Halbwüchsiger, dessen sehnlichster Wunsch ist, so zu werden wie sein älterer Bruder, der »Motorcycle Boy« (Mikkey Rourke). Die beiden waren früh sich selbst überlassen, die Mutter verließ die Familie, der Vater wurde darüber zum Trinker. Als Rusty James mit seiner Gang in heftige Kämpfe verwickelt wird, taucht sein Bruder überraschend auf. Er, der einst der heroische Anführer der gewalttätigsten aller örtlichen Jugendbanden war und immer noch als das Idol der Jugendlichen gilt, ist nun, mit Mitte 20, ausgebrannt. Er weiß, daß er vom Leben nicht mehr viel erwarten darf, und möchte seinem Bruder ein ähnliches Schicksal ersparen. Wie die überaus aggressiven asiatischen Kampffische (des Filmtitels), die selbst ihr eigenes Spiegelbild angreifen, zerstören die Youngsters einander und sich selbst. Motorcycle Boy versucht, die Fische aus dem Aquarium einer Zoohandlung zu befreien, und wird von der tödlichen Kugel eines Polizisten getroffen. Rusty begreift, was sein Bruder, der schon lange nicht mehr an die Rituale der Gewalt glaubte, ihm beibringen wollte.

Das Schwarzweiß-Melodram RUMBLE FISH, das die Rebellenromantik der fünfziger Jahre mit den Attitüden der achtziger Jahre verbindet, ist eine rasante Fahrt durch die Geschichte des Jugendfilms. Der Film verschmilzt Versatzstücke aus vier Jahrzehnten Popkultur miteinander. Dennis Hopper, der in den fünfziger und sechziger Jahren eine besondere Protesthaltung verkörperte, hat hier eine Vaterrolle, in der er seine beiden Söhne nicht mehr versteht. Der Musiker Tom Waits spielt einen wortkargen und gestenreichen Barkeeper. Diane Lane ist eine Teenager-Phantasie wie aus einem Chuck-Berry-Song. Nicht zuletzt ist es den Darstellern der beiden gegensätzlichen Brüder – Matt Dillon und Mickey Rourke – zu verdanken, daß dieser Film in Europa, vor allem in Frankreich, zu einem Kultfilm wurde.

STRASSEN IN FLAMMEN – Unter den Augen des Managers Billy Fish (Rick Moranis, links) kommt es zum entscheidenden Duell zwischen Cody (Michael Paré) und seinem Widersacher Raven (Willem Dafoe)

Eine Symbiose aus Streetfighter- und Rockmusik-Filmen stellt Walter Hill (u. a. THE WARRIORS) in seiner Rockphantasie STREETS OF FIRE (STRASSEN IN FLAMMEN, USA 1984) her. Der in Chicago und Los Angeles mit so unterschiedlichen Stilmitteln wie denen des Rockfilms, des Film noir und des Videoclip gedrehte Film ist nicht mehr lokalisierbar (»irgendwann« – »irgendwo«); der imaginäre Schauplatz mit seinen kühlen Neonfarben, flackernden Feuern und den optisch und akustisch faszinierenden Arrangements der Pop-Ästhetik ist eine hermetisch-synthetische Endzeitvision ohne Tageslicht. Der furchtlose junge Draufgänger Tom Cody – eine Mischung aus Lonesome Cowboy und Kung-Fu-Einzelkämpfer – hat sich von seiner Freundin Ellen getrennt, da ihr die Karriere als Rocksängerin mehr zu bedeuten schien als er. Als sie ihren großen Auftritt in ihrer Heimatstadt hat, wird sie von den gefürchteten »Bombern« auf offener Bühne entführt, weil ihr Anführer Raven – ein Luzifer-Typ – den attraktiven Star für sich gewinnen will. Ellens Manager Billy verspricht Tom 10000 Dollar, wenn er die Sängerin aus dem Stützpunkt der »Bomber« herausholt. Zunächst will Tom den riskanten Coup im Alleingang machen, nimmt dann aber doch Billy und die drahtige McCoy mit, ein Mädchen, das sich im Nahkampf auskennt. In einem furiosen Unternehmen befreien sie den Rockstar, aber Raven zeigt sich wild entschlossen, Ellen mit seiner Motorradbande erneut zu entführen und mit Cody abzurechnen. Die entscheidende Schlacht kann Cody gewinnen; er gewinnt dafür aber nicht das Herz seiner Angebeteten, sondern zieht weiter allein seine Bahnen. Ellen bleibt im Showbusineß, und McCoy schließt sich Cody an.

Auch im Zeitalter der Streetgangs haben Außenseiter und Einzelgänger wie Tom Cody noch eine Chance; RECKLESS (JUNG UND RÜCK-SICHTSLOS, USA 1984; Regie: James Foley jr.) zeigt einen solchen Protagonisten mit der unverkennbaren Attitüde eines James Dean. Vor dem Hintergrund der sterbenden Industrielandschaft im Stahlrevier von West-Virginia spielt die mit sozialen Problemen und Klassengegensätzen gespickte Lovestory zwischen dem rebellischen Arbeitersohn Johnny Rourke und der verwöhnten Bürgerstochter Tracey Prescott; beide gehen in dieselbe Schule, obwohl sie ihrer Herkunft nach sonst kaum etwas miteinander gemein haben. Johnny ist ein Arbeitersohn aus kaputten Familienverhältnissen, sein Vater trinkt, seitdem seine Frau ihn verlassen hat. Traceys Eltern sind wohlhabende Bürger, die ihrer Tochter alle Wünsche von den Augen ablesen. Randy Daniels, der unter den Jungen der Klasse die meisten Chancen bei der hübschen Tracey zu haben scheint, stammt aus derselben sozialen Schicht. Johnny schafft es trotzdem, mit gewagten Motorrad-Kunststücken und coolem Imponiergehabe Traceys Interesse an seiner Person zu wecken und sie in eine leidenschaftliche Liebesaffäre hineinzuziehen. Dabei ist ihm durchaus bewußt, daß man ihn in ihrem Milieu nie akzeptieren wird. Das Schicksal seines Vaters, der im Stahlwerk tödlich verunglückt, macht ihm vollends klar, wie wenig Chancen er in dem Provinznest Eberton hat. Mehr und mehr erliegt Tracey dem rauhen Charme Johnnys und läßt sich zum gemeinsamen Ausbruch aus der provinziellen Enge überreden.

Die Aufsässigen

Eine auf Realität angelegte Milieuschilderung wie die in RECKLESS, die in atmosphärisch dichten Bildern die Tristesse der Lebenswirklichkeit Jugendlicher in einem ausgelaugten und perspektivlosen Umfeld zeigt, ist eine Ausnahme im Ensemble der meisten Streetgang-Filme, die in der Nachfolge von SAAT DER GEWALT die Schule mit einbeziehen und sie als eine Geburtsstätte von Chaos und Anarchie zeigen. Thema des Films CLASS OF 1984 (DIE KLASSE VON 1984, USA 1982; Regie: Mark Lester) ist die Selbstjustiz: In einer Schule, die eher einem Gefängnis gleicht, tyrannisiert eine Gang von jugendlichen Schwerverbrechern mit den bösartigsten Schurkereien Schüler und Lehrer, bis einer durchdreht und sie alle abschlachtet. In DANGEROUSLY CLOUSE (TEUFLISCHE KLASSE, USA 1986; Regie: Albert Pyun) gründet ein ehemaliger Vietnamkämpfer, jetzt Lehrer der elitären Vista Verde High School, eine Selbstschutzorganisation, die sich »sentinels« (Wächter) nennt und vorgibt, für Ordnung zu sorgen. Die Organisation bekennt sich zu rechtsradikalen Zielen und macht Jagd auf Punker und andere »unerwünschte Schüler«. Als zwei Schüler ermordet aufgefunden werden und andere verschwunden sind, machen sich ihre Freunde auf den Weg, die Hintergründe aufzuklären.
Auch die Brendal High School, Schauplatz des Films THE PRINCIPAL (DER PRINZIPAL – EINER GEGEN ALLE, USA 1987; Regie: Christopher Cain), ist zur »Schule des Lebens« geworden: Drogen, Diebstähle, Schlägereien und Vergewaltigungen haben den Unterricht weitgehend ersetzt; der Terror bestimmt den Stundenplan, und die Lehrer haben längst resigniert. Ein neu hinzugekommener, dorthin strafversetzter Kollege sieht sich mit einer Situation konfrontiert, die nur noch Gewalt als Lösungsmittel zuläßt; er greift zum Baseballschläger, um der Renitenz Herr zu werden.
Allen diesen Filmen ist gemeinsam, daß sie spektakulär und vordergründig Gesellschaftsprobleme als Jugendprobleme deklarieren, in ihren Schuldzuweisungen wenig differenzieren und Ursachen und Hintergründe unberücksichtigt lassen. Häufig wird die Jugendszene eher diskreditiert und kriminalisiert oder in übersteigerter Romantik weggeführt vom eigentlich tristen Alltag dieser Jugendlichen. Die Gefahr ist nicht von der Hand zu weisen, daß die Jugendszene zu

nichts anderem wird als zu einem beliebig austauschbaren Materiallieferanten für Actionfilme.

Demgegenüber stehen nur wenige Filme mit einem versöhnlicheren Touch wie etwa TEACHERS (DIE AUFSÄSSIGEN, USA 1984; Regie: Arthur Hiller). Nick Nolte spielt einen ehemals engagierten, nun resignierten Sozialkundelehrer namens Alex, der bei den Schülern wegen seiner unkonventionellen Methoden und Lässigkeit ankommt. Die anderen Lehrkräfte haben wegen der chaotischen Zustände an der John F. Kennedy School kaum eine Chance, sich durchzusetzen. Das Personal ist überfordert, und ein gegenwartsfremdes Schulverwaltungssystem trägt zusätzlich zur Verunsicherung und Ohnmacht bei. In einer Situation, in der die Existenz der Schule auf dem Spiel steht, wird aus Nicks Gegenspieler Eddie (Ralph Macchio) ein Verbündeter. Der sich jeglicher Annäherung verweigernde Schüler wird plötzlich aktiv, als er von Alex dazu animiert wird, in Form einer Reportage die Mißstände an der Schule aufzuzeigen; beide handeln sich damit Ärger ein. Als sich die Konflikte zuspitzen und zu Gewaltakten eskalieren, sieht Eddie in Alex einen Verbündeten, und als die Schulleitung den unbequemen Lehrer mit faulen Tricks loswerden will und dieser die Nase voll hat, mobilisiert Eddie seine Mitschüler, um ihn zu halten.

Arthur Hillers bittere Satire auf schulische Mißstände in den Vereinigten Staaten ist auf andere Verhältnisse übertragbar. Mit der Musik von Joe Cocker, ZZ Top, Freddie Mercury u. a. und den Stars Nick Nolte und Ralph Macchio besitzt der Film das richtige Feeling und Identifikationsfiguren für Erwachsene und Jugendliche: Aus Gegnern werden Partner, die sich Arm in Arm gemeinsam den Herausforderungen stellen.

Anfang der neunziger Jahre liegen die Bikerfilme wieder im Trend. Charlie Sheen, einer der neuen Stars des jungen Hollywood-Kinos, spielt in MADE OF STEEL (USA 1992; Regie: Larry Ferguson) einen Halbindianer und Undercover-Cop namens Dan Saxon, der seine Polizeiuniform gegen die Bikerkluft austauscht. Er soll Beweise gegen »The Jackals« liefern – eine Motorradgang, die mit Waffen und Drogen handelt. Für Dan, der sich jetzt S. I. D. nennt und von den Objekten seiner Observation nicht mehr zu unterscheiden ist, beginnt die Grenze zwischen Recht und Unrecht immer undeutlicher zu werden, bis er nicht mehr weiß, auf welcher Seite er steht. Er gerät zunehmend in Identitätskrisen und verweigert sich am Ende jeglicher Rolle – eine Haltung, die den Nerv vieler jugendlicher Zuschauer trifft, die sich hier einmal nicht einem muskelbepackten Superhelden, sondern einem Protagonisten mit differenziertem Charakter gegenübersehen. Der Film entstand nach der authentischen Geschichte des Agenten Dan Black, die sich Mitte der siebziger Jahre in Nordkalifornien zutrug und zu 498 Festnahmen und 497 Verurteilungen führte.

Colors

Einen neuen, originellen und originären Ansatz, Streetgang-Filme mit anderen Genres zu verbinden, bietet DUDES (USA 1987; Regie: Penelope Spheeris). Grant, Biscuit und Flea, drei sympathische, übermütige Punks aus New York, wollen mal was erleben und machen sich in einem alten VW-Käfer auf nach Kalifornien. Sie treffen auf eine Rockergang, die einen von ihnen – Flea – kaltblütig umbringt. Da Grant und Biscuit von der örtlichen Polizei keine Hilfe bekommen, wollen sie auf eigene Faust ihren Freund rächen. Jessie, eine selbstbewußte junge Frau, bringt Grant das Reiten und Schießen bei; in Biscuit erwacht sein Indianerblut. Der Cowboy und der Indianer folgen der Spur der Rocker nach Norden. Sie treffen die beiden Anführer, die die Schuld am Tod Fleas tragen, in einem Kino wieder – im »Blue Sky«, wo gerade ein Western gespielt wird. Auf der Leinwand und im Zuschauerraum schießen nun die Leute aufeinander. Das totale Chaos bricht aus. Doch der Kampf ist noch nicht endgültig entschieden. Erst mit Hilfe Jessies findet Grant den richtigen Weg, die beiden Mörder zur Strecke zu bringen.

DUDES ist eine wohldosierte, ausbalancierte Mischung aus Roadmovie, Komödie, Western und Musikfilm. Mit dem Kampf der Rocker gegen die Punks treffen auch zwei Generationen aufeinander; die Jüngeren werden ihres Aussehens und Verhaltens wegen so bekämpft, wie es 20 Jahre früher die »Easy Rider« zu spüren bekamen. Ihre Lebensinhalte sind allerdings nicht allzusehr voneinander zu unterscheiden; auch heute geht es den Jugendlichen um Zaster, Drogen und Bräute.

DUDES ist weniger ein realitätsnahes Dokument als ein ironischer Kinospaß mit zahlreichen Zitaten und Anspielungen; so nimmt der Zuschauer z. B. mit Vergnügen wahr, daß von Zeit zu Zeit imaginäre Cowboy- und Indianerfiguren ihre ewigen Jagdgründe verlassen und notfalls bereit sind, den punkigen Helden der Achtziger zu Hilfe zu eilen. Einen wesentlich ernster zu nehmenden Aspekt der Streetgang-Problematik arbeitet Dennis Hopper in seinem Film COLORS (COLORS – FARBEN DER GEWALT, USA 1988) heraus. Hopper, seit EASY RIDER eine faszinierend-schillernde Kultfigur des amerikanischen Kinos, beschränkt sich hier ausschließlich auf die Regie. COLORS thematisiert den behördlichen Kampf gegen die Straßenbanden, in dem sich Schwarze und Weiße unversöhnlich gegenüberstehen, aus der Perspektive zweier Polizisten. Der Film zeichnet sich besonders durch seine Milieudichte aus. Er wurde an Originalschauplätzen in Los Angeles, dem Wohnort Hoppers, gedreht. Mit Sean Penn als dem jüngeren Partner eines erfahrenen und zynischen Polizisten verpflichtete Hopper einen der »neuen Rebellen Hollywoods« – einen umstrittenen, unangepaßten Star, der in vielem dem jungen Dennis Hopper gleicht. Sean Penn ist neben Matt Dillon, Tom Cruise u. a. eines der neuen Idole der Jugendkultur, die – etwa im Gegensatz zu dem Star-Image aus Hollywoods Glanzbild-Zeiten – zu ihren Fans nicht auf Distanz gehen, sondern selbst der Jugendszene angehören oder sich als ihr zugehörig geben.

L. A. ist auch Schauplatz für BOYZ'N THE HOOD (USA 1991). Der fast ausschließlich unter Schwarzen spielende Film thematisiert die alltägliche Gewalt, mit der Kinder und Jugendliche in South Central Los Angeles heranwachsen; für die »Jungs im Viertel« sind Prügeleien, Überfälle, Jugendbandenkriege, Schüsse und Tote nichts Außergewöhnliches. Da der Regisseur John Singleton in diesem Schwarzen-Ghetto aufgewachsen ist und eigene Erlebnisse in sein Filmdebüt einbezieht, besitzt der Film einen hohen Grad an Authentizität. In dem von Gewalt geprägten Alltag wächst der junge Afroamerikaner Tre mit seinen Freunden Dough Boy und Ricky auf. Ricky, ein hoffnungsvoller junger Footballstar, wird bei einer sinnlosen Schießerei getötet. Dough Boy gerät auf die kriminelle Bahn und rächt Ricky wiederum durch einen Mord. Nur Tre hat das Glück, daß ihn sein Vater Furious Styles dazu erzieht, sich durch Disziplin, Selbstachtung und verantwortungsvolles Handeln aus diesem Milieu zu befreien. Auf die Hilfe

Ice Cube als Dough Boy – einer der BOYZ'N THE HOOD

von Cops oder von Dritten ist kein Verlaß; was zählt, ist das individuelle Überlebenstraining.

In der Dramaturgie des Films spielt die Musik eine zentrale Rolle.
Jede Sequenz ist mit dem passenden Soundtrack unterlegt. Den Titel
BOYZ'N THE HOOD hat Singleton von dem gleichnamigen Rap-Song
von Ice Cube übernommen. Dadurch, daß der Rapper den Dough
Boy Baker spielt, besitzt der Film für schwarze Jugendliche eine attraktive Identifikationsfigur. Wie Singleton stammt auch Ice Cube
aus dem Viertel. Sein Solo-Album »AmeriKKa's Most Wanted«,
das aus der Perspektive eines Jungen aus der Nachbarschaft scharf-
beobachtete Skizzen des Ghettolebens liefert, wurde ein Ver-
kaufsschlager. Ice Cube über seine Rolle: »Ich kann Dough Boy
gut verstehen. Er hat mit mir vieles gemeinsam. Und ich habe in
diese Figur meine Kenntnisse vom Leben in den Straßen mit einge-
bracht. Die Figur und das Drehbuch sind meiner Überzeugung nach
realistisch.«

BOYZ'N THE HOOD, der die Milieudichte und Stimmung von STAND BY
ME erreicht, mit großem Einfühlungsvermögen das Lebensgefühl sei-

ner Protagonisten beschreibt und die Gewalt auf den Straßen verurteilt, wurde bei seinem US-Start mißverstanden – vor vielen Kinos kam es zu Ausschreitungen und Schießereien.

Wild Angels in Germany

THE WILD ANGELS (DIE WILDEN ENGEL, USA 1966; Regie: Roger Corman) zeigt authentisch das Ritual einer Rocker-Beerdigung. Der durch unaufwendige Produktionen und unkonventionelle Methoden zum Kultfilmer avancierte Regisseur drehte mit den Hell's Angels aus Venice innerhalb von drei Wochen den treffend-lakonischen Abgesang auf den toten wilden Engel »Loser«. Er wurde bei einer Auseinandersetzung mit der Polizei erschossen. Die Gang entführt den Schwerverletzten aus der Klinik. »Loser« stirbt in ihrem Domizil. Die Wild Angels bringen ihn zur Kirche seines Heimatortes und erweisen ihm auf ihre Weise mit einer orgiastischen Party die letzte Ehre. Das geht nicht ab ohne erneute Auseinandersetzungen mit den Dorfbewohnern und der Polizei. Der Kreislauf schließt sich; lediglich Blues, der Anführer der Gang, kommt durch den Tod seines Freundes zur Besinnung und stellt sich der Polizei. Corman ließ seinen Darstellern viel freien Raum zur Selbstdarstellung und Improvisation. Man hat ihm vorgeworfen, die Motive der Jugendlichen psychologisch nicht aufgeschlüsselt und hinterfragt zu haben. Eine solche Vorgehensweise wäre für ihn aber untypisch und wäre auch mit den Hell's Angels nicht machbar gewesen. Heute kommt diesem Film durch die vitale und ungezügelte Mitwirkung dieser Outsider und durch das gleichzeitige Mitwirken von »Kindern berühmter Väter« (Peter Fonda und Nancy Sinatra), die sich diesem Milieu mühelos angepaßt haben, ein besonderer Stellenwert zu.

Gespür für Authentizität bewies auch das Fanpublikum in Deutschland und hat sich in diesem Sinne ebenfalls »angepaßt«. Als die Wild Angels über die Leinwände brausten, hinterließen sie auf den Stirnen besorgter Pädagogen tiefe Furchen; in den Beifall für die filmisch gelungene Demonstration ungestümer Vitalität mischten sich ernsthafte Vorbehalte gegen die Verbreitung des Films und die Aufwertung der dargestellten Szene. In einer Leserzuschrift an den »Evangelischen Filmbeobachter« (1967) äußerte sich beispielsweise »Herr G. D. in

H.:«: »In meinem Wohnort, einer mittleren Stadt von 100 000 Einwohnern, die einen guten Ruf als Stadt der Schulen und Kirchen hat, tobten sich nach dem Besuch des Films jugendliche Mopedfahrer auf ihren Feuerstühlen in den engen Straßen aus und versuchten einige der gezeigten Kunststücke gleich nachzumachen. Aber es ist ein Unterschied, ob man mit einer 500-ccm-Maschine fährt oder einem leichten Moped. Es kam zu Karambolagen, und das Unfallkommando hatte das nächste Wort. Ob noch ein Nachspiel vor dem Jugendgericht folgen wird, steht noch nicht fest... Die Bundesrepublik betont immer wieder, daß sie auf einem christlich-sozialen Standpunkt stehe. Nun – in diesem Streifen wird ein Pfarrer brutal zusammengeschlagen. Zweidrittel des meist jugendlichen Publikums grölte und beklatschte diese Szene. Beifallsrufe wie ›recht geschieht ihm‹ waren zu hören... Die deutsche Polizei hat genug mit der steigenden Jugendkriminalität zu kämpfen. Da braucht sie wirklich kein von der Filmindustrie geliefertes ›Anheizmittel‹!«

Die Ereignisse des Jahres '68 und der große Erfolg von EASY RIDER (deutscher Titel zunächst: DIE WILDEN JUNGEN MÄNNER), der zwei Jahre nach den WILDEN ENGELN in unsere Kinos kam, ließen die berechtigten oder unberechtigten Einwände gegen diese Filme verstummen; junge deutsche Filmemacher drehten Dokumentarfilme über Rocker, was von den Gangs als willkommene Gelegenheit der Selbstdarstellung genutzt wurde. Der Fernsehfilm ROCKER (1971; Regie: Klaus Lemke) gehört mit zu den ersten aufwendigeren Versuchen, in die deutsche Szene einzusteigen. Der Film spielt im Hamburger Hafenviertel, im Kiezmilieu. Der 15jährige Mark ist Lehrling in einem Kaufhaus und lebt bei seiner Schwester, die aber mit dem trotzigen und eigenwilligen Jungen nicht fertig wird. Mark sucht Anschluß an eine Jugendclique und erhofft sich von dem Zusammenleben mit seinem älteren Bruder ein aufregenderes und abwechslungsreicheres Leben. Als sein Bruder von einer Zuhältergang getötet wird, schließt er sich den Rockern an und rächt mit ihrer Hilfe den Tod seines Bruders. Die Spielfilmsequenzen wirken mitunter fragmentarisch; es wird viel improvisiert. Die Qualität des Films liegt allerdings weniger in seiner Story – Lemke tippt die einzelnen Figuren und Geschichten nur kurz an –, sondern mehr in der Übermittlung eines authentischen Milieus. Der Film wurde mit den echten Typen der Hamburger Rockergruppe »Bloody Devils« gedreht, und das schafft für diesen Ansatz die weitaus wichtigere Atmosphäre: Sie sehen aus wie Brando, Fonda und Hopper, und zu der Musik von Elvis, Santana, Van Morrison und den Rolling Stones präsentieren sie sich so dröhnend und explosiv, daß es den Bildschirm zu sprengen drohte.

Die weitere Entwicklung erlaubte nun auch deutsche Spielfilme über Jugendbanden. Rüdiger Nüchtern, der bereits in SCHLUCHTENFLITZER (1978) mit seinen Mitteln eine Annäherung an Marlon Brando und James Dean versucht hatte, fand für seinen Film NACHT DER WÖLFE (1981/82) einen authentischen Rahmen; es ist der Münchner Stadtteil Haidhausen und die Rivalität zwischen der deutschen und der türkischen Jugendbande. Die deutsche Gang, die »Revengers«, fühlt sich bedroht, als in ihrer Straße, in ihrem »Revier«, eine Bäckerei von einer türkischen Familie übernommen wird und der Türkenjunge Dogan mit der Bandenjacke der Clique »Kenli Kartal« (»Blutiger Adler«) auftaucht und somit feindliches Gebiet verletzt. Der Konflikt zwischen den Jugendlichen eskaliert in immer brutaleren Auseinandersetzungen, die auch das Mädchen Daniela von den »Revengers« und der Türke Dogan nicht aufhalten können. Mit ihrer vorsichtigen Freundschaft und ihrem Versuch, einander zu verstehen, geraten beide ungewollt zwischen die Fronten. Verzweifelt wehrt sich Daniela beim Showdown der Cliquen mit einem Messer gegen einen der »Revengers«; Dogan wirft sich dazwischen, um ihr zu helfen, und wird dabei getroffen.

Rüdiger Nüchtern hat seine milieugerechte Version der West-Side-Story mit echten Cliquenmitgliedern besetzt; seinem Film merkt man diese Authentizität an: »Da hat niemand einem Zeitproblem eine Story übergestülpt. Wir erfahren einiges über Gewalt unter Jugendlichen, und zwar ohne die derzeit so beliebte Kinopädagogik. Auch von den längst zum Klischee gewordenen sozialen Hintergründen bleiben wir verschont« (»tip«, Berlin 11/82). Trotz einiger Einwände gegen die NACHT DER WÖLFE – echte Straßenbanden sind keine Schauspielschüler, und dramaturgische Schwächen und Brüche im Handlungsablauf sind mithin in Kauf zu nehmen – überzeugt an dem Film die klare Haltung seines Regisseurs, der sich zu dem authentischen Ansatz und seinen Sympathien für die Türken bekennt und damit eine eindeutige Position für eine weitergehende Auseinandersetzung mit dem Film anbietet. VERLIERER von Bernd Schadewald (1986), ein anderer deutscher Film zu diesem Thema, läßt solche

Authentizität und Parteilichkeit leider vermissen, obwohl das Sujet einiges hergäbe: Zwei rivalisierende Streetgangs im Ruhrgebiet, die »Sharks« und die »Rats«, die ihre Reviere gegeneinander abgesteckt haben und unter dem Einsatz aller Kräfte verteidigen, führen Krieg gegeneinander wie gegen den Rest der Welt. Als Außenseiter der Gesellschaft, Teil einer Null-Bock-Generation, versuchen sie auf aggressive Weise, ihre Vorstellungen von Leben zu verwirklichen. Haß, Gewalt und Brutalität sind für sie die einzige Möglichkeit, ihre Gefühle zu artikulieren. Sie stellen sich damit außerhalb aller gesellschaftlicher Normen und sind so zwangsläufig die »Verlierer«.

Mücke, jüngerer Bruder von Richy, dem Bandenchef der »Sharks«, haut von zu Hause ab, weil er ein freies und ungebundenes Leben an der Seite von Richy führen möchte. Dieser verweigert ihm die Aufnahme bei den »Sharks«, weil er den Kleinen vor einer solchen Zukunft bewahren möchte. Mücke befreundet sich für kurze Zeit mit Erdal, einem jungen Türken, der in geordneten Familienverhältnissen lebt. Als sich herausstellt, daß Erdal zu den »Rats« gehört, bricht der Kontakt abrupt ab. Die Auseinandersetzungen zwischen den Banden eskalieren. Es kommt zu der entscheidenden Schlacht auf einem Ruinengelände – Mann gegen Mann. Richy wird von einem Messerstich tödlich getroffen – Mücke zieht sich die »Kutte« seines toten Bruders an; er will so werden wie er.

Anstelle überzeugend recherchierter Lebenswirklichkeit bietet der Film nur Fragmente aus gut ausgeleuchteten Ruhrpott-Kulissen, die als »Bronx« verkauft werden. Hardrock allein ersetzt nicht das Lebensgefühl dieser Generation, und schon gar nicht dann, wenn damit die dürftigen Bilder überdröhnt werden: Immer ist etwas los, es wird gesoffen, randaliert oder geprügelt; Tempo und Action ohne Pause. Die sozialen Hintergründe bleiben außen vor. Die Jugendlichen haben kein Profil, ihre Sozialisation wird diffamiert.

On the Road im Revier

Es dauert fast zehn Jahre, bis nach EASY RIDER auch der deutsche Jugendfilm »on the Road« ist. In dem Film DIE LETZTEN JAHRE DER KINDHEIT von Norbert Kückelmann ist es nur eine Nebenfigur, die immer wieder aus- und aufbricht, durch das Land zieht und stets aufs neue erfahren muß, daß zur deutschen Wirklichkeit enge Grenzen und kontrollierbare Freiräume zählen, die ein On-the-Road-Feeling nicht zulassen. Zu den ersten, die sich dieser Realität bewußt werden, auf einen trotzigen Trip ins Unbekannte dennoch nicht verzichten, zählen »die Abfahrer« in Adolf Winkelmanns gleichnamigem Film. Winkelmann beschreibt in DIE ABFAHRER (1978) exemplarisch die Stimmung einer bestimmten Jugendszene – in diesem Falle: die des Ruhrgebiets – und setzt sie mit adäquaten lakonischen Mitteln filmisch um: Dortmund 1978. Atze, Lutz und Sulli haben keine Arbeit, Tag für Tag vertrödeln sie ihre Zeit in einem Hinterhof. Atze ist als Facharbeiter auf der Hütte irgendwann rausgeflogen. Lutz hat gerade seine Lehre abgeschlossen und ist von seinem Betrieb nicht übernommen worden, der Grieche Sulli ist Ausländer und kriegt sowieso keine Lehrstelle. Die Nachbarn sind mißtrauisch, die früheren Kollegen spotten, das Nichtstun ist langweilig, und all das haben die drei satt. Atze, Lutz und Sulli klauen einen vollbeladenen Möbelwagen und fahren davon. Aus einer kleinen Probefahrt wird ein Abenteuer, ein Ausstieg aus der Realität, ein Stück ersehnte Freiheit. Auf der Autobahn nehmen sie eine Anhalterin mit und fahren ziellos weiter. Aber wer abhaut, wird verfolgt. Die Nachbarn haben es schon immer gewußt, daß man auf diese Typen aufpassen muß. Die Polizei nimmt die Fahndung auf, und Übereifrige versuchen auf eigene Faust, die Außenseiter zu fangen. Doch der Möbelwagen steht plötzlich wieder auf seinem Platz, und für die drei »Abfahrer« beginnt erneut der graue Alltag.

»Wie fast alle gelungenen Filme der jüngsten Zeit sind auch DIE ABFAHRER ein Heimatfilm – bloß, daß Heimat nicht mehr, wie in den Fünfzigern, kitschiges Postkartenbild mit knorrig-süßlicher Naturverbundenheit heißt, sondern genaues soziales Umfeld...« (»Der Spiegel«, 24/1979).

Ein paar Jahre später kommt mit TREFFER von Dominik Graf (1984) erneut Bewegung in die Szene; diesmal nicht mit dem Möbelwagen, sondern mit echten Motorrädern. Wieder sind es drei gute Freunde – Albi, der Fighter, Tayfun, der südländische Mädchentyp, und Franz, der clevere Dicke –, von denen erzählt wird. Ihre Freundschaft zeichnet sich aus durch das bedingungslose Einstehen für den anderen und die fast schon fetischistische Liebe zu ihren Motorrädern. Albi und

Max Wigger, Dietmar Bär und Tayfun Bademsoy in TREFFER

Tayfun arbeiten als Mechaniker in einer etwas heruntergekommenen Werkstatt. Es gelingt ihnen, den arbeitslosen Franz als Verkäufer dort unterzubringen. Aber dann stirbt der Meister, und dessen Sohn setzt Alf, einen windigen Schrotthändler, als Geschäftsführer ein. Sofort gibt es Krach, und die drei sitzen auf der Straße – nicht ohne den Laden gründlich auseinandergenommen zu haben. Doch die Bank will ihre Raten – ersatzweise die Maschinen. Ein Typ namens Chris, der den Jungs noch nie sympathisch war, macht ein Umschuldungsangebot zu haarsträubenden Konditionen. Der Versuch, Chris und Alf mit einem faulen Auto-Deal gegeneinander auszuspielen und dabei drei Köpfe aus einer Schlinge zu ziehen, geht daneben; die Schlinge zieht sich weiter zu. Leider schwächt die nackte Angst um die Motorräder Vernunft und Urteilsfähigkeit. So entwickelt Albi den Plan eines fingierten Unfalls. Franz kommt dabei ums Leben.
Nach den erfolgversprechenden Jahren mit einem authentischen deutschen Jugendfilm und der darauffolgenden Produktionsflaute

macht TREFFER seinem Namen alle Ehre: eine Fernsehproduktion (WDR) mit attraktiven Kinoqualitäten, was sich allerdings mehr in der nichtgewerblichen Auswertung und weniger im kommerziellen Kino beweisen ließ. Zum Erfolg des Films hat wesentlich das Drehbuch von Christoph Fromm beigetragen. Es basiert auf eigenen Erlebnissen des Autors und wurde als Abschlußarbeit für die Münchner Filmhochschule geschrieben.

Freche Mädchen aus England und Frankreich

TREFFER gehört mit zu den positiven Ausnahmeerscheinungen der westdeutschen Jugendfilmszene in den achtziger Jahren, die sich ansonsten durch anspruchslose Produktionen mit beliebig austauschbaren Inhalten auszeichnet (an anderer Stelle wird darauf ausführlich eingegangen; siehe S. 210 f.). Das Kinoangebot wurde eindeutig von den amerikanischen Filmen bestimmt; andere Länder konnten der Vormachtstellung der US-Majors nicht viel entgegenhalten – weder als professionell konfektionierte Unterhaltungsware noch als überzeugende Dokumente der Jugendkulturszene. Überraschenderweise und beinahe unvermutet tat sich in diesem Dickicht eine Schneise für Filme aus unseren Nachbarländern auf. Sie hoben sich ab vom Durchschnittseinerlei, gefielen durch unverbrauchten Charme, hatten Eleganz und Elan oder wußten durch radikale Offenheit und Vitalität zu überzeugen. Ein neuer Trend setzte sich im Kino durch: weg von der aufgemotzten Sterilität des millionenschweren Starkinos, der Monotonie der Karatekämpfe und den Blödeleien der High-School-Komödien und hin zu kleinen Alltagsgeschichten oder -szenen mit unverbrauchten, glaubhaften Protagonisten. Und noch etwas war neu: Standen in den Jugendfilmen bislang fast immer die männlichen Jugendlichen im Mittelpunkt, so sind es nun die starken und frechen Mädchen, die den Ton angeben.

Begonnen hat es Anfang der achtziger Jahre mit der 14jährigen Vic (Sophie Marceau) in LA BOUM (LA BOUM – DIE FETE – ELTERN UNERWÜNSCHT, Frankreich 1980; Regie: Claude Pinoteau). Vic hat sich in einen gleichaltrigen Schüler verliebt, was in den Klassenzimmern und auf den Feten nicht unbemerkt bleibt; es wird getuschelt und intrigiert. Parallel dazu gerät die Ehe ihrer Eltern in eine Krise. Diese haben nun mit ihren eigenen Problemen genug zu tun und können sich nicht auch noch um die ihrer Tochter kümmern. Vic wendet sich kurzerhand an ihre lebenslustige Urgroßmutter und findet in ihr eine Verbündete, die ihr in dieser Situation beisteht.

Claude Pinoteau setzte den Stoff mit leichter Hand als Komödie um und schuf damit so etwas wie einen Familienfilm, in dem sich die Teenager und die Eltern gleichermaßen wiederfinden – was in den französischen Filmen im Gegensatz zu den deutschen nicht ungewöhnlich ist. An seinen großen Erfolg anknüpfend, setzt Claude Pinoteau in LA BOUM 2 (LA BOUM II – DIE FETE GEHT WEITER, Frankreich 1982) die Geschichte von Vic fort. Sie ist inzwischen 16 geworden und hat einen kleinen Bruder bekommen. Ihre Mutter bemüht sich um Erfolg im Beruf als Comic-Zeichnerin, und der Vater hängt den Zahnarztberuf an den Nagel, baut seinen Doktor und geht in die Forschung. Die Ehe leidet erneut darunter, das Auf und Ab konterkariert gleichzeitig Vics erste, glücklich-schmerzhafte Liebesaffären.

»Sicher, das ist eine sehr rosarote Brille, die man da verpaßt bekommt. Daß man dies dennoch lieber goutiert als die amerikanischen Teeniefilme, liegt wohl am Verzicht auf Sex und Gewalt, am erfrischenden Charme, an den Schauspielern (die nette Marceau, Fossey und Brasseur immerhin), vor allem aber an der ›Moral‹: Hier bekommt jeder sein Fett ab, und das heißt, jeder bekommt auch sein Recht, die Kinder und die Eltern und bei ihnen Mann *und* Frau« (»Fischer Film Almanach 1984«).

Um die Liebe – um die »erste« und die »erfahrene« – geht es auch in PAULINE À LA PLAGE (PAULINE AM STRAND, Frankreich 1982; Regie: Eric Rohmer); hier allerdings weniger mit erzählenden Bildern aus Schule, Disco und Familie, sondern mehr in den für Rohmer typischen spontanen und langen Dialogen. In einer an der Normandieküste spielenden Feriengeschichte erfährt die junge Pauline (Amanda Langlet) von ihren erwachsenen Begleitern – ihrer Cousine Marion, deren früherem Freund Pierre und dessen Freund Henri –, was es mit der Liebe, den Leiden und den Lügen auf sich hat. »Was als ein unbeschwerter Urlaubsflirt beginnt, wird zu einem verwirrenden Durcheinander von Beziehungen, Gefühlen und Empfindungen, wie es nur in der Sorglosigkeit des Sommers, der Freiheit der Ferien und der Lässigkeit des Müßiggangs entstehen kann. Alles verwickelt

Charlotte Gainsbourg als DIE KLEINE DIEBIN

sich zu einem anmutigen Gewirr, das aber eher den Charakter eines empfindsamen Versteckspiels hat als den eines schicksalhaften Reigens« (Katalog der 33. Internationalen Filmfestspiele Berlin 1983).

Den Abschied von der Kindheit – den Rohmer als eine intelligente Improvisation für Cineasten aufbereitet – schildert Claude Miller in L'EFFRONTÉE (DAS FRECHE MÄDCHEN, Frankreich/Schweiz 1985) mit den konventionellen Mitteln des Erzählkinos; in exakt inszenierten Schlüsselszenen zeigt er die Verunsicherung und den zeitweisen Realitätsverlust eines jungen Mädchens und vermittelt einen Eindruck von ihrer Verletzlichkeit: Die 13jährige Charlotte (Charlotte Gainsbourg) erlebt den letzten Sommer ihrer Kindheit. Sie trennt sich von ihren bisherigen Bezugspersonen, ohne neue gefunden zu haben. In

182

der gleichaltrigen Clara – einem Wunderkind, das es als Pianistin zur Berühmtheit gebracht hat – sieht sie für einige Zeit ihr Vorbild, dem sie nacheifern möchte. Ihre Gefühle und Zukunftsprojektionen geraten durcheinander, als sie sich in einen jungen Mann verliebt und sexuelles Verlangen verspürt.

Die Hauptdarstellerin Charlotte Gainsbourg erhielt für ihre Leistung den »César« als beste Nachwuchsdarstellerin. Drei Jahre später konnten sie und ihr Regisseur Claude Miller an den Erfolg des FRECHEN MÄDCHENS anknüpfen. LA PETITE VOLEUSE (DIE KLEINE DIEBIN, Frankreich 1988) geht auf eine Idee und ein Treatment von François Truffaut zurück, der den Film leider nicht mehr realisieren konnte. Seine Hauptfigur gleicht einer Schwester von Antoine Doinel, dem Jungen aus SIE KÜSSTEN UND SIE SCHLUGEN IHN (Truffaut 1959). Miller, langjähriger Produktionsleiter von Truffaut, hat den Film in der Kontinuität des Gesamtwerkes von Truffaut inszeniert. Die 16jährige Titelheldin, Janine Castang, lebt Anfang der fünfziger Jahre bei ihrer Tante in einer französischen Kleinstadt. Sie wünscht sich ein besseres Leben, träumt von der Liebe und hält die Welt für einen Selbstbedienungsladen. Den Mangel an Zuwendung und Abwechslung kompensiert sie durch Kinobesuche und dreiste kleine Diebstähle, die nicht verborgen bleiben. Bei ihren Eskapaden steuert sie ständig haarscharf an einer Katastrophe vorbei. Um einem Skandal zu entgehen, nimmt sie eine Stellung als Dienstmädchen an. Ihre Liebschaften mit Raoul, einem jungen Motorradfanatiker, und Michel, einem verheirateten Musiker, können sie vor der Einweisung in ein Erziehungsheim nicht bewahren. Janine gilt als notorische Lügnerin und Diebin, der man nicht glauben darf. Schließlich bricht sie aus dem Heim aus und kehrt zu ihrer Tante zurück, wo sie aber nicht willkommen ist. Sie erwartet ein Kind von Raoul, der inzwischen als Soldat nach Indochina mußte. Nach dem ersten Kontakt mit der Engelmacherin des Ortes entschließt sie sich, das Kind zu behalten.

Zurück in die Vergangenheit geht auch ROUGE BAISER (ROTE KÜSSE, Frankreich/Bundesrepublik Deutschland; Regie: Véra Belmont): die Chronik einer Jugend zu Beginn der fünfziger Jahre in Paris. Die 15jährige Nadia (Charlotte Valendrey), Tochter emigrierter polnischer Juden, ist militante Anhängerin der französischen Kommunisten. Ihre Idole sind Stalin, dem sie sogar ein Paar Hausschuhe gestrickt hat, und Vivien Leigh in der Rolle Scarlett O'Haras. Obwohl sie eine leidenschaftliche Aktivistin ist, langweilen sie die immer wiederkehrenden Slogans ihrer Genossen so sehr, daß sie mit anderen Freunden, die die amerikanische Lebensweise übernehmen, durchaus schon mal flirtet. Die eiserne Disziplin, die im Kreis ihrer Genossen herrscht, widerspricht mehr und mehr ihrem Verlangen nach Unabhängigkeit, ihrer Lebenslust und ihrem Humor. Bei einer Demonstration gegen den Koreakrieg wird sie von der Polizei niedergeschlagen. Stéphane, ein bürgerlich eingestellter, zynischer Fotoreporter von »Paris-Match«, bringt sie in Sicherheit. Zunächst steht sie ihm skeptisch gegenüber, aber nach und nach erliegt sie dem Charme des Fotoreporters. Und er weckt in ihr Fragen, Fragen nach sich selbst, ihrer Zukunft, ihren Wünschen. Zwischen den beiden jungen Menschen erwächst eine problemgeladene Leidenschaft, die Nadias Weltbild ins Wanken bringt.

Véra Belmont, eine seit 1965 erfolgreiche Filmproduzentin, zeichnet in ihrem autobiographischen Film das selbstkritische und witzige Porträt eines jungen Mädchens, das im Emigrantenmilieu polnischer Juden in Paris heranwächst. Der Klassenkampf, das Kino und die erste Liebe bewegen das Leben einer 15jährigen Jungkommunistin, die sich zwischen politischen Ansprüchen und ihren Gefühlen entscheiden muß. Mit eigenwilligen und künstlerisch faszinierenden Interpretationen entwickelt Véra Belmont neue Aspekte in der Inszenierung einer Frauenbiographie und in der Aufschlüsselung einer nahen, aber noch immer weitgehend verdrängten Epoche. Mit nostalgischer Wehmut blickt die Regisseurin zurück auf ihre Jugend im Paris der fünfziger Jahre. Gleichzeitig entwirft sie ein genaues Bild der damaligen politischen Situation Frankreichs.

Die Filme von Claude Pinoteau, Claude Miller und Véra Belmont hatten beim Publikum einen großen Erfolg; ihre Protagonistinnen Sophie Marceau, Charlotte Gainsbourg und Charlotte Valendrey gehören zu den jungen Stars des neuen französisches Kinos, mit denen sich die jugendlichen Kinogänger identifizieren können: Sie stehen für starke, selbstbewußte Mädchen, die sich durchsetzen und auch in schwierigen Situationen behaupten. Einen anderen, tragischen Akzent setzt Agnès Varda in ihrem Film SANS TOIT NI LOI (VOGELFREI, Frankreich 1965). Im winterlichen Südfrankreich wird in einem Straßengraben die Leiche der erfrorenen Vagabundin Mona aufgefunden. In einer Rückblende begleitet die Kamera die junge Aussteigerin durch die letzten drei Tage ihres Lebens. Mona definiert sich in den menschlichen Kontakten durch Abwehr, selten durch Zutraulichkeit. Ihr Anderssein verunsichert, weckt Aggressionen oder Solidarität. Menschen, denen sie begegnete, berichten als Zeugen und Betroffene. Der Zuschauer im Kinosessel gehört unvermittelt zu ihnen.

The British are coming!

Der neue britische Film, den Stephen Locke im »Fischer Film Almanach 1989« beschreibt (»The British are coming!«), ist *auch* ein Jugendfilm, und einmal abgesehen von MY BEAUTIFUL LAUNDRETTE (MEIN WUNDERBARER WASCHSALON, Großbritannien 1985; Regie: Stephen Frears), in dem ein junger Pakistani und sein arbeitsloser Freund inmitten einer ausländerfeindlichen Umgebung einen heruntergekommenen Waschsalon in Schwung bringen, dominieren auch hier die »frechen Mädchen«. In A LETTER TO BREZHNEV (BRIEF AN BRESHNEV, Großbritannien 1985; Regie: Chris Bernard) sind es Elaine und Teresa aus Liverpool, die jede Gelegenheit nutzen, ihrem tristen Alltag etwas Abwechslung und Lebensfreude abzugewinnen. Sie lernen zwei sowjetische Matrosen kennen; für eine von ihnen ist es der Beginn einer großen Liebesromanze, in der ein Brief an Breshnev die erhoffte Chance zu einem anderen Leben in einem anderen Land eröffnet.

Frechheit siegt! – auch bei Lynda (Emily Lloyd) in WISH YOU WERE HERE (Großbritannien 1987; Regie: David Leland). Der Film spielt in einer englischen Kleinstadt an der Südküste in den fünfziger Jahren. Lynda ist 16 Jahre jung, trotzig, bildhübsch und sexy. Sie verdreht den Jungs und den Männern den Kopf, provoziert jung und alt. Aber Lynda achtet auf ihre Freiheit und Unabhängigkeit, obwohl sie durch ihr unangepaßtes Auftreten überall aneckt. Selbst dem Psychiater macht sie klar, daß nicht sie, sondern er Probleme hat. In dem spießigen Umfeld und der bigotten Moral jener Zeit hält sie es nicht mehr länger aus. Sie haut von zu Hause ab, lernt in einer anderen Stadt, auf eigenen Füßen zu stehen, und kehrt später – nach der Geburt ihres Kindes – selbstbewußt in ihren Heimatort zurück. Obwohl der Film in den fünfziger Jahren spielt, bietet er ähnlich wie DIE KLEINE DIEBIN zahlreiche Identifikationsmöglichkeiten für das junge Publikum von heute; die Protagonistin Emily Lloyd wurde zum Shootingstar des neuen unkonventionellen Kinos in Großbritannien.

Neben Emily Lloyd und dem Regisseur Stephen Frears ist der Autor Hanif Kureishi, Sohn einer Engländerin und eines Pakistani, eine weitere zentrale Figur der neuen britischen Szene. Er schrieb u. a. das Drehbuch für MY BEAUTIFUL LAUNDRETTE und SAMMY AND ROSIE GET LAID (SAMMY UND ROSIE TUN ES, Großbritannien 1987), das ebenfalls von Stephen Frears verfilmt wurde. Mit LONDON KILLS ME (Großbritannien 1991) liefert Kureishi ein einfallsreiches und witziges Regiedebüt. Ähnlich wie RIFF-RAFF von Kenneth Loach (Großbritannien 1991) ist LONDON KILLS ME eine bissige Satire über das Großstadtleben am Rande der Wohlstandsgesellschaft. Im Mittelpunkt der Handlung steht der Kleindealer Clint, der am Portobello Market im Londoner Stadtteil Notting Hill sein Revier hat. An seinem zwanzigsten Geburtstag wird er zusammengeschlagen und ausgeraubt. Clint entschließt sich, ein ehrliches Leben zu führen, was leichter gesagt als getan ist. Der Film beschäftigt sich weniger mit dem Drogenproblem, sondern mehr mit dem Leben seiner Charaktere. Die Geschichten, mit denen Kureishi seinen Protagonisten umgibt, haben einen authentischen Kern: Im Sommer 1989 lernte der Autor auf der Portobello Road einen jungen Mann kennen, dessen Alltag ihn zu diesem Film inspirierte.

»Riff-Raff« bedeutet auf deutsch etwa: das Allerletzte. Der gleichnamige Film von Ken Loach (Großbritannien 1991) ist ein Frontbericht von der Kehrseite der englischen Yuppie-Generation, eine ironische Bestandsaufnahme der Thatcher-Ära mit britisch-schwarzem Humor vom Feinsten. Der junge Stevie steht im Mittelpunkt des Geschehens auf einer Baustelle. Eine Gruppe zusammengewürfelter Arbeiter verschiedener Regionen und Rassen soll unter schwierigen Bedingungen ein heruntergekommenes Hospital renovieren und damit für solvente Investoren neue Anreize schaffen. Die Leute werden von der Baufirma ausgebeutet. Sie arbeiten ohne Vertrag, meist mit falschem Namen und ohne Recht auf angemessene Bezahlung und Versicherungsschutz. Die Arbeiter helfen Stevie, in einem verschlissenen Sozialbau eine Wohnung zu besetzen, damit er für sich und seine Freundin Susan eine Unterkunft hat. Ähnlich wie Stevie, der wegen kleinerer

Emily Lloyd in WISH YOU WERE HERE

Diebstähle im Gefängnis war, zählt auch Susan zu den Outcasts; sie träumt realitätsfremd von einer Karriere als Popsängerin und findet zu ihrem Leben keine richtige Einstellung. Als sich Larry, ein erfahrener und klassenbewußter Arbeiter, für eine Verbesserung der katastrophalen Arbeitsbedingungen stark macht und prompt gefeuert wird, ein anderer Kollege wegen unzureichender Sicherung in die Tiefe stürzt und Stevie sich mit Susan wegen ihrer Drogenabhängigkeit streitet, eskalieren die Ereignisse zu einem flammenden Finale. Der fast renovierte Bau wird durch Brandstiftung wieder zu einer Ruine; es bleibt die Hoffnung, daß das reinigende Feuer den Dreck und Unrat vernichtet, der Stevie, Susan und all die anderen an einem würdevolleren Leben hindert.

Trotz seiner bitteren Ausweglosigkeit ist RIFF-RAFF kein Film ohne Lösungsansätze. In der Solidarität der Arbeiter, ihrem ungebrochenen Lebenswillen, ihren kleinen Freiheiten und ihrem gesalzenen Humor verbergen sich exakt die Werte, die ein Überleben ermöglichen und es sinnvoll und erstrebenswert erscheinen lassen.

The Irish are too

1991 war Dublin offiziell die »Kulturhauptstadt Europas«; diese Auszeichnung wird Jahr für Jahr einer anderen Stadt verliehen. Daß Dublin darüber hinaus heute auch die »Musikhauptstadt Europas« ist, wird ihr von keiner anderen Stadt streitig gemacht: Sie ist mit ihrem breiten Programmspektrum und den vielfältigen Angeboten kreativen Musikmachens und -erlebens einzigartig, und wie in keiner anderen Region sind die Musik- und Jugendszenen hier wechselseitig voneinander geprägt. Von den Traditional Sessions in The Auld Dubliner, O'Donoghue's und Brazen Head über die Ballads, Folk & Trad-Abende bei Larry O'Rourkes, in den diversen Country Clubs, Jazz & Blues Pubs wie Slattery's und McDaid's, den Soul und Rock in The Baggot Inn, The Rock Garden und Whelan's bis hin zu den Diskotheken und Nightclubs McGonagle's, Bad Bob's Backstage Bar oder The Nighttrain bilden sich allabendlich Treffpunkte für Jugendliche, wobei die Eltern- oder Großelterngeneration nicht ausgeschlossen ist. Nicht zu vergessen sind in diesem Zusammenhang die improvisierten Auftritte der Grafton-Street-Combos: der Straßenmusikanten, die sich zwanglos und in immer neuen Variationen abends beim Guinness treffen und Neues ausprobieren. Das Besondere an dieser Szene ist, daß Jugendliche Musik nicht ausschließlich als Konsumenten genießen, sondern die Grenzen zwischen den Machern und dem Publikum fließend, fast aufgehoben sind. In Dublin existieren zur Zeit ca. 1200 Bands. »Zuhörer« im eigentlichen Sinne gibt es nicht. Alle kennen alle Songs, und der Gesang vor der Bühne übertrifft an Lautstärke und Intensität oft den der Bands, die sich davon allerdings wenig beeindrucken lassen.

Alan Parker hat in THE COMMITMENTS (DIE COMMITMENTS, USA/Irland 1991) kongenial die Dubliner Musikszene eingefangen und filmisch adaptiert. Inspirieren ließ sich Parker durch das Buch »Dublin Beat« von Roddy Doyle, einem 1958 in Dublin geborenen Autor, der seit 1980 als Englisch- und Geographielehrer an einer Schule in Dublin unterrichtet. Die Tatsache, daß Doyle am Drehbuch mitarbeitete und Parker in seinem Film die Rollen der Jugendlichen ausschließlich mit Laiendarstellern besetzte, verschafft den COMMITMENTS einen hohen Grad an Authentizität, Spontaneität und Lebendigkeit. Der junge Jimmy Rabbitte will der trostlosen North Side Dublins entkommen und seine Vision vom Dublin-Soul Wirklichkeit werden lassen; über Zeitungsanzeigen sucht er die Talente zusammen, mit denen er arbeiten will. Der Film beginnt mit den Gründungs- und Startschwierigkeiten einer bunt zusammengewürfelten Gruppe, zeigt dann die chaotisch verlaufenden Proben, die ersten zaghaften Auftritte in unzureichenden Räumlichkeiten und die erfolgreicheren in den einschlägigen Musik-Pubs. Es kommt zu Eifersüchteleien und Streitereien. Die wenigen Gemeinsamkeiten der Commitments in musikalischer und freundschaftlich-kollegialer Hinsicht halten dem zunehmenden Erfolg nicht stand. Als die Band ihren Höhepunkt erreicht und sie frenetisch gefeiert wird, bricht sie auseinander.

Bei den COMMITMENTS stimmen Ambiente, Atmosphäre und Besetzung. Aus über 1500 Bewerbern hat Parker, der im Norden Londons aufgewachsen ist und mit dem einschlägigen Milieu vertraut ist, die Jugendlichen ausgesucht, die er zu der Band formte. Was im Film auf sympathische und witzige Art scheitert, hatte in der Realität ein Happy-End: Die Newcomer konnten sich nach dem Film als Band durchaus behaupten und ihrem Leadsänger Andrew Strong – im Film spielt er den ewig betrunkenen und machohaften Frontmann Deco –, einem großen Talent, zum Durchbruch verhelfen. Die »Commitments« erkletterten die Hitparaden, Andrew Strong trat mit Elton John auf, und ein Film-Traum wurde wahr: In einer Schlüsselszene des Films kommt es durch ein dummes Mißverständnis nicht zu der von Jimmy versprochenen Jam Session mit Wilson Pickett, was die Auflösung der Band beschleunigt. Nach der Premiere des Films in Los Angeles stand Pickett dann mit den »Commitments« auf der Bühne.

Wie sehr der Film die Jugendszene begeistert und inspiriert, läßt sich beispielsweise aus der Tatsache ableiten, daß sich im Ruhrgebiet die zehnköpfige Soulband »DIE KOMM' MIT MANN's« gegründet hat, die ihre Show und das Programm eng an den Film anlehnt. Schon bei ihrer Premiere in Dortmund zeigte die Band, »daß sie von Mustang Sally bis zum Abräumer Everybody alles drauf hat, was in Sachen

Andrew Strong als Deco Cuffe, der es mit Glück und Guinness zum Leadsänger der COMMITMENTS bringt

Soul angesagt ist. Und in Sachen Sangesfähigkeit gibt es hierzulande keine Truppe, wo ein Damenbegleitchor zugleich scharfe Solo-Soulgirls in petto hat, die den Vergleich mit dem Filmvorbild mühelos bestehen« (Coolobri, 4/92).
Musik in unterschiedlichen Formen – als Stimulanz, Ausdrucksmittel, Untermalung, Unterhaltung oder ganz einfach als ein Job wie jeder andere – ist auch in MIRACLE (MIRACLE – EIN GEHEIMNISVOLLER SOMMER; Großbritannien 1990, Regie: Neil Jordan) von zentraler Bedeutung. In dem verträumten und idyllischen Badeort Bray bei Dublin leben die beiden Teenager Jimmy und Rose; sie sind seit ihrer Kindheit miteinander befreundet. Jimmy ist ein hochbegabter Saxophonist, der ohne Mutter bei seinem Vater, einem alkoholkranken Musiker, aufwächst. Es ist Sommer. Jimmy und Rose vertreiben sich die Langeweile mit der Beobachtung der Touristen, deren Schicksale sie

sich in ihrer Phantasie ausmalen. Eines Tages erscheint auf der Strandpromenade eine schöne und geheimnisvolle blonde Dame, zu der sich Jimmy auf seltsame Weise hingezogen fühlt. Sie, Renée, ist Star des Musicals »Destry Rides Again«, das im Dubliner »Olympia« aufgeführt wird. Als Fremde kehrt sie nach vielen Jahren in die Stadt zurück, mit der sie eine schmerzvolle Erinnerung verbindet. Seinerzeit hatte sie mit Jimmys Vater ein Verhältnis, aber sie fühlte sich noch zu jung dazu, mit ihm und dem kleinen Jimmy zusammenzuleben. Renée wird nun in ihren Gefühlen zu Jimmy hin und her gerissen und kann sich nur mühsam seiner Annäherungsversuche erwehren. Nach und nach erfährt der Junge die Wahrheit und deckt dabei das Lügengewebe auf, mit dem er großgeworden ist. Indem sich Jimmy der Realität stellt und seinen eigenen Weg geht, überschreitet er die Schwelle zum Erwachsenenalter. Seine Freundin Rose, die schon immer etwas weniger als Jimmy verträumten Utopien nachhing und mehr für spontanes und eigenwilliges Handeln ist, ging in der Zwischenzeit ein Verhältnis mit dem Stallburschen eines gastierenden Zirkus ein. Den Traum von Freiheit und Abenteuer, der sie und Jimmy miteinander verbindet, setzt sie – wenn auch nur für kurze Zeit – für die eingepferchten Zirkustiere um: Sie entwendet dem Jungen die Schlüssel und läßt die Tiere frei. Rose beweist Jimmy, daß Wunder möglich und Träume realisierbar sind; die neuen Erfahrungen werden ihre Beziehung festigen und sie auf eine andere Ebene verlagern.

Während der Film THE COMMITMENTS durch seine Milieudichte und Alltagsrealität an Authentizität gewinnt, ist es in MIRACLE die Welt der schmerzhaft-schönen Gefühle, der flirrenden Geheimnisse um Freundschaft und Liebe und der desillusionierenden Ereignisse, in der Jugendliche leben. Der Regisseur beweist in der Führung seiner Hauptdarsteller ein feinsinniges Gespür für die Innenwelt von Jugendlichen, die er wie einen ausbalancierten Schwebezustand filmisch visualisiert. Jimmy und Rose bewegen sich noch in dem Niemandsland zwischen Kindheit und Erwachsensein, Unschuld und Schuld. Die Rollen hat Jordan mit Laien besetzt, da seiner Ansicht nach nur diese die Direktheit und Unmittelbarkeit mitbringen, die junge, aber bereits technisch erfahrene Darsteller möglicherweise nicht gehabt hätten. Beide – Niall Byrne (Jimmy) und Lorraine Pilkington (Rose) – sind weiteren Filmplänen nicht abgeneigt. Lorraine war zur Drehzeit des Films 17 Jahre alt und Oberschülerin; ihren Plan, vor einer Schauspielkarriere ein Studium zu beginnen, hat sie mittlerweile verworfen. Das Abbey Theatre, die renommierteste Bühne Dublins, machte ihr das Angebot, als erste nicht ausgebildete Schauspielerin eine Hauptrolle in Sean O'Caseys »The Plough and the Stars« (»Der Pflug und die Sterne«) zu übernehmen.

Eine katholische Arbeitersiedlung in Derry 1984 ist Schauplatz des Films HUSH-A-BYE BABY von Margo Harkin (Nordirland 1990). Die 15jährige Goretti erwartet ein Kind; für das Mädchen ein schier unlösbarer Konflikt. Abtreibungen sind verboten, und in der streng katholischen Umwelt findet sich niemand, dem Goretti sich anvertrauen könnte. Schwierig gestaltet sich die Situation dadurch, daß ihr Freund Ciaran von britischen Soldaten aufgegriffen und ins Gefängnis gesteckt wurde, weil er angeblich mit der IRA sympathisiere. Für die aus Derry stammende Regisseurin waren authentische Begebenheiten der Anlaß für ihren Debütfilm, der ein in Irland aktuelles und kontroverses Thema behandelt: die Lebensperspektive eines schwangeren Mädchens, das weder mit seiner Familie noch mit seinen Freundinnen oder seinem Freund über die ungewollte Schwangerschaft reden kann. Die dramatische Zuspitzung des Konflikts ist eine Folge der Lebens- und Rechtsbedingungen im heutigen Irland. Der Film will die öffentlichen Diskussionen beeinflussen, wobei den Möglichkeiten einer regionalen Low-Budget-Produktion zunächst Grenzen gesetzt waren. Ein Glücksfall ist es, daß sich die Popsängerin und Politaktivistin Sinéad O'Connor auch als Schauspielerin für eine Nebenrolle gewinnen ließ. Ursprünglich sollte sie nur die Filmmusik komponieren und singen, aber mit ihrem Namen als Darstellerin fand der Film eine überregionale Beachtung und wurde von europäischen Filmfestivals eingeladen und mit Preisen bedacht.

Lärm und Wut

Die französischen Jugendfilme wie LA BOUM und DAS FRECHE MÄDCHEN sind in erster Linie attraktive *Kinogeschichten*, deren Erfolg auf dem gelungenen Ensemble von Drehbuch, Regie und Besetzung beruht. Demgegenüber entstanden auch Filme, die als *authentische*

Jugendfilme bezeichnet werden können. Den Auftakt bildete LE THÉ AU HAREM D'ARCHIMÈDE (TEE IM HAREM DES ARCHIMEDES, Frankreich 1985, Regie: Mehdi Charef). Der Film spielt – wie die meisten der nachfolgenden auch – in einer der zubetonierten und verrohten Satellitenstädte im Umkreis von Paris. Charef zeigt das Leben zweier Freunde; sie sind arbeitslos und weigern sich, den ihnen vorbehaltenen Weg der Anpassung und Resignation zu gehen. Pat, der vaterlos aufgewachsene Franzose, und Madjid, der Algerier, beide um die 18 Jahre, leben von kleinen Gaunereien, ohne jemals wirklich straffällig geworden zu sein. Durch sie lernt man das Leben der Familien, der Jugendlichen auf den Straßen, die Angst vor den ehrlichen französischen Staatsbürgern mit den scharf auf Ausländer abgerichteten Kampfhunden und den Tagesablauf der Menschen kennen, die vom Existenzminimum achtbar zu leben versuchen. Aufrichtigkeit und Freundschaft erweisen sich als das richtige Mittel, die Misere zu überwinden, und Stolz und Selbstbewußtsein deklassieren die Betonsilos zu düsteren Kulissen, die doch noch lange nicht alles an Menschlichkeit erschlagen können.

Mehdi Charef hat als Industriearbeiter die von ihm beschriebene Realität erlebt und in einem Roman verarbeitet. Costa-Gavras animierte den 33jährigen, daraus ein Drehbuch zu machen, und unterstützte ihn auch als technischer Berater bei der Regiearbeit. »Als Resultat entstand ein Film, der für die 80er Jahre das ist, was Truffauts SIE KÜSSTEN UND SIE SCHLUGEN IHN für die ausgehenden 50er bedeutete. Darüber hinaus eines der konsequentesten und ehrlichsten Plädoyers gegen den Rassismus und ermutigendes Dokument der Solidarität der Betroffenen über alle Rassenschranken hinaus« (»Fischer Film Almanach 1986«).

DE BRUIT ET DE FUREUR (LÄRM UND WUT, Frankreich 1987/88; Regie: Jean-Claude Brisseau) ist weitaus brutaler, härter und auswegloser als der Film von Charef – aber auch diese Geschichte aus einer der modernen Trabantenstädte entstammt nicht der Phantasie von Drehbuchautoren, sondern hat einen authentischen Kern. Basierend auf seinen Erlebnissen als Lehrer an einer Vorortschule, erzählt Jean-Claude Brisseau eine heftige, erschreckende Geschichte über das jugendliche Subproletariat. Der 13jährige Bruno ist in der Betonwüste eines Pariser Vorstadtbezirks weitgehend sich selbst überlassen wie viele Halbwüchsige dort. So schließt er sich dem kaum älteren Jean-

Kader Boukhanef (Madjid) in LE THÉ AU HAREM D'ARCHIMÈDE

Roger an, der in völlig desolaten Familienverhältnissen lebt; sein krimineller Vater ballert am liebsten mit einem Gewehr in der Wohnung herum und terrorisiert die Nachbarn. Jean-Roger ist völlig verwahrlost und möchte unbedingt in eine Jugendbande aufgenommen werden, in der Gewaltaktionen zur schlimmsten Gewohnheit geworden sind. Die Situation eskaliert in einem mörderischen Ausbruch von Haß und Verzweiflung; das Drama ist vorprogrammiert: In einer schrecklichen Nacht bringt sich Bruno selbst um, während der betrunkene Jean-Roger seinen Vater erschießt.

Im Gegensatz zu TEE IM HAREM DES ARCHIMEDES, in dem Freundschaft und Solidarität einen Ausweg weisen, ist die Trabantensiedlung in LÄRM UND WUT eine Sartresche Hölle, aus der es kein Entkommen gibt. Brisseaus Film ist böse und pessimistisch, aber nicht destruktiv. Wenn er die Situation der Jugendlichen zugespitzt beschreibt und übersteigert darstellt, so formuliert er daraus nicht *ihnen* gegenüber einen Vorwurf, sondern gegenüber denjenigen, die für solche Zustände, unter denen *alle* zu leiden haben, verantwortlich sind.

Diese Position entspricht der Haltung und dem Tenor des Films DÉSORDRE (LEBENSWUT, Frankreich 1986) von Olivier Assayas. Das Porträt einer Gruppe von Jugendlichen, die alle auf ihre Weise von einer lähmenden Identitätskrise befallen sind und deren Lebenswut langsam zu erlöschen scheint, gerät weder moralisierend noch diffamierend, sondern registriert akribisch psychologische und soziologische Symptome der Verunsicherung. Durch eine leichtsinnige, unbedachte Tat gerät die Geschichte ins Rollen. Zwei Jungen und ihre Freundin brechen in ein Musikgeschäft ein, um Instrumente für ihre Band zu stehlen. Sie werden dabei vom Besitzer erwischt. Im Durcheinander von panischer Angst und wütender Gegenwehr kommt es zum Handgemenge und zu versehentlichem Totschlag. Wo andere Filme beginnen, einen Kriminalfall mit dem Kampf zwischen Täter und Jäger zu schildern, konzentriert sich dieser Film in der Folge ganz auf die Innenwelt seiner Figuren. Die Jugendlichen können fliehen, und die Polizei hat keinerlei Anhaltspunkte, sie zu überführen. Assayas zeigt dafür die Spuren auf, die das Verbrechen in der Psyche der Jugendlichen hinterläßt; aus den Tätern werden langsam Opfer. Ihre Freundschaften und auch ihre Band brechen auseinander. Die Rockmusik, früher einmal der Ausdruck von Aggression, Freiheitswillen und antibürgerlichem Protest, ist bedeutungslos geworden. Während der eine in einer völlig lethargischen Geste der Lebensverneinung den Freitod wählt, der andere zur geschäftlichen Vermarktung der Musik wechselt und sinnigerweise in einem Plattenladen jobbt, flüchtet das Mädchen in eine durch und durch bürgerliche Existenz, in eine leben- und liebeerstickende Beziehung.

»Die melancholisch-kühle Atmosphäre in Assayas' Film mag an den ›film noir‹ der 40er Jahre erinnern. Die wütende, ausweglose Rebellion der Jugendlichen hat mythische Kinofiguren wie James Dean oder Marlon Brando zum Vorbild erkoren. Doch im Unterschied zu den damaligen Jugendrevolten ist heute das gesellschaftliche Gegenüber, sind die Väter- und Mütterfiguren verschwunden. Der Kampf von Yvon, Henri und Anne ist zwar eine Antwort auf ihre Umwelt, richtet sich aber schließlich fatalerweise gegen die eigene Person...« (ZDF-Programminformation, 6/89).

Alle drei Filme: TEE IM HAREM DES ARCHIMEDES, LÄRM UND WUT und LEBENSWUT stehen parteilich auf seiten der Jugendlichen. Über ihr Zielpublikum hinaus wenden sie sich vornehmlich an diejenigen Personen und Institutionen, die gesellschaftliche Verantwortung tragen. Olivier Assayas: »Ich glaube, daß die meisten jungen Menschen sich irgendwann untreu werden. Sie verraten die Jugendlichen, die sie selbst einmal gewesen sind. Sie verraten den Traum, den sie selbst einmal gehabt haben. Und so etwas kann natürlich weder ohne Gewalt noch ohne Melancholie abgehen.«

Das provokante Statement von Assayas trifft mit Sicherheit nicht auf den Regisseur Jacques Doillon zu, der sich in vielen seiner Filme der Probleme und Konflikte Heranwachsender angenommen hat. Mit subtilen Mitteln und unter Verzicht auf spektakuläre Gewaltszenen zeichnet er in LE PETIT CRIMINEL (DER KLEINE GANGSTER, Frankreich 1990) das Psychogramm eines kriminellen Jugendlichen. Der 15jährige Marc lebt in einer öden südfranzösischen Kleinstadt. Die Familienverhältnisse sind zerrüttet: Sein Vater ist weg, seine Mutter ist Alkoholikerin, und die Existenz seiner älteren Schwester Nathalie hatte man ihm jahrelang verschwiegen. Irgendwie will Marc sein Leben ändern, aber er weiß nicht, wie. Von der Begegnung mit der in Montpellier lebenden Nathalie verspricht er sich einen neuen Anfang. Marc besitzt eine Pistole und überfällt eine Apotheke, um an das Geld für die Reise zu kommen. Mehr durch Zufall wird er kurz

Clotilde Courau und Gérald Thomassin – Schwester und Bruder in LE PETIT CRIMINEL

darauf von dem Zivilpolizisten Gérard festgehalten; der Junge gerät in Panik, nimmt ihn als Geisel und zwingt ihn zu einer Autofahrt nach Montpellier zu Nathalie, deren Stimme er nur vom Telefon kennt. Die Aktion – offiziell eine bewaffnete Geiselnahme – ist Marcs unkonventionelle Art seiner Familienzusammenführung. Gérard deutet sie richtig als einen verzweifelten Hilferuf und versucht, zu dem Jungen ein Vertrauensverhältnis herzustellen. Damit will er Schlimmeres verhüten. Zwischen den Geschwistern und dem Flic – drei extrem unterschiedlichen Charakteren – entsteht bei einer langen, ziellosen Fahrt eine ambivalente, spannungsgeladene Beziehung, die zu einem vorurteilsfreien und offenen Umgang miteinander führt. Aus der Geisel wird ein Verbündeter, der die beiden Jugendlichen ohne innere Überzeugungskraft in ein normales Leben zurückführen muß. Allen wird klar, daß der Traum von einem unbeschwerten Zusammenleben nicht realisierbar ist. Marc hat sich für kurze Zeit seine Freiheit genommen und wird dafür sein Leben lang mit dem Makel des »jugendlichen Kriminellen« behaftet sein.

LE PETIT CRIMINEL ist ein ungemein ehrlicher, kraftvoller und zärtlicher Film über die Geschichte eines Ausweglosen, der nach einer Lösung sucht. In einem Interview wendet sich der Regisseur allerdings dagegen, daß sein Film hoffnungslos sei: »Nein, wenn er hoffnungslos wäre, würde er die Jugendlichen von heute zeigen, die sich nicht einmal gegen das Schicksal wehren, das ihnen die sogenannte Gesellschaft oder, besser, dieses Stück Elend namens Gesellschaft zumutet. Soweit sie dagegen ankämpfen, finde ich das vollkommen optimistisch. Dieser Junge entspricht dem Muster jener Gymnasiasten von heute, die sich nicht gegen das Erziehungssystem auflehnen oder gegen die Absurdität unserer Gesellschaftsstrukturen, sondern die vielmehr darum kämpfen, besser integriert zu werden. Der Zorn der neunziger Jahre ist zweifellos der von Leuten, die haben wollen, was andere haben. Der Junge ist ein Kind von 1990: Er will ein Auto, ein kleines, ruhiges Leben, er will seine Schwester wiederfinden, sie lieben, und er will, daß auch sie glücklich ist. Letztlich ist er ein großer Harmonisierer. Aber hoffnungslos?« (Verleihinformationen)

Skinheads und Hooligans – Die Ultra-Brutalen

Wie keine andere Jugendszene sind die Skinheads durch ihr provozierendes Erscheinungsbild und ihre schlagzeilenträchtigen Aktionen heute in der Öffentlichkeit präsent. Trotz ihrer spektakulären und medienwirksamen Auftritte sowie vieler Dokumentationen sind sie für Spielfilme kein Thema. Das erklärt sich dadurch, daß Skinheads keine Kinobesucher und demnach auch keine Zielgruppe für Filmproduzenten sind. *Das* Medium der Skinheads ist die Ska-, Reggaeund Oi!-Musik, die über die einschlägige Szene hinaus nur dann öffentlich wird, wenn überhastete Indizierungsmaßnahmen einzelnen Songs zur Popularität verhelfen. Darüber hinaus bilden die »Zines«, die selbstgefertigten Printmedien im Eigenvertrieb, das Kommunikationsnetz.
Die Gleichsetzungen von »Skinheads« mit »Rechtsradikalen« und »Hooligans« entspricht nicht der Realität. Daß die »Skins« einer unaufgeklärten und voreingenommenen Öffentlichkeit als Synonym für Rechtsradikalismus gelten, verdanken sie einer Verkennung ihrer jugendkulturellen Entwicklung und dem geringen Bekanntheitsgrad

der »SHARP«-Gruppierungen: »Skin Heads Against Radical Prejudice.« Die multikulturellen Wurzeln der Skinheads liegen in den Sanierungsgebieten englischer Industriestädte. Weiße und schwarze Jugendliche traten gemeinsam auf; erst in den Auseinandersetzungen mit der Staatsgewalt zerbrach ihre Solidarität. Später, als sie zunehmend gesellschaftlich geächtet wurden, fanden die Skinheads das Interesse rechtsradikaler Organisationen wie der Nationalen Front. Sie fühlten sich anerkannt und aufgewertet, fielen aber einer politischen Strategie zum Opfer, die ihr Naziimage festigte; (rechte) Kameradschaft anstelle (linker) Solidarität.

Anfangs bestand auch eine enge Verbindung der Skinheads mit der Szene der Fußballfans. Für pure »Lust auf Gewalt« und unter Nutzung des Medieninteresses am Profifußball wurden die Stadien zu Selbstdarstellungs- und Kampfarenen. Die Sportberichterstattung ging mit Skandalberichten über Prügeleien und Fan-Kriege einher. Mit den Stadionverboten für auffällige Skins wandelte der fußballinteressierte Mob sein äußeres Erscheinungsbild und wurde zum Hooligan. Diese Entwicklung haben Klaus Farin und Eberhard Seidel-Pielen in »Skinheads« sowie der englische Autor Bill Buford in »Geil auf Gewalt. Unter Hooligans« sehr plastisch und eindrucksvoll beschrieben. Nach Farin/Seidel-Pielen gibt es allein im deutschsprachigen Raum »heute etwa 8000 Skinheads. 5000–6000 in der Alt-BRD, bis zu 2000 in den neuen Bundesländern, ca. 600 in Österreich und wenige hundert in der Schweiz. Tendenz steigend« (1993, S. 183).

MADE IN BRITAIN (Großbritannien 1983; Regie: Alan Clarke) ist der erste Spielfilm mit einem Skinhead als Protagonisten: Trevor, 15 Jahre alt, ist ziemlich hell im Kopf und jähzornig. Er sieht keinen Sinn in der Schule und keine Zukunft in der Ausbildung. So gerät er auf die schiefe Bahn und wird kriminell. Seine hauptsächliche Überlebensstrategie besteht darin, alle anderen zurückzustoßen, bevor sie die Gelegenheit haben, ihn abzuweisen. Nach einem Gewaltausbruch gegen einen pakistanischen Geschäftsmann wird er in ein Heim eingewiesen. Die Behörden versuchen mit allen Mitteln – von Überredung bis Arrest –, ihn unter Kontrolle zu bringen. Dennoch bleibt Trevor in seiner reaktionären Rebellion gefangen, pfeift auf alle Maßnahmen und Angebote und treibt sein Spiel bis zur Selbstzerstörung. Sobald er draußen ist, wird er wieder rückfällig.

Björn Jung als Robin in KAHLSCHLAG

Der für das britische Fernsehen produzierte und 1992 von ARTE auch europaweit ausgestrahlte Film besticht durch einen beinahe klinischen Blick. Alan Clarke dramatisiert nicht, er zeigt nur Trevor in verschiedenen Situationen. Hinter dieser Figur zeichnet der Regisseur zugleich das Porträt einer aggressiven, rassistischen, rabiaten Jugend, die sich eine vereinfachende Ideologie und ihre Denkmuster als Vorwand für ihre Gewaltakte und Provokationen nimmt. Zwischen den Zeilen stellt Clarke jedoch auch die Frage nach der Verantwortung des Umfeldes, der konservativen Gesellschaft im Thatcher-England Anfang der achtziger Jahre.

Zehn Jahre nach MADE IN BRITAIN produzierte der Westdeutsche Rundfunk mit KAHLSCHLAG (BRD 1993; Regie: Hanno Brühl) einen weiteren Film über die Skinhead-Szene; es ist der einzige gelungene deutsche Spielfilm neueren Datums zu einem hochaktuellen und brisanten Thema. Im Mittelpunkt der Handlung steht der 16jährige Robin, der mit sich und seiner Umwelt nicht mehr zurechtkommt. Nach der Trennung der Eltern lebt er mit seiner kleinen Schwester Marie bei der Mutter. Aber die ständigen Diskussionen um die Haushaltsorganisation gehen ihm auf die Nerven. Schließlich zieht er aus. Ebenso wie die Eltern reagieren auch Robins Lehrer hilflos auf seine zunehmende Aggressivität. Halt findet er nur noch bei zwei Freunden, die in einer Skingruppe mitmachen und Kontakt zu Neonazis haben. Ihnen schließt sich Robin an. In der Gruppe fühlen sie sich stark, hetzen gegen Ausländer, unternehmen schließlich gar einen Brandanschlag auf ein Jugendzentrum. Am Ende wird Robin selbst Opfer der Gewaltideologie, die die Gruppe predigt.

Sensibel und einfühlsam zeigt der Regisseur Hanno Brühl Hintergründe und Motive von Jugendlichen auf, die sich der Skinszene anschließen. Vor allem durch das Spiel der jugendlichen Laiendarsteller gewinnt der Film Authentizität und setzt sich positiv von der häufig reißerischen Medienberichterstattung über Skins ab.

Randalierende Jugendliche und rivalisierende Jugendbanden sind sehr oft zentrale Themen und Plots des Jugendfilms. Über Hooligans gibt es – gemessen an ihrer Breitenwirkung in der Öffentlichkeit und der Präsenz in den Medien – ebenso wie über die Skinheads nur wenige Spielfilme. PROC? (WARUM?, CSSR 1987; Regie: Karel Smyczek) rekonstruiert einen authentischen Vorfall, der mit einer Gerichtsverhandlung endete. Einige hundert jugendliche Fans des tschechischen Fußballclubs Sparta fahren mit dem Zug zum wichtigsten Spiel der Saison. Unter dem Einfluß von Alkohol schlägt die Euphorie der Schlachtenbummler in Gewalt und Brutalität um. Die Abteile werden verwüstet, Fahrgäste flüchten aus dem Waggon, und eine Schaffnerin wird fast aus dem fahrenden Zug geworfen. Auf der 600 Kilometer langen Strecke beherrschen die Hooligans den Zug, bis sie an der Endstation von der Polizei empfangen werden. In der Gerichtsverhandlung, die auf großes öffentliches Interesse stößt, werden die Hintergründe für das Verhalten der Jugendlichen erhellt. Dabei liefert der Film keine vorgestanzten Anklagemuster oder Schuldzuweisungen, sondern er analysiert die Motive der Jugendlichen und stellt unbequeme Fragen nach der gesellschaftlichen Verantwortung. Viele haben schlechtbezahlte Jobs, kommen aus zerrütteten Familienverhältnissen oder sind elternlos in Heimen aufgewachsen. Trotz dieser Umstände werden die Angeklagten – einige von der Polizei wahllos herausgegriffene und festgenommene Jugendliche – zu harten Strafen verurteilt.

Thematisiert PROC? die Frage nach den Ursachen der Gewaltausbrüche Jugendlicher und kritisiert damit die Kompetenz und die Reaktionen der staatlichen Organe, so liefert ULTRA von Ricky Tognazzi (Italien 1990) ein Insiderbild von Fußballfans, denen der Sport nichts mehr bedeutet, sondern für die die Zugehörigkeit zur Clique zum Lebensinhalt geworden ist. Wenn der eigene Verein gegen einen anderen spielt, so sind allein die regionalen Rivalitäten – beispielsweise die der Römer gegen die Turiner – die Motivation für Pöbeleien, Übergriffe und brutale Massenschlägereien. Ein blinder Fanatismus, dessen sich die politische Rechte bedient, um die Stimmung anzuheizen.

Gleichzeitig ist der gründlich recherchierte Film, der mit Laiendarstellern und Hooligans gedreht wurde, eine stilisierte Darstellung der Lebenswirklichkeit Jugendlicher, die den tristen Vorstädten, ihrem von Arbeitslosigkeit, Langeweile und Familienstreitigkeiten geprägten Umfeld wenigstens am Wochenende entkommen wollen. Im Mittelpunkt des Geschehens steht der aus dem Gefängnis entlassene Principe, der charismatische Anführer der »Brigata Velene« (Giftbande), den Fans von Lazio Rom. Während der Zugfahrt nach Turin lädt sich die Stimmung auf. Als die Gruppe in Turin von den »Drugli«, den Hooligans des Clubs Juventus Turin, empfangen wird, kommt es zu einem brutalen Zusammenstoß, in den auch die Polizei einbezogen wird. Principe ersticht in dem Getümmel irrtümlich einen seiner eigenen Leute, weil dieser einen vom Gegner erbeuteten Schal trägt – ein Finale, das zur Besinnung aufruft.

Freiheit ist ein Paradies –
Das Kino der Perestroika

Glasnost und Perestroika haben das Kino der Ära Gorbatschow geprägt. Die Anteilnahme des Westens an der politischen Entwicklung in der Sowjetunion ließ aktuelle und gegenwartsbezogene Filme in einem neuen Licht erscheinen und ebnete einigen Produktionen über Festivalerfolge hinaus den Weg in westliche Kinos und Sendekanäle. Zu den ersten aufsehenerregenden Werken gehörten die beiden Dokumentarfilme VAI VEGLI BUT JAUNAM? (IST ES LEICHT, JUNG ZU

SEIN?, UdSSR 1986; Regie: Juris Podnieks) und ROK (ROCK, UdSSR 1988; Regie: Alexej Utschitel), die den Auftakt des jungen sowjetischen Films einleiteten und das »Kino der Perestroika« zu einem festen Begriff werden ließen. Es sind Filme einer neuen Öffentlichkeit: mit unkonventionellen Mitteln gedreht, ohne Berührungsängste und mit differenzierten Betrachtungsweisen. Sie drücken den Protest einer Generation aus, die der Obrigkeit und der Zensur den Kampf ansagt.

IST ES LEICHT, JUNG ZU SEIN? ist eine dieser unvoreingenommenen Bestandsaufnahmen der sowjetischen Jugendszenen, die das Bild des Westens über die Jugend in der UdSSR völlig revidierten. Vor Podnieks' Kamera berichteten Veteranen aus Afghanistan, Krishna-Jünger, Punks, Heavy-Metal-Fans und kritische Gymnasiasten: Sie erzählen offen von ihren Schwierigkeiten mit den Behörden, den eigenen Ängsten nach Tschernobyl, der beruflichen Hoffnunglosigkeit und der Sinnleere ihres Lebens. Auslöser für diese bittere und erschütternde Dokumentation war ein Musterprozeß, in dem Jugendliche angeklagt wurden, nach einem Rockkonzert in der lettischen Kleinstadt Orge im Juni 1985 randaliert zu haben. Die drakonischen Strafen veranschaulichen deutlich die Schwierigkeiten der Behörden im Umgang mit rebellischen, nachdenklichen oder auch resignierenden Jugendlichen, die sich außerhalb der bestehenden Jugendorganisationen zusammenschlossen und artikulierten. Restaurative Kräfte, die die sowjetische Jugend vor allem vor der – bis dahin dem Underground zugehörigen – Rockmusik retten wollten, sahen sich – in völliger Verkennung der Intentionen – durch diesen Film bestätigt und initiierten öffentliche Appelle. Aus dieser Situation heraus entstand mit ROCK eine Dokumentation der Rockkultur in der UdSSR, die gegen zwei verschiedene Strömungen anging: gegen die Öffentlichkeit, die nach wie vor mißtrauisch auf dieses Phänomen blickt, und gegen die Fans der Undergroundszene, die skeptisch sind gegenüber der plötzlich massenhaften Beliebtheit ihrer Musik in den Medien. Alexej Utschitel, Sohn eines Dokumentarfilmregisseurs und Absolvent der Moskauer Filmhochschule, beschreibt die fünf wichtigsten Leningrader Rockgruppen in ihrem Alltag und bei ihren Auftritten während eines Festivals im Sommer 1987 und zeichnet das authentische Porträt einer Generation, die »weder aggressiv, noch drogensüchtig oder antisowjetisch« ist.

In beiden Fällen artikulierte sich eine Jugendszene, der der Zugang zu den Medien bislang versperrt wurde bzw. wo sie nur im Zusammenhang mit skandalträchtiger und negativer Berichterstattung präsent war. Die beiden Filmemacher schufen die Spielfilme mit provozierenden und aufsehenerregenden Themen, die ebenfalls eine über die Landesgrenzen hinausgehende Beachtung fanden. Europäische Filmförderungsgelder und Koproduktionen mit Firmen aus den USA konnten bald darauf die internationale Auswertung der Spielfilme aus der UdSSR bzw. der GUS absichern. In den meisten dieser Filme sind Jugendliche und/oder junge Erwachsene Protagonisten und Zielgruppe zugleich.

Mit zu den ersten Erfolgen zählt MINJA ZAWUT ARLEKIN (MEIN NAME IST HARLEKIN, UdSSR 1988; Regie: Valeri Rybarew). Der Film entstand nach einem Theaterstück von Juri Schtscekotschichin, der als ausgezeichneter Kenner des jugendlichen Milieus gilt. Harlekin ist der Anführer einer Gruppe Jugendlicher aus der Vorstadt, die sich aus Langeweile mit anderen Gruppen prügelt und ihren Außenseiterstatus untermauert. Die Darstellung von Sex, Gewalt und Drogenmißbrauch geht in diesem Film über das bisher aus sowjetischen Filmen gekannte Maß hinaus und wurde in der Öffentlichkeit entsprechend diskutiert.

In HARLEKIN – wie auch in den nachfolgend genannten Filmen – stehen die Autoren und Regisseure auf der Seite der Jugendlichen und sind Anwälte ihrer Probleme. Dennoch warnten sowjetische Filmjournalisten vor einem Trend und kritisierten angesichts einer Fülle vergleichbarer Filme eine unreflektierte Darstellungsweise. Sie befürchteten, daß gerade das wichtige Thema »Jugend« schon zum Modethema geworden sei und mit Problemen wie Drogensucht und Prostitution oft nur noch auf Zuschauerzahlen spekuliert werde. Das gilt allerdings nicht für den 1989 gedrehten Film S. E. R. (die Abkürzung von »Swoboda – Eto Raj«); der Titel des im Original gleichnamigen Films von Sergej Bodrow meint die Voraussetzungen für weitere Tätowierung bei vielen Heim- und Gefängnisinsassen und bedeutet »Freiheit ist ein Paradies«. Exakt beschreibt Bodrow die pessimistische Situation der Sowjetunion Ende der achtziger Jahre zwischen Stalinismus-Relikten, Perestroika und gescheiterten Reformansätzen. Er vermittelt einen hautnahen Eindruck von den Erfahrungen und Lebenserwartungen Jugendlicher, die als schwererziehbar gelten und von einem verkrusteten System psychisch und charakterlich deformiert werden.

Der 13jährige Sascha lebt in einem paramilitärisch geführten Erziehungsheim in Alma-Ata. Es gibt keine Familienangehörigen, die sich um ihn kümmern. Immer wieder reißt er aus, wird festgenommen und zurückgebracht. Karge Zellen, Gitter, Verhöre, Übergriffe und Mißhandlungen bestimmen die enge Lebenswelt des Jungen, der sich auch durch brutale Strafen nicht von seinen Ausbruchsversuchen abbringen läßt. Sascha sucht seinen Vater, der in einem Straflager mit verschärften Bedingungen in Sibirien lebt. Bei einem seiner Ausbrüche kann Sascha den Kreislauf von Flucht, Denunziation und Rückführung durchbrechen. Dank der Solidarität und selbstlosen Hilfe von Menschen, die ebenfalls in zerrütteten Wohn- und Familienverhältnissen leben, gelingt ihm eine 7000 Kilometer lange Reise von Zentralasien in den Norden der Sowjetunion – eine abenteuerliche Gulag-Odyssee, die den Zustand einer aus den Fugen geratenen und auseinanderbrechenden Gesellschaftsordnung dokumentiert.

Sascha findet endlich das Arbeitslager, in dem sein Vater inhaftiert ist. Der Lagerkommandant erlaubt eine einmalige Begegnung, und der Junge trifft auf einen Mann, den das lange Lagerleben abgestumpft hat. Die zunächst schroffe, ablehnende Haltung des Alten weicht einer zögernden Annäherung zwischen zwei Außenseitern. Sascha erfährt bei dieser Gelegenheit, daß sein Vater in einem Gefängnis zur Welt gekommen ist und ihm der Anschluß an ein normales Leben verwehrt wurde. Die Resignation und Verzweiflung des Vaters gleicht Sascha durch eine optimistische Zukunftsvision aus, in der die beiden zusammenkommen. Er verschweigt seine eigene Situation, kann aber seinem Vater zumindest diesen Traum hinterlassen. Am nächsten Morgen muß Sascha das Lager verlassen. Vor dem Tor wartet bereits die Miliz, die ihn in ein Erziehungsheim zurückbringen wird. Ungewiß bleibt, ob Vater und Sohn später einmal die Chance zu einem Neuanfang erhalten.

Sascha und sein Vater stehen für die Generationen, die brutal voneinander getrennt wurden und sich nun fremd, abweisend und gleichgültig gegenüberstehen. Die düstere Chronologie des Roadmovies durchbricht der Regisseur an einigen Stellen, um mit eigenwilligen Bildern das Innenleben und die Stimmungen seines Protagonisten zu visualisieren. Besonders in diesen Sequenzen übermittelt der Film die

Sehnsucht nach Freiheit, Liebe und Geborgenheit. Bodrow: »Mein Film ist natürlich sehr deprimierend, sehr schwermütig – trotzdem gibt es in allen meinen Filmen einen Funken Hoffnung. Ich werde nicht müde, meinen Lieblingsgedanken zu wiederholen: Wenn ein Mensch dem anderen helfen kann, selbst wenn beide Gefangene sind, dann ist noch nicht alles verloren. Wenn wie hier der Sohn dem Vater hilft, dann kann man in diesem Leben noch auf etwas hoffen. Ich hoffe noch – das ist mein Credo.«

Auch in seinem neuesten Film JA CHOTELA UWIDETJ ANGELOW (ICH WOLLTE ENGEL SEHEN, Rußland/USA 1992) endet eine tragische Geschichte mit einem kleinen Hoffnungsschimmer. Der 20jährige Bob aus Saratow fährt mit seinem Motorrad nach Moskau; sein Lieblingsfilm ist EASY RIDER, und er versucht, etwas von diesem Lebensgefühl in seinen eigenen Alltag zu übernehmen. Bob verdingt sich bei einem Provinzmafioso als Bodyguard und soll in Moskau ein ehemaliges Bandenmitglied töten, das Geld unterschlagen hat. Die Bekanntschaft mit Nat, einem eigenwilligen und unberechenbaren Mädchen, bringt Bob dazu, seine Pläne zu ändern. Mit ihr zusammen und mit dem Geld möchte er irgendwo eine neue Existenz aufbauen. Bob verwickelt sich in eine unglückliche Beziehung, da ein Bekannter von Nat an seinem Motorrad interessiert ist, um in eine Biker-Gang aufgenommen zu werden. Der Kampf um Glück und Geld fordert seinen Preis: Bob wird getötet, und der andere Junge verunglückt mit dem gestohlenen Motorrad. Nur Nat gelingt es, sich von dem Milieu loszusagen und abzuhauen. Sie träumt davon, daß ihr Madonna ein Ticket für eine Reise nach Amerika schenken wird.

Bodrows Filmhelden sind Outsider, die in ausweglosen Situationen unentwegt ihre Chance suchen. Die Rollen seiner Filme besetzt er mit Amateuren: »Sie spielen nicht, sondern sie leben dieses Leben auf der Leinwand.« Der Regisseur führt seine Protagonisten dicht an jene Jugendszene heran, die Pavel Lungin in LUNA PARK (Frankreich/GUS 1992) atmosphärisch dicht und provozierend grell beschrieben hat. »Wir sind Russen! Wir sind die Säuberer! Nieder mit der Coca-Cola!« ist die lautstarke Losung der muskelzeigenden Jugendgang, die den Moskauer Rummelplatz Lunapark beherrscht und das scheinbar Andersartige terrorisiert – Juden, Ausländer, Langhaarige, Rokker und Homosexuelle. Als Andrej, einer der Anführer, erfährt, daß sein – angeblich verschollener – Vater kein hochdekorierter Luftwaf-

Ein Easy Rider in Moskau – Szenenfoto aus JA CHOTELA UWIDETJ ANGELOW

fenoffizier war, sondern ein jüdischer Bohemien und Musiker ist, macht er sich auf den Weg, um diesen »Schandfleck« zu beseitigen. Dabei lernt er eine kosmopolitische Welt kennen, die ihm bislang fremd war und der Menschen zugehören, die er mit seinem Haß verfolgte. Nach vielen Schwierigkeiten gelingt die Annäherung an einen liebenswerten Lebenskünstler, die beide in eine gemeinsame, wenn auch ungewisse Zukunft führt.

LUNA PARK ist ein Film über individuelle und kollektive Identitätssuche in einer von Apokalypsenstimmung geprägten Zeit; ein *russischer* Film, der die Unübersichtlichkeit der Post-Perestroika in Bildern von Gewaltexzessen vor stalinistischen Prachtbauten zuspitzt. Doch es geht dem Regisseur – »Die Gewalt ist kollektiv, das Entkommen individuell« – nicht allein um die Feststellung von Verfall und Agonie: »Dem betäubenden Suff und der ziellosen Gewalt setzt er mit dem listigen Alten und seiner skurrilen geschlossenen Gesellschaft ein Moment von fröhlicher Anarchie und damit ein fast utopisches Motiv entgegen: den Vorschein einer Welt der Toleranz, Humor – und Liebe, von der auch Menschen, wie der zunächst unbelehrbare Andrej, sich angezogen fühlen« (Jury der Evangelischen Filmarbeit; Begründung für den »Film des Monats« Februar 1993).

Den überwiegend männlichen Helden im neuen Ost-Kino stellt Wassili Pitschul mit MALENKAYA VERA (KLEINE VERA, UdSSR 1988) eine weibliche Protagonistin gegenüber, die zur Idolfigur des Jugendprotestes wurde. Der erste Spielfilm des 1961 geborenen Regisseurs entblößt offen und schonungslos den Alltag einer Arbeiterfamilie in der häßlichen Provinz- und Industriestadt Shdanow am Asowschen Meer. Die Wohnungen in den Hochhäusern sind eng und die Familienverhältnisse zerrüttet. Der Vater der 17jährigen Vera arbeitet als Lastwagenfahrer und trinkt; ihre Mutter arbeitet in einer Fabrik, sie ist überfordert und oft krank. Veras Bruder ist Arzt und lebt in der Hauptstadt.

Die Jugendlichen in der Stadt gehören zur »Null Bock«-Generation; sie haben keine Perspektive. Argwöhnisch von der Miliz beäugt, suchen sie zwischen Beton, Eisen und Müll in Musik und Mode ihre kleinen Freiheiten. Das Leben ist langweilig. Aggressionen entladen sich in Prügeleien und Konflikten mit der Staatsgewalt. Vera, die nur geboren wurde, weil ihre Eltern sich davon eine größere Wohnung versprachen, lehnt sich gegen die häusliche Enge auf. Draußen gibt sie sich als Punklady und wartet nur auf den richtigen Typen, der sie aus der tristen Hoffnungslosigkeit befreit. Der Student Sergeij scheint der Richtige zu sein, aber er versteht sich nicht mit Veras Vater und stößt sich an der kleinbürgerlichen Atmosphäre. Als er zu Vera zieht und die Hochzeit vorbesprochen wird, gibt es Streit. Im Suff sticht Veras Vater mit dem Küchenmesser auf den künftigen Schwiegersohn ein. Eine behördliche Untersuchung droht, und damit verbunden ist die Gefahr, daß Veras Vater seine Arbeit verliert. Folglich vertuscht die Familie den Fall. Notgedrungen und ausweglos aufeinander angewiesen, hocken sie bald wieder zusammen in den winzigen Zimmern, in denen es nun noch enger ist als zuvor. Vera unternimmt einen Selbstmordversuch, den ihr zufällig anwesender Bruder rechtzeitig bemerkt. Die Träume von besseren Wohn- und Familienverhältnissen zerplatzen. Das Leben bleibt so, wie es ist; nichts wird sich je verändern.

Mit bitterem Humor, sarkastisch und unverblümt wird hier ein Generationskonflikt aufgezeigt, der seine Ursachen in den gesellschaftlichen Bedingungen hat und unlösbar zu sein scheint. Die Umwelt ist ruiniert; die unterschiedlichen Lebensstile aus Ost und West prallen aufeinander; das Alte und das Neue stehen sich verständnislos und unversöhnlich gegenüber. Der Film bietet keinen Lösungsansatz, keine Perspektive und auch kein Happy-End.

Die Annäherung des Ostens an den Westen thematisiert auch INTERGIRL von Pjotr Todorowskij (UdSSR/Schweden 1989); er fügt als zusätzlichen Gegenwartsaspekt die Prostitution hinzu, von der sich junge Frauen die materiellen Grundlagen für eine bessere Existenz erwarten. Im Mittelpunkt steht Tatjana, eine Krankenschwester aus Leningrad, die heimlich in einem Ausländerhotel als Prostituierte arbeitet. Als sie von einem schwedischen Freier einen Heiratsantrag erhält, ist das die große Chance, dem »Leben mit der Lüge in der Lüge« zu entrinnen. Nach Überwindung etlicher bürokratischer Hürden kann sie nach Stockholm ausreisen. Konnte Tatjana sich zuvor in einem sich verändernden, aber letztlich doch vertrauten System behaupten, so gerät sie nun in eine kühle und cleane Welt. Das große Glück unbegrenzten Konsumrausches dauert nicht ewig. Geld ist auch im Kapitalismus nicht unbegrenzt vorhanden. Tatjana wird von ihrer Vergangenheit eingeholt. Sie bricht überstürzt nach Hause auf; auf dem Weg zum Flughafen verunglückt sie mit ihrem Auto.

INTERGIRL bietet ein Panorama unterschiedlicher Überlebensstrategien. In satirischer Zuspitzung konfrontiert der Film die Zuschauer mit kleinen Alltagskonflikten und unlösbaren Gesellschaftsproblemen. Nichts ist mehr wie früher, und niemand kann auf die Erwartungen und Forderungen der heranwachsenden Generation angemessen reagieren. Die alten Methoden greifen nicht mehr und sind zum Spielball ironischer Attacken geworden. In ihrer Situation und mit ihren Problemen allein gelassen, erweisen sich für Jugendliche und junge Erwachsene Freundschaft und Solidarität als die einzig zuverlässigen Garanten.

Nena und Falco machen Musik –
Der synthetische Jugendfilm kehrt zurück

Authentische Jugendfilme wie diese aus unseren Nachbarländern waren in den achtziger Jahren bei den deutschen Produktionen eine Ausnahme; die synthetischen Geschichten überwogen. Mit Nena, Shootingstar der neuen deutschen Musikwelle, gelang sogar der Anschluß des Jugendfilms an die Filme aus den fünfziger Jahren (GIB GAS – ICH WILL SPASS, 1982; Regie: Wolfgang Büld). Dieser und weitere Filme vermarkteten erfolgreich bekannte Namen der Musikszene: DREI GEGEN DREI (1985; Regie: Dominik Graf – ein Film mit »Trio«) und DER FORMEL-EINS-FILM (1985; Regie: Wolfgang Büld – eine schwachsinnige Geschichte um die populäre TV-Musiksendung). Grundmuster der Story und Aufbereitung des Star-Materials erinnern in fataler Weise an die Schlagerfilme mit »Conny und Peter« und besonders an das Erfolgsrezept des deutschen Unterhaltungsfilms Ende der dreißiger Jahre (ES LEUCHTEN DIE STERNE, 1938; Buch und Regie: Hans H. Zerlett), Stars des Films, der Bühne und des Sports in belanglose Rahmenhandlungen zu zwängen. Pia Zadora, Meat Loaf, Falco und die Toten Hosen übernehmen in den achtziger Jahren die Rollenklischees von Luis Trenker, Hans Moser und Theo Lingen; ein neuer deutscher Jugendfilm kehrt zurück zu den Werten und Formen von Opas Kino; eine Zeitreise, die sich nicht auszahlte, sondern nach kurzem Strohfeuer deutsche Jugendfilme für Jugendliche uninteressant machte.

Ausschließlich das Fernsehen sorgte mit seinen Kino-Koproduktionen dafür, daß es annehmbare Jugendfilme in der Tradition der siebziger Jahre weiterhin gab, und etliche dieser Produktionen erreichten über die nichtgewerbliche Auswertung ein interessiertes jugendliches Publikum. Die Filme fallen durch ihre Themen- und Namenvielfalt auf; einige der Regisseure des authentischen Jugendfilms wandten sich anderen Stoffen zu, weil sie nicht als »Jugendfilmer« abgestempelt werden wollten. Für einige – wie beispielsweise Rüdiger Nüchtern – stellte sich dabei heraus, daß sie nur in der Bewältigung der Stoffe stark waren, die ihnen etwas bedeuteten und für die sie sich in ihren ersten Filmen engagierten. Abgesehen von politisch ambitionierten Filmen wie MORGEN IN ALABAMA (1983/84; Regie: Norbert Kückelmann) – ein Film über neonazistische Jugendliche – und BUME-

David Strempel als ZISCHKE

RANG – BUMERANG (1989; Regie: Hans W. Geissendörfer) – Jugendliche entführen einen prominenten Atompolitiker –, gab es überwiegend »Szenen«-Filme wie ZISCHKE (1986; Regie: Martin Theo Krieger) – ein 15jähriger in Berlin gerät in Kontakt zu illegal eingereisten Ausländern – oder »Alltags«-Abenteuer wie DER FLIEGER (1986; Regie: Erwin Keusch). Keusch hatte zehn Jahre zuvor mit DAS BROT DES BÄCKERS einen unverkrampften und *humorvollen* Debütfilm über einen Bäckerlehrling in einer mittelfränkischen Kleinstadt gedreht. In DER FLIEGER geht es um einen jungen Menschen zwischen dem Wunsch nach Selbstverwirklichung und der Anpassung an die Bausparkassen-Mentalität. Bernd, ein 20jähriger Versicherungs-Azubi

mit Mitgefühl für Klienten, die das Kleingedruckte nicht lesen können, ist in seiner Freizeit ein begeisterter Drachenflieger. Er träumt
davon, einmal der kleinstädtischen Enge seiner Heimatstadt Coburg
zu entkommen und von einem hohen Berg in Bolivien aus einen
Streckenflug-Rekord über den Urwald aufzustellen. Eine Lokalre-
porterin wittert Stoff für die große Reportage, macht sich an ihn
heran, managt und liebt ihn. Sie gewinnt Sponsoren für das teure Unternehmen. Von der Stadt in allen Ehren verabschiedet, startet Bernd
das große Abenteuer, von der internationalen Presse begleitet. Trotz
verschiedener Warnungen, Höhenkoller und widriger Winde läßt sich
der Junge nicht von seinem Plan abbringen: Er hebt ab.

Am Rand der Träume

Gemessen an dem Anteil ausländischer Jugendlicher in der Bundesrepublik gibt es verhältnismäßig wenig Spielfilme, die auf ihre Situation eingehen; das Thema blieb lange Zeit der Video-Szene vorbehalten. Mit dem knapp einstündigen Video AM RAND DER TRÄUME
(1984/85) gelang der MedienOperative Berlin, die seit 1980 Videos
zur Situation türkischer Jugendlicher produziert, das überzeugende
Porträt einer jungen Türkin, die in Berlin aufgewachsen ist und sich
zunehmend an den Wünschen und Perspektiven deutscher Mädchen
orientiert. AUFBRÜCHE (1987; Regie: Hartmut Horst und Eckart Lott-
mann), der erste abendfüllende Spielfilm der MedienOperative, erzählt in atmosphärischer Dichte das Schicksal der 17jährigen Türkin
Esma, die in Berlin lebt und zwischen ihrer Familientradition und
dem Lebensstil deutscher Jugendlicher hin und her gerissen wird. Als
ihr Vater sie gegen ihren Willen verheiraten will, verläßt sie das Elternhaus und kommt mit Hilfe deutscher Behörden in einem Heim
unter. Aber das bedeutet noch lange nicht das Ende der Konflikte.
Esma muß gegen ausländerfeindliche Vorurteile ankämpfen, und die
Trennung von ihren Angehörigen macht ihr zu schaffen. Schließlich
erweist sie sich aber als stark genug, Rückschläge zu verkraften und
einen eigenen Weg zu suchen. Eine Entscheidung, die ihr nicht leicht-
fällt.
Hark Bohm hat mit YASEMIN (1987) ein vergleichbares Thema als »ge-
nußvolles, frisches Erzählkino« (»Fischer Film Almanach 1989«) auf-

bereitet. Yasemin, 17, lebt in Hamburg-Altona. Die selbstbewußte junge Frau schreibt in der Schule gute Noten und gewinnt bei Judowettkämpfen Pokale. Sie möchte studieren. Den ersten Versuch des Studenten Jan (20), sie zu erobern, läßt Yasemin cool scheitern. Aber der rothaarige Junge hat sich tatsächlich in das dunkle schöne Mädchen verliebt. Einfallsreich und witzig versucht er, sie zu gewinnen; in sich fühlt er dies herrlich irritierende Gefühl erster Liebe wachsen. Aber je stärker dieses Gefühl wird, desto stärker wird ihm bewußt, was bisher eine Nebensache war: Sie ist ein türkisches Mädchen. Aus Angst um die Ehre seiner Tochter wird ihr bisher fröhlicher, von ihr geliebter Vater ein fremder Despot. Yasemin kann von niemandem Hilfe erwarten, denn der deutsche Jan versteht nur sehr langsam, in welches Chaos von widerstreitenden Gefühlen Yasemin geraten ist. Sie muß ungeahnte Kraft aufbringen, um sich aus dieser scheinbar ausweglosen Situation zu befreien.

Einen anderen Aspekt der Lebenswirklichkeit ausländischer Jugendlicher in der Bundesrepublik berührt SEHNSUCHT (1990) von Hanno Brühl; eine Produktion des Westdeutschen Rundfunks Köln, die über die Fernsehausstrahlung hinaus auch als Film verbreitet wurde: Ein »Tatort« mit Schimanski im Fernsehen, ein Poster vom 1. FC Köln, eine BAP-Kassette mit den bekannten Songs – nichts als Erinnerungen an die alte Heimat bleiben Hüseyin und seinem jüngeren Bruder Memo. Seit ihr Vater sich entschloß, mit der Familie in die Türkei zurückzukehren, hat sich ihr Leben grundlegend geändert. Aufgewachsen in der Großstadt Köln, leben sie nun in einer kleinen Stadt südlich von Izmir, wo sie nicht heimisch werden können. Ohne Wissen der Eltern, ohne Geld und ohne Visum gelingt den Brüdern die illegale Rückreise nach Deutschland. Hüseyins Freundin Regine und frühere Freunde nehmen die beiden herzlich auf, doch ihre Unterstützung allein reicht nicht aus. Nicht nur Regines Mutter läßt ihre Abneigung gegen Ausländer deutlich spüren; auch in der Kneipe und bei der Ausländerbehörde ist es nicht zu überhören, daß die beiden in Deutschland nicht mehr erwünscht sind. Die neue Zeit in ihrer alten Heimat stellt sich am Ende anders dar als erhofft.

Ohne zu beschönigen, zeigt der Film die Zerrissenheit türkischer Jugendlicher, die in der Bundesrepublik aufgewachsen sind und mit ihren Eltern, durch die wachsende Ausländerfeindlichkeit und durch die Rückkehrprämien zur Ausreise bewogen, in die Türkei zurückkehren. Für viele wird das Land, das die meisten nur aus Erzählungen und dem alljährlichen Urlaub kennen, zum Alptraum. SEHNSUCHT ist der Beweis dafür, daß auch mit einem »Low«-Budget aktuelle, spannende, unterhaltsame und vor allem realistische Geschichten von und für Jugendliche in der Bundesrepublik zu erzählen sind. Einen hohen Anteil an der Authentizität des Films hat das Drehbuch des 1964 in der Türkei geborenen und seit 1969 in der Bundesrepublik lebenden Autors Kadir Sözen, der sich in seinen bisherigen Arbeiten ausschließlich mit der Situation türkischer Jugendlicher in der Bundesrepublik beschäftigt hat. In den Interviews, die er mit türkischen Jugendlichen führte, kommt zum Ausdruck, wie zerrissen sich viele zwischen den beiden Kulturen fühlen. Immer wieder klingt die Erwartung durch, nicht mehr in die Türkei zurückkehren zu müssen. Aber die aktuellen Lebensbedingungen in Deutschland entsprechen auch nicht ihren Wunschvorstellungen.

Die Wende-Jugend

Mit der deutschen Wiedervereinigung ist für Jugendliche eine neue Situation entstanden, die sich in den Spielfilmen der letzten Jahre noch nicht ausreichend widerspiegelt, obwohl die Themen im wahrsten Sinne des Wortes *auf der Straße liegen*. Von einem Jugendfilm erwartet die Mehrzahl der Jugendlichen, daß er ihnen nicht nur eine Identifikationsmöglichkeit anbietet, sondern auch glaubwürdig ist, indem er einen Bezug zur Realität besitzt und Stellung bezieht. Es waren vor allem die Jugendfilm-Regisseure der DEFA, die trotz vieler Auflagen in den letzten Jahren in dieser Hinsicht überzeugende Arbeiten geliefert haben (vgl. hierzu das Kapitel »Bluejeans und Blauhemden«, S. 217 f.).

In den neuen Bundesländern gibt es das alte Kino nicht mehr; das »Lichtspielwesen der DDR« muß sich von den politischen Vorgaben als »Erziehungsanstalt« befreien, und die Ansprüche des Publikums hinsichtlich Service und Projektionstechnik wachsen. In der DDR war der Kinobesuch statistisch gesehen doppelt so hoch wie in der BRD; das hat sich nun geändert. Die Existenz der Unternehmen ist gefährdet, die Privatisierung fordert ihren Preis. Die nun »gesamtdeutsch« zu verstehenden DEFA-Filme erreichten weder im Westen noch im Osten spektakuläres Interesse oder Kassenandrang. Kurzfristige Erfolge hatten lediglich einige der (wieder-)aufgeführten »Regalfilme«, die dem 11. SED-Plenum von 1965 zum Opfer fielen. Die Ausgangssituation beschreibt Dieter Wiedemann in einem Beitrag für »Media Perspektiven« (7/90), den er gemeinsam mit Hans-Jörg Stiehler, Leiter der Abteilung Kultur- und Medienforschung am Zentralinstitut für Jugendforschung Leipzig, verfaßte:

»Für die Filmtheater auf dem Gebiet der DDR werden die nächsten Monate wohl erhebliche Besucherverluste bringen. Dafür sprechen die notwendigen Schließungen vieler Kinos, weil diese nicht mehr den Anforderungen an Komfort, Ausstattung, Programmgestaltung usw. entsprechen. Dafür sprechen aber auch die geplanten einschneidenden Preiserhöhungen im Zusammenhang mit der Währungsumstellung. In der DDR wurde bisher jede Eintrittskarte mit 2,50 Mark subventioniert, und die Mehrheit der Kinogänger befindet sich noch in der Ausbildung. Das nun sicher ins Haus stehende breitere und aktuellere Angebot an internationalen Filmen wird den Besucherrückgang nicht stoppen können, sondern mit hoher Wahrscheinlichkeit die Chancen von nicht primär unterhaltungsorientierten Filmen weiter verringern, im Kino Zuschauer zu finden. Hinzu kommt, daß der für die DDR-Kinobesucher zutreffende ›Nachholbedarf‹ an bestimmten Filmen bzw. Filmgenres (Sex- und Horrorfilme, Action-Filme usw.) in zunehmender Weise durch die Videotheken abgedeckt werden wird. In einigen Jahren wird sich die Besucherzahl in den Filmtheatern der Länder auf dem Gebiet der DDR dann wahrscheinlich auf das Niveau der BRD einpegeln; bis dahin aber wegen der vorläufig noch schlechter entwickelten kulturellen Infrastruktur vielleicht noch einige Zeit etwas höher bleiben.«

Daß die von der Wende be- und getroffenen Jugendlichen – besonders die in Groß-Berlin – zur Zeit ganz andere Probleme und Sorgen haben, als ihr Geld für eine Kino-Eintrittskarte auszugeben, zeigt OSTKREUZ von Michael Klier (BRD 1991), die erste übergreifende Zustandsbeschreibung der »wiedervereinigten« Jugendlichen mit Bildern über das Gemeinsame und Trennende. Ähnlich wie DEUTSCHLAND IM JAHRE NULL (ein Film, den Roberto Rossellini 1947 im zerbombten Berlin drehte) spielt der Film im Jahre Null der Wende, und die Halt- und Orientierungslosigkeit junger Menschen inmitten einer aufgebrochenen, zerstörten Stadtlandschaft ist sein zentrales Thema.

Die 15jährige Elfie flüchtete noch vor der Maueröffnung mit ihrer Mutter über Ungarn nach Westberlin. Beide leben in einem unwirtlichen Containerlager. Es fehlt an Geld für die Kaution einer Mietwohnung. Um sich von dem trostlosen Alltag abzulenken, geht Elfies Mutter ein Verhältnis mit einem Kleinunternehmer ein, von dem sie sich eine Verbesserung ihres Lebensstandards verspricht. Elfie ist auf sich allein gestellt. Mit Tricks und kleinen Betrügereien versucht sie, an Geld für den Wohnungswechsel zu kommen. Sie macht die Bekanntschaft des jungen Ganoven Darius – einem Osteuropäer –, der sich in Schwarzmarktgeschäften versucht, aber keine glückliche Hand für seine Projekte besitzt. Einige gemeinsame Unternehmungen enden mit einem Fiasko, doch Elfie wird immer sicherer darin, sich illegaler Mittel zu bedienen, um dem öden und perspektivlosen Ambiente des Lagerdaseins zu entkommen. Bei ihren diversen Streifzügen mit Darius durch beide Teile der Stadt lernt sie den gleichaltrigen Edmund (so heißt auch der Junge in dem Film von Rossellini) kennen, der von seinen Eltern bei ihrer Flucht in den Westen in Ostberlin zurückgelassen wurde und sich ebenfalls in einer isolierten Situation befindet. Zögernd nähern sich die beiden Outsider einander an. Nachdem Elfie eine ausreichende Summe für die Mietkaution aufgetrieben hat, trennt sie sich von ihrer Mutter und zieht mit Edmund in ein unbewohntes Haus. Eine Ruine wird ihr neues Zuhause, und von hier aus versuchen die beiden einen gemeinsamen Neubeginn.

OSTKREUZ beschreibt authentisch und atmosphärisch, fast dokumentarisch die Situation junger Menschen, die das Opfer falscher Versprechungen und überzogener Erwartungen der Wendepolitik wurden und für deren Gegenwart und Zukunft sich niemand verantwortlich zeigt. Das frustrierende Ödland zwischen Ost- und Westberlin gleicht der Szenerie der Nachkriegsjahre; die Mauer ist weg, aber in den Köpfen baut sie sich wieder auf. Der gesamtdeutsche Jugendfilm der neunziger Jahre hat damit sein Thema.

11 Bluejeans und Blauhemden –
Der DEFA-Jugendfilm

»Wir betrachten die gesamte Anlage dieses Streifens als eng, in seiner Aussage als politisch unrichtig und als eine dogmatische Auffassung über die Gestaltung junger Menschen mit ihren Sorgen und Problemen in der DDR. Wirken und Nutzen des Films zweifeln wir nicht nur an, sondern betrachten ihn auch als dem Jugendkommuniqué entgegengesetzt interpretiert.«

(Stellungnahme des Sekretariats des Zentralrats der FDJ
zum Film DENK BLOSS NICHT, ICH HEULE; *15. 7. 1965)*

Die Entwicklung des Jugendfilms in den Nachkriegsjahren verlief in der DDR zwar anders als in der Bundesrepublik, aber im Endergebnis ebenso unzureichend und enttäuschend. Dort hatte die kurz nach dem Krieg gegründete DEFA u. a. den politischen Auftrag, zur Erziehung des Volkes, insbesondere der Jugend, beizutragen. Nach den Wirren der Gründungsphase bestimmte und reglementierte allein die SED, was die DEFA produzieren durfte und was aus dem Ausland zugelassen wurde. In den DEFA-Produktionen bis Mitte der fünfziger Jahre dominierten die antifaschistischen Filme, die Filme zur Geschichte der Arbeiterbewegung und solche, die den Aufbau des Sozialismus thematisierten. Für den »Aufschwung der fortschrittlichen deutschen Filmkunst« faßte das Politbüro des ZK der SED im Juli 1952 eine Resolution: »Der fortschrittliche deutsche Film erfüllt eine große nationale Aufgabe, indem er erfolgreich die Ideen der Verteidigung des Friedens, der Demokratie, der nationalen Unabhängigkeit, des Humanismus vermittelt und das große nationale Kulturerbe unseres Volkes pflegt und entwickelt. Der neue fortschrittliche deutsche Film beweist in ganz Deutschland seine ideelle und künstlerische Überlegenheit gegenüber jenen amerikanischen Dekadenzfilmen, die zum Zwecke der Kriegsvorbereitung und der Vertiefung der Spaltung Deutschlands in Westdeutschland und Westberlin die Kriegshetze und Demoralisation verherrlichen.« Erst nach Stalins Tod ermöglichte ein von diesen Vorgaben befreiter »Neuer Kurs« dann Gegenwartskomödien, Kriminal-, Liebes- und andere Unterhaltungsfilme, die sich von den einengenden Vorgaben des Agitprop-Schemas lösten. Das ramponierte künstlerische Image der DEFA sollte u. a. durch internationale Koproduktionen mit westlichen Partnern aufgebessert werden. Mit Firmen aus Schweden und Frankreich konnten solche Vorhaben realisiert werden. Die Absicht, Thomas Manns »Buddenbrooks« mit Partnern aus Westdeutschland zu verfilmen, scheiterte am Veto westdeutscher Produzenten und des Bundeswirtschaftsministeriums. Zumindest theoretisch hätte zu diesem Zeitpunkt auch ein erster gesamtdeutscher Jugendfilm entstehen können.

Als Pendant zur Halbstarken-Welle in den westdeutschen Kinos entstand 1957 BERLIN – ECKE SCHÖNHAUSER (Regie: Gerhard Klein). Jugendliche aus Ostberlin werden von Westberlinern zu kriminellen Taten verleitet; der schlechte Einfluß des Westens wird für die Halt- und Orientierungslosigkeit einiger Jugendlicher, die mit dem System nicht klarkommen und sich der staatlichen Bevormundung entziehen wollen, verantwortlich gemacht. Obwohl dieser Film noch in der Tradition des groben Freund-Feind-Klischees steht, versucht er erstmals in einigen Details eine realistische und kritische Beschreibung der Situation Jugendlicher im sozialistischen Alltag. Mit ihren Jugendfilmen und besonders mit der Rolle der positiven Helden hatte die DEFA zu diesem Zeitpunkt erhebliche Probleme: »Welche emotionell eindrucksvoll wirkenden menschlichen Gestalten finden wir z. B. in den letzten Jugendfilmen der DEFA?« fragte Anton Ackermann in der »Einheit«, April 1958. »Außer einigen wenigen positiven Volkspolizisten sind es nur solche Jugendlichen, die noch nicht in unseren Verhältnissen verwurzelt und am meisten den zersetzenden, demoralisierenden Einflüssen aus dem Westen erlegen sind. Die werktätige Jugend dagegen, die sich aktiv am Aufbau beteiligt, lernt, studiert, sich weiterentwickelt und große Leistungen vollbringt, aber auch ihre Sorgen, Probleme und Konflikte hat, blieb so gut wie unberücksichtigt.«

Der Film BERLIN – ECKE SCHÖNHAUSER erhielt zwar offizielles Lob vom Politbüro wegen »seiner ernsthaften Bemühungen um den sozialistischen Gegenwartsfilm«, war aber nicht unumstritten. »Ungeachtet seiner antiwestlichen Tendenz hatte der zweifellos gut gemachte

Film doch auch eine realistische Darstellung der Schattenseiten des sowjetzonalen Alltags nicht gescheut, was bei der DEFA vorher unmöglich war. Er stand damit in der ›Tauwetter‹-Produktion nicht allein. Alle derartigen Filme handelten von Jugendlichen. Deshalb erfuhren sie auch bald heftige Kritik von seiten der Kulturfunktionäre, die bemängelten, in ihnen werde nicht das positive Gesicht der mitteldeutschen Jugend gezeigt, sondern negative Gestalten würden in den Vordergrund gerückt. In dem Kriminalfilm TATORT BERLIN (1958) war es ein im Grunde anständiger entlassener jugendlicher Häftling, der durch seinen Westberliner Bruder erneut in eine Schieberaffäre verwickelt wird. EIN MÄDCHEN MIT 16½ (1958) behandelte die Erziehung eines milieugefährdeten jungen Mädchens in einem sowjetzonalen Jugendwerkhof; und die Filmkomödie VERGESST MIR MEINE TRAUDEL NICHT (1957) stellte ebenfalls ein durch den Krieg entwurzeltes junges Mädchen dar, das einem Erziehungsheim in der Sowjetzone entläuft, wonach ein junger Lehrer und ein junger Volkspolizist in Ostberlin sich ihrer annehmen« (»Das Filmwesen in der sowjetischen Besatzungszone Deutschlands«, hg. vom Bundesministerium für Gesamtdeutsche Fragen). Parteiideologen, Kulturfunktionäre und Filmschaffende diskutierten ab 1958 über einen Kurswechsel.

Jahrgang '45

Als sich in der Bundesrepublik das Ende von Opas Kino anbahnte, zeichnete sich in der DDR eine spannende, folgenschwere Entwicklung ab. Die Kritik am Standard der DEFA-Filme – an der »keimfreien Anständigkeit des Mittelmaßes und dem Bild des sauberen Durchschnitts« – nahm zu. Ermutigt durch Chruschtschow (»Sie müssen etwas völlig Neues machen. Verlassen Sie doch endlich die ausgetretenen Bahnen, in denen sich unsere Filmkunst bewegt. Machen Sie etwas Neues und, wenn es sein muß, etwas Freches«), verfilmte Kurt Maetzig, einer der Mitbegründer der DEFA, 1965 den zwei Jahre zuvor fertiggestellten und unterdrückten Roman »Das Kaninchen bin ich« von Manfred Bieler. Die Handlung spielt Anfang der sechziger Jahre in Berlin. Die 19jährige Maria arbeitet als Kellnerin in einem Restaurant für gehobene Ansprüche. Ihren Traum, Slawistik zu studieren, Dolmetscherin zu werden und reisen zu können, muß sie begraben, da ihr Bruder Dieter wegen staatsgefährdender Hetze im Zuchthaus sitzt. Daß sich Maria ausgerechnet in Paul, den Richter im Prozeß gegen Dieter, verliebt, löst eine Reihe von Konflikten aus. Paul ist ein Hardliner und unerbittlich gegenüber den Volksfeinden. Er rechtfertigt den Bau der Mauer, kommt aber mit den danach eintretenden Veränderungen, wie beispielsweise einem humaneren Rechtspflegeerlaß, nicht zurecht. Maria versteht zwar seine Argumente, aber seine persönlichen Konsequenzen immer weniger. Sie trennt sich von Paul. Nach der Begnadigung ihres Bruders, der ihr die Beziehung zu Paul nicht verzeiht, will sie, fest entschlossen, ihr Studium aufnehmen. Aus dem Kaninchen ist ein alter Hase geworden: Maria, durch ihre Enttäuschungen gereift, steht zu sich und wird sich ihren Platz im Leben erkämpfen.

Maetzig ergreift in seinem Film DAS KANINCHEN BIN ICH Partei für aufgeschlossene und risikofreudige junge Menschen, die auf Mißtrauen und Arroganz der Erwachsenen stoßen und an borniertem Amtsinhabern und Funktionären scheitern. Der unbekümmerte, optimistische Grundton seines Films, die schnoddrigen Dialoge, die ironischen, heiteren und romantischen Sequenzen setzen auf die ermutigende und beispielgebende Kraft der jugendlichen Protagonistin.

Der Kampf gegen Lüge und Heuchelei steht auch im Mittelpunkt der anderen Jugendfilme, die zur gleichen Zeit entstanden. In DENK BLOSS NICHT, ICH HEULE (1965; Regie: Frank Vogel) wird der Oberschüler Peter als asoziales Element von der Schule ausgeschlossen, weil er sich an Flugblattaktionen beteiligte und in einem Aufsatz eine offene gesellschaftskritische Position vertrat. Nachdem er zunächst vergeblich Halt in einer Beziehung zu einer zwei Jahre älteren Freundin sucht, findet er später in der etwas jüngeren Anne eine Partnerin, die seine unkonventionelle Art akzeptiert und ihm dabei hilft, das versäumte Schulwissen nachzuholen. Immer wieder gerät Peter in Situationen, die ihn gegen die Autorität aufbringen; das Parteimotto »Herz und Hand der Jugend« wird nicht so interpretiert, auf ihn einzugehen und ihm zu helfen, sondern ihn zu disziplinieren. Er durchschaut zwar die Phrasen, muß aber zurückstecken und Kompromisse eingehen. Die Beziehung zu Anne ist eine Chance, weiter an sich zu glauben; sie gibt ihm die Kraft, nicht aufzugeben. DENK BLOSS NICHT, ICH HEULE ist ein hoffnungsvoll stimmender Film, der Generationskonflikte und Gesellschaftsprobleme nicht verschleiert oder ver-

Angelica Waller (Maria) in DAS KANINCHEN BIN ICH

drängt, sondern sie offen anspricht, wobei sich die Schärfe der Kritik oft nur andeutet und zwischen den Bildern verborgen bleibt. Die lokkere und spritzige Machart ist auf ein selbstbewußtes jugendliches Publikum zugeschnitten. Formal orientiert er sich – wie JAHRGANG 45 auch – an der Nouvelle Vague, die ein paar Jahre früher von Frankreich ausging.

In dem Buch von Christiane Mückenberger »Prädikat: Besonders schädlich« sind Notizen aus der Diskussion über den Film in Demmin am 27. März 1965 abgedruckt. Der Teilnehmerkreis bestand aus ca. 200 Personen, darunter ca. 20 Jugendliche unter 18 Jahren. Das Gros der Teilnehmer stellten Lehrer und Funktionäre verschiedener Partei- und Staatsinstitutionen, die den Film überwiegend ablehnten. Dazu die Stimme einer Schülerin, die für die meisten der anwesenden Jugendlichen sprach: »Hier wurde immerzu von allen gesagt, das gibt es nicht, aber ich bin anderer Meinung. Ich kenne keinen solchen

Peter. Er ist vielleicht ein Sonderfall, aber ich kenne viele von seinen Problemen. Und die gibt es bei uns ganz genauso. Es ist nicht immer so, wie sich die Erwachsenen das von uns vorstellen. Und dieser Peter hat einfach noch keinen Weg gefunden und hat kein Vertrauen gefunden, und darum weiß er nicht, was er machen und wohin er gehen soll. Und gibt es diese Jugendlichen in Demmin nicht genug? Gehen Sie doch abends auf die Straße in Demmin. Ich finde, in dem Film steckt sehr viel Wahrheit, auch wenn er keine Lösungen gibt, dann hilft doch schon, daß man darüber reden kann. Ich verstehe nicht, warum hier die Erwachsenen alle so gegen den Film diskutieren, warum wollen die Genossen die Wahrheit nicht wissen?«

JAHRGANG 45, das Spielfilm-Debüt von Jürgen Böttcher (1965–66), ist ebenfalls ein Film über die »Wahrheit, die die Genossen nicht wissen wollen«; er erzählt mit Bildern mehr als mit Dialogen. Die junge Ehe zwischen dem Automechaniker Alfred und der Säuglingsschwester Lisa scheitert an der mehrdimensionalen Enge des Alltagslebens. Sie wohnen in einem tristen Hinterhof am Prenzlauer Berg und versuchen mit aller Kraft, diesem Milieu und dem vom Regime vorgezeichneten Lebensentwurf zu entkommen. Der eigenen Phantasie und Initiative und dem Wunsch nach alternativen Lebensformen sind überall Grenzen gesetzt. Alfred und Lisa wollen sich scheiden lassen, erkennen aber nach einer kurzen Zeit der Trennung, daß die Probleme nicht in ihrer Beziehung, sondern in ihrem Umfeld liegen. Ähnlich wie der unangepaßte Peter aus Frank Vogels Film ist Alfred ein Typ, der in den Augen seiner Nachbarn als Halbstarker gilt. Er gehört einer Clique von jungen Männern an, die laute Motorräder und heiße Rhythmen lieben, aber nicht den Freiraum finden, sich zu erproben. Die Einmischungen der Kaderleitung in sein Privatleben wehrt Alfred ebenso ab wie die der Eltern, die über den permanenten Vorwurf »euch geht's zu gut« nicht hinausreichen. JAHRGANG 45 ist ein Film mit schmerzlicher Authentizität und bitteren Beobachtungen; zu den beklemmendsten Sequenzen zählt beispielsweise die, in der Jugendliche in Ostberlin zu Schauobjekten Westberliner Fototouristen werden.

Wie die beiden erstgenannten Filme artikuliert JAHRGANG 45 den Zustand der Ratlosigkeit und die Sehnsucht nach einer alternativen Lebensperspektive. Sie alle wurden – wie die anderen Jugendfilme dieses Aufbruchs: WENN DU GROSS BIST, LIEBER ADAM, DER FRÜHLING BRAUCHT ZEIT, BERLIN UM DIE ECKE (von Drehbuchautor Wolfgang

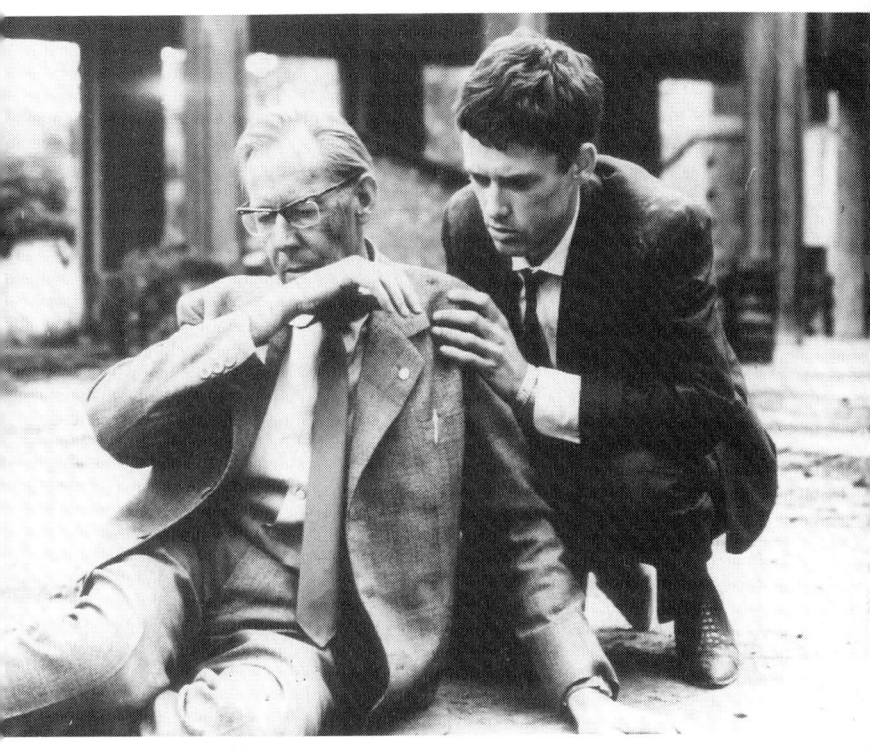

Peter Reusse (rechts) in DENK BLOSS NICHT, ICH HEULE

Kohlhaase und Regisseur Gerhard Klein als Fortschreibung von BER-LIN – ECKE SCHÖNHAUSER konzipiert) und KARLA – ein Opfer des verschärften kulturpolitischen Kurses, der auf dem 11. Plenum des Zentralkomitees der SED Ende 1965 eingeleitet wurde. Die Altstalinisten setzten sich durch, und dem neuen künstlerischen Kurs der DEFA – der »Heroisierung des Abseitigen« – wurde der Prozeß gemacht. Es wurde ein Produktionsstopp angeordnet. Die meisten Filme – darunter alle hier erwähnten Jugendfilme – durften nicht gestartet werden; sie erreichten erst 25 Jahre später die Öffentlichkeit. Diese restriktive Entscheidung war einer der gröbsten und größten Fehler des SED-Kaders. Was wäre passiert, wenn so attraktive und publikumswirksame Filme wie die SPUR DER STEINE oder die nun verbotenen Jugendfilme von einer Generation mündiger Zuschauer akzeptiert worden wären? Sie hätten offene Kritik bestärkt und mit zu einer Veränderung der Verhältnisse beitragen können. Wer weiß, welchen Verlauf die weitere Entwicklung der DDR dann genommen hätte.

Solche Jugendfilme sollte es in der DDR jedenfalls so schnell nicht wieder geben; angesagt war hingegen wieder unverfängliche Unterhaltungsware: »Da die Altersgruppe der 15- bis 25jährigen in der DDR rund 70 Prozent der Kinobesucher stellt, bemüht sich die DEFA seit Ende der 60er Jahre besonders, deren Bedürfnissen Rechnung zu tragen: durch jugendliche Helden in vorwiegend heiteren oder abenteuerlichen Filmen, durch einige Film-Musicals und den häufigen Einsatz von Beat- und Pop-Musik. Die wenigsten dieser Produktionen können freilich anspruchsvolleren kritischen Maßstäben standhalten« (Heinz Kersten, »Film in der DDR«, S. 52).

Entscheidend beeinflußt wurde die Jugendkultur in der DDR Anfang der siebziger Jahre durch die offizielle Sanktionierung des Rock 'n' Roll. Christoph Dieckmann, der als Autor für »Sonntag« und »Die Kirche« das Lebensgefühl der zum Aufbruch drängenden jungen Generation beschrieben und reflektiert hat, hält diese Entwicklung in dem Beitrag »Rock 'n' Roll is here to stay – Jugendkultur in der DDR« (»Kirche im Sozialismus«, 12/1986; nachgedruckt in »My Generation«) fest. Er beschreibt exemplarisch, aus welchen Beweggründen die westliche Rockmusik in das Wertesystem der DDR integriert wurde: Von der Kulturpolitik zunächst argwöhnisch und mißtrauisch beobachtet, später offiziell anerkannt und vereinnahmt, um den Sozialisationseffekt zu nutzen und vom Prestige zu zehren. Die Annäherung an die Jugendbewegungen aus dem Westen vollzog sich unter Regierungskontrolle; es wurden ausländische Bücher und Filme herausgebracht, die sich zu Kultobjekten entwickelten: Beispielsweise »Der Fänger im Roggen« (»The Catcher in the Rye«) von Jerome D. Salinger, der Roman, der in »Die neuen Leiden des jungen W.« von Ulrich Plenzdorf die Motive des Helden beeinflußt. Dieckmann verweist in diesem Zusammenhang auf den Einfluß dieser Entwicklung auf die DEFA-Jugendfilme: »Der Geist jener anfänglichen siebziger Jahre findet sich auch in Filmen wie LIEBE MIT 16 von Hermann Zschoche und FÜR DIE LIEBE NOCH ZU MAGER von Bernhard Stephan (mit Renft-Musik). Diese Art von Jugendfilmen wird in der DDR

Rolf Römer (Alfred) in JAHRGANG 45

weiterhin gedreht (vornehmlich von Zschoche), oft mit sicherer Milieuzeichnung, wenngleich ohne das Ungestüm der Erstlinge, die so
erquickend neu gewesen sind« (a. a. O., S. 166).
Auf dem III. Kongreß des Verbandes der Film- und Fernsehschaffen-
den der DDR im Mai 1977 wurde angesichts des starken Einflusses
der West-Medien der Kurswechsel eingeleitet. DEFA-Produktionen
sollten sich stärker an den Bedürfnissen des Publikums orientieren.
Vorgaben waren dabei die Filme, die wie DIE LEGENDE VON PAUL
UND PAULA (1972; Regie: Heiner Carow) vor allem von den Jugendlichen geschätzt wurden. Eine »neue Qualität« war gefragt, und wie
so oft, setzten die arrivierten Regisseure die Maßstäbe. SOLO SUNNY
von Konrad Wolf (1979) steht für diese Linie. Der Film thematisiert
die Emanzipation einer jungen Ostberliner Hinterhofpflanze, die ihren Job als Fabrikarbeiterin hinschmeißt, eine Karriere als Sängerin
in einer Band versucht und von der spießigen und verschlissenen

Show-Szene in den Kulturhäusern und Interhotel-Bars desillusioniert wird. Mit ihren Träumen von einem anderen Leben ist sie nicht allein; einige ihrer Musiker – »man müßte 'ne andere Musik machen« – wollen ebenfalls neue Wege gehen, scheitern aber an der Enge der Räume (unzureichende Proben- und Auftrittsmöglichkeiten, eintönige HO-Gastronomie usw.) und des Denkens (alle neuen Ansätze ersticken im Suff). SOLO SUNNY zeigt nach den selbstbewußten und unabhängigen, aber in der Gesellschaft verankerten Frauen in DDR-Gegenwartsfilmen erstmals eine ausgeflippte Protagonistin, die sich dagegen wehrt, »in einer Männergesellschaft zum Wanderpokal zu werden«. Ihr Lebenswandel macht ihren Partnern und Nachbarn zu schaffen; bei der Vopo liegen diverse Eingaben vor. Trotz gelegentlicher Niederlagen und einer ernsthaften Krise bleibt Sunny eine starke Frau, die lieber »solo« bleibt und immer wieder etwas Neues versucht, als zurückzugehen. Konrad Wolfs letzter Spielfilm (er starb im Frühjahr 1982) wurde zu einem der erfolgreichsten DDR-Filme und international mit Preisen und Anerkennungen ausgezeichnet. Die bis zu diesem Zeitpunkt im Westen völlig unbekannte Hauptdarstellerin Renate Krössner erhielt bei der Berlinale 1980 den Silbernen Bären als beste Schauspielerin.

Erscheinen Pflicht

Der Kinobesuch war in der DDR genauso beliebt wie im anderen Teil Deutschlands und in den Nachbarländern, auch wenn der bauliche Zustand der Lichtspielhäuser, ihre technische Ausrüstung und der Service oft zu wünschen übrigließen; nur ca. ein Drittel war in gutem Zustand. Der Anteil der Jugendlichen am Publikum entsprach in etwa dem der Bundesrepublik. Es gibt keine direkten Vergleichszahlen, aber es kann davon ausgegangen werden, daß die Jugendlichen in der DDR pro Kopf öfter ins Kino gingen als die in der BRD. Das Kino als Treffpunkt der Jugend war besonders populär, weil es außerhalb der streng reglementierten Freizeitangebote der FDJ Freiräume zur individuellen Nutzung bereitstellte. Weitere Gründe waren die fehlenden alternativen Angebote und der günstige, staatlich subventionierte Eintrittspreis. Mehr als für die Jugendlichen in der BRD hatte der Kinobesuch für die Jugend in der DDR eine kompensatorische

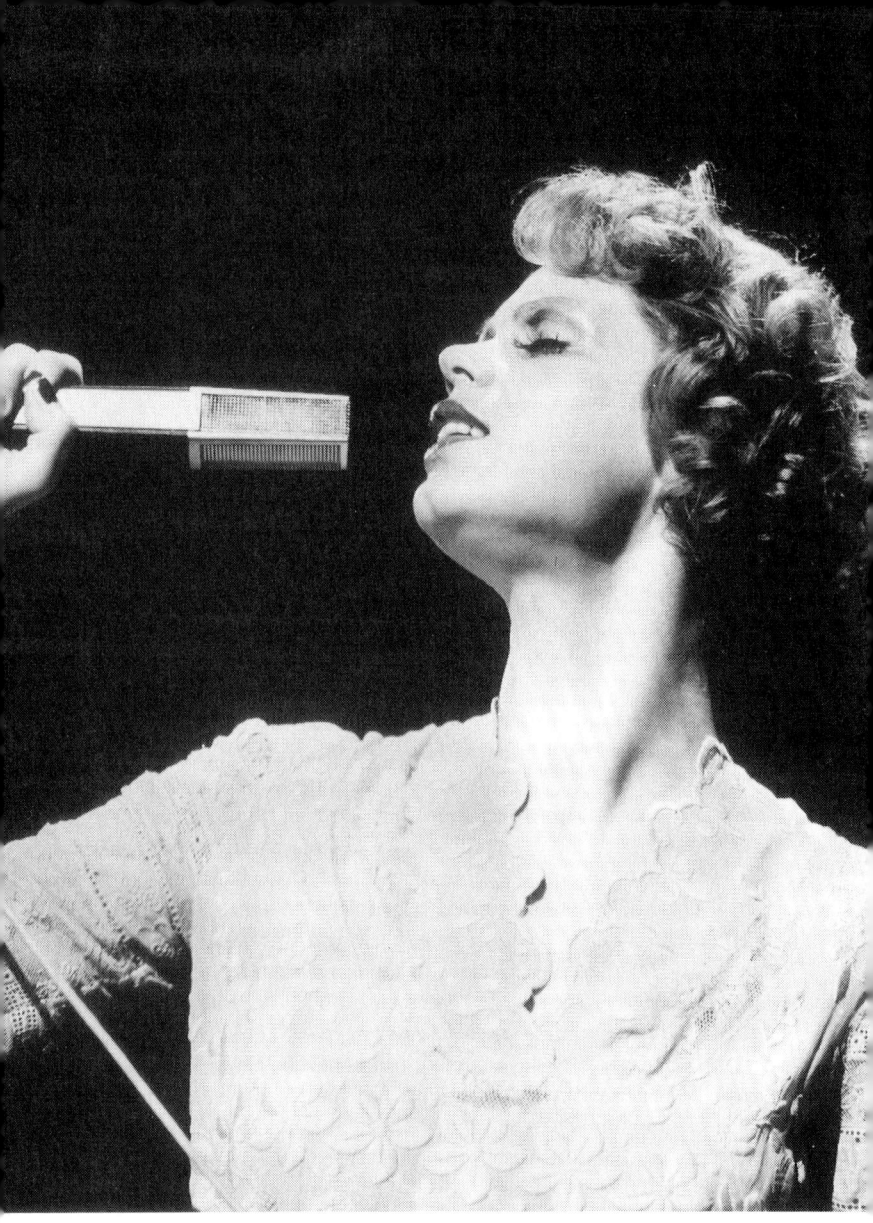

Renate Krössner (Sunny) in SOLO SUNNY

Bedeutung: die Möglichkeit, sich in der Kritik am System und in der Reflexion über die Probleme des sozialistischen Alltags bestätigt zu sehen. Die offenen und verdeckten Zensurmaßnahmen der SED-Ideologen (außer der staatlichen Zulassung gab es auch das Instrument der Aufführungsbeschränkung) richteten sich nicht nur gegen die DEFA-Produktionen; betroffen davon waren auch die ausländischen Filme, deren mögliche Übernahme anstand – egal, ob Meisterwerke der Filmkunst oder hervorragende Exponate der Kinematographie sozialistischer Bruderländer.

Dieter Wiedemann, Direktor des Berliner Forschungszentrums AV-Medien der Hochschule für Film und Fernsehen, Potsdam-Babelsberg, hat in einem vom Kinder- und Jugendfilmzentrum in der Bundesrepublik Deutschland und der Universität Bielefeld im Januar 1991 veranstalteten Seminar über den »DEFA-Jugendfilm« die subtilen Mechanismen von Zensur und Kontrolle entschlüsselt. Die oberste »Film-Zensurbehörde« funktionierte dabei erstens anonym – bis heute ist ihre Zusammensetzung nur wenigen Insidern bekannt – und war zweitens keinerlei demokratischen Gremien rechenschaftspflichtig. Warum ein Film in die DDR-Kinos kam oder auch nicht kam, blieb ein Geheimnis, über das Filmkritiker zwar gelegentlich rätselten, öffentlich in Frage gestellt wurde der dahinter stehende Mechanismus aber höchst selten. Als Ergebnis dieser »Zensur« bekam der Kinobesucher in der DDR jährlich ein Programm vorgesetzt, das unter Berücksichtigung der »legitimen Unterhaltungsbedürfnisse der Werktätigen« einen kulturpolitischen Auftrag erfüllen sollte. Dieser konnte dann auch nur mit Filmen erfüllt werden, die den Idealen des Sozialismus verpflichtet waren. Ein Auftrag, der in der zweiten Hälfte der achtziger Jahre kaum noch realisierbar war, weil die sozialistischen »Ideale« der Honecker-Führung nur noch selten filmisch bebildert wurden, und wenn doch, der Kinobesuch vom Publikum verweigert wurde. Die Filme der »Perestroika-Ära« stellten das lernunfähig gewordene System des »realexistierenden DDR-Sozialismus« immer mehr in Frage. Was wiederum dazu führte, daß die alte Führung gegen solche regimekritischen Filme vorging, z. B. durch Verbote, Pressekampagnen, Aufführungsbehinderungen o. ä., und gleichzeitig mehr seichte Unterhaltungsfilme zur Ablenkung ins Kino und Fernsehen brachte. »Damit wurde« – so das Resümee von Dieter Wiedemann – »sowohl den legitimen Wünschen nach mehr aktuellen Unterhaltungsfilmen nachgekommen, als auch gleichzeitig die notwendige Diskussion um die Deformierungen in den ökonomischen und politischen Strukturen behindert. Allerdings nicht verhindert, wie die jüngste Geschichte gezeigt hat.«

Das Programmangebot für Jugendliche war somit aus vielerlei Gründen reglementiert, und entsprach einmal ein Film wie DIRTY DANCING dem »legitimen Unterhaltungsbedürfnis der Werktätigen«, war ihm ein Rekordbesuch sicher. Was das Kino den Jugendlichen – besonders denen, die nicht in Großstädten lebten – bedeutete, hat Peter Kahane in seinem Film VORSPIEL (1987) liebevoll in Szene gesetzt. Hier sind Schüler und Lehrlinge zu sehen, die mit dem Kino großgeworden sind, buchstäblich mit ihm und in ihm heranwachsen. Das (sehr) alte Kino des Ortes ist für viele Generationen ein traditioneller Treffpunkt gewesen, und die Liebesgeschichte, um die es in diesem Film geht, wäre ohne das abblätternde und dahindämmernde Kino »Aktivist« nicht denkbar.

VORSPIEL gehört bereits zu einer neuen, der letzten Generation des DEFA-Jugendfilms, über die Harry Blunk in seinem Buch »Die DDR in ihren Spielfilmen« schreibt, »...daß sich im Spielfilm der DDR auch im Bereich der Darstellung von pädagogischen Fragen und Problemen Heranwachsender das Bild stark gewandelt hat. Die früher häufig zu beobachtende Illustration ideologischer Postulate und Umsetzung tagespolitischer Forderungen der Partei in Filmhandlung ist zugunsten einer offeneren Bestandsaufnahme in den Hintergrund getreten. Im Zusammenhang mit dieser Entwicklung wird der eingangs erwähnte pädagogische Auftrag von den Filmschaffenden in zunehmend differenzierter Weise wahrgenommen. Der Qualität der Filme ist dies gut bekommen. Die jugendlichen Kinobesucher honorieren durch ihr sprunghaft steigendes Interesse die Glaubwürdigkeit der Darstellung ihrer Probleme, Gefühle und Träume. Dabei hat es den Anschein, als ob der Spielraum, den die DEFA hat, insgesamt größer ist als der des Fernsehens.«

Die Autoren und Regisseure der DEFA, die in diesem Zusammenhang stolz darauf verweisen, für einen »volkseigenen Betrieb« und nicht im »staatlichen Auftrag« zu arbeiten, hatten mit ihren Filmen in den achtziger Jahren die Jugendlichen wieder direkt erreicht, ohne sich bei ihnen anzubiedern; zu erwähnen sind hier in erster Linie die Filme von Hermann Zschoche, Gunther Scholz, Peter Kahane und

Helmut Dziuba. Zu den wegweisenden Titeln dieser Ära zählt der Film INSEL DER SCHWÄNE (1982; Regie: Herrmann Zschoche; Drehbuch: Ulrich Plenzdorf) nach dem gleichnamigen Roman von Benno Pludra. Der 14jährige Stefan lebt auf dem Lande bei seiner Großmutter. Er liebt die Natur, den freien Blick, den aufrechten Gang. Als er zu seinen Eltern in den 14. Stock eines Hochhaus-Neubaus am Rande Berlins zieht, muß er sich neu orientieren. Es fällt ihm schwer, sich in der unwirtlichen Trabantenstadt zurechtzufinden. In langen Briefen an seinen Freund Tasso sehnt er sich nach der Idylle der »Insel der Schwäne« zurück und beschreibt seine Isolation. Doch die neue Umgebung schafft neue Erfahrungen, und durch neue Freunde eröffnen sich neue Möglichkeiten. Auf der einen Seite findet der skeptisch und verschlossen wirkende Stefan Kontakt zu Gleichaltrigen, andererseits aber paßt er sich in seinem Verhalten nicht kritiklos den neuen Bedingungen an. Er setzt sich für Schwächere ein – für ihn so selbstverständlich, daß er dafür den Ärger mit den Erwachsenen in Kauf nimmt. Besonders dem allgegenwärtigen aufdringlichen Hauswart ist Stefan ein Dorn im Auge. Als den Kindern aus der Siedlung ein versprochener Spielplatz verwehrt wird, beteiligt sich Stefan aktiv an einer Protestaktion. Aus einem kleinen Stück Pappe an der Anschlagtafel im Hausflur wird ein Riesenskandal: Auflehnung gegen die Autorität sowie Kritik an den Anordnungen von oben müssen gleich in ihrer Anfangsphase unterbunden werden. Stefan bleibt trotzdem seiner Linie treu; sein Verhalten ist für die Jüngeren beispielgebend: Als ihr Spielplatz zubetoniert wird, lehnen sie sich auf und zertrampeln die Anlage.

Zschoche wagt in diesem Film, sich auf die Seite eines gegen gesellschaftliche Bedingungen aufbegehrenden Jugendlichen zu stellen. In INSEL DER SCHWÄNE ist das Nichtgesagte ebenso wichtig wie das Gesagte: Die Gedanken und Gefühle der Hauptperson visualisiert der Film durch eingeblendete und verfremdete Auftritte der Rockgruppe »Ritter, Tod und Teufel«, womit die aktuellen Bezüge zur Gegenkultur Jugendlicher herausgestellt werden. Obwohl der Film sich an die strengen Regeln der DEFA-Produktionen halten mußte und die Zeichnung einzelner Figuren zugunsten der Gesamtkonzeption nicht immer überzeugt, trifft er mit dem Verhalten Stefans das Lebensgefühl der DDR-Jugendlichen. Ein Jahr haben Regisseur und Drehbuchautor um die Freigabe ihres Films gekämpft. Das ging nicht ohne

Konzessionen, Änderungen und Streichungen. Dem Chefkritiker des SED-Zentralorgans »Neues Deutschland« gefiel dennoch die gesamte Richtung des Films nicht, und er attackierte die »verstellte Sicht auf unsere Wirklichkeit« mit scharfen Worten wie »Ahnungslosigkeit«, »Borniertheit« und »neurotische Betrachtungsweise«. Immerhin blieb der Angriff auf den Film und seine Macher nicht unwidersprochen; im Ostberliner »Morgen« und in den Zeitschriften »Film und Fernsehen« und »filmspiegel« konnten sich andere Stimmen und Meinungen artikulieren. Hermann Zschoche ist es gelungen, mit seinem Film gegen betonierte Wohnstätten auch betonierte Denkstrukturen der Funktionärsebene bloßzulegen.

Auch in den darauf folgenden Filmen von Peter Kahane und Helmut Dziuba wurde eine seit den sechziger Jahren nicht mehr unternommene Annäherung an die reale Lebenswirklichkeit der Jugendlichen gesucht. Nicht alles durfte offen aus- oder angesprochen werden, und es fällt auf, daß die City Ostberlin – Mitte der sechziger Jahre noch der zentrale Schauplatz – von Kleinstädten und Provinzmilieu abgelöst wurde. Damit wurde aber der Realität der Jugendlichen entsprochen, für die das Leben in der Hauptstadt eine Ausnahmesituation darstellte. Outfit und Sprache näherten sich den tatsächlichen Erscheinungsbildern an; der geballte Frust der jugendlichen Protagonisten artikulierte sich mehr oder weniger deutlich in Auslassungen, Zwischentönen und Andeutungen, die nur von DDR-Bürgern dechiffrierbar sind.

ETE UND ALI, ebenfalls ein Film von Peter Kahane (1985), wurde zu einem großen Publikumserfolg, was für die DEFA-Produktionen nicht immer selbstverständlich war. Es geht um zwei junge Männer, die aus der Armee entlassen wurden. Ete sieht sich einer verfahrenen Situation gegenüber, da seine Frau Marita mit einem anderen Mann ein Verhältnis hat. Dank Alis nimmermüder und oft ungewünschter Initiativen und Einfälle kommt das Paar wieder zusammen. Das Ergebnis ist, daß Ete ungewollt in eine spießige Existenz gedrängt wird, der er gerade noch rechtzeitig entkommen kann. Der Regisseur Peter Kahane vermittelt in diesem Film auf witzige und beinahe authentische Weise die Wunschprojektionen junger Menschen, die in einem durchgeordneten System von Familie, Arbeit und Freizeit ihre individuellen Spielräume suchen – und finden. Frische, spontan wirkende Dialoge, ironische Bildkommentare und das hervorragend aufeinan-

Hans-Peter Dahm und Julia Brendler in VERBOTENE LIEBE

der abgestimmte Zusammenspiel der beiden Hauptdarsteller verstärken die Larmoyanz eines Roadmovie aus dem sozialistischen Alltag mit seinen topographischen Besonderheiten zwischen der Bockwurst mit Senf und dem Traum vom eigenen Häuschen im Freien.

Als ein Schlüsselfilm für die DDR-Jugend, die zwischen Blauhelmen und Jeans zu wählen hatte und sich zu kreativen Kompromissen gezwungen sah, kann ERSCHEINEN PFLICHT von Helmut Dziuba (1984) angesehen werden. Es geht um Elisabeth, die Tochter eines verdienten und angesehenen Parteifunktionärs. Wie selbstverständlich genießt sie in der Schule und in ihrer Freizeit die Privilegien, die sich aus dem Amt ihres Vaters – er ist Ratsvorsitzender des Kreises – ableiten. Als er plötzlich stirbt, ändert sich Elisabeths Leben; sie merkt, daß ihr Ansehen und der Umgang mit ihr stark von der Stellung und dem Einfluß ihres Vaters abhingen. Das Mädchen überwindet seine Isolation, indem es sich mit seinem Vater auseinandersetzt. Aus Erinnerungen, Fotos und Gesprächen mit Bekannten puzzelt

Elisabeth sich ein Bild von ihm zusammen, zu dem auch unangenehme Überraschungen gehören. Ihr älterer Bruder Peter hat vor Jahren mit der Familie gebrochen, weil er dem mit dem Vorbild des Vaters verbundenen Anpassungsdruck entgehen und ein eigenes Leben führen wollte. Als Elisabeth an einer Friedens-Demo in Berlin teilnimmt, besucht sie ihren Bruder und lernt eine neue Facette der Familiengeschichte kennen. Sie weiß nun, daß sie zwischen »Erscheinen Pflicht« und dem Wunsch nach Unabhängigkeit einen eigenen Weg finden muß.

Dziubas Film entspricht exakt dem Bild einer selbstbewußten, optimistischen DDR-Jugend, die zwar nicht mit allem zufrieden ist, für die es aber keine entscheidenden offenen Fragen mehr gibt. Angesprochen werden unverblümt die gestörten Beziehungen zwischen den Generationen und das Verhältnis der Jugendlichen zu Staat und Partei, wobei hier die sensiblen Zwischentöne besonders beredt sind. In seiner stärksten Sequenz – am Ende des Films – konzentriert sich die Handlung ganz auf eine aussagestarke Bilder-Parabel: Auf der Rückfahrt von Berlin in ihre Heimatstadt hat Elisabeth die Fahne ihrer FDJ-Gruppe bei sich. Im Zug wird sie von einem angetrunkenen Typen angemacht und angegriffen. Als sie die »Fahne verteidigt« – er will sie aus dem Zug werfen –, holt sie sich ein »blaues Auge«.

VERBOTENE LIEBE von Helmut Dziuba (1989) und TANZ AUF DER KIPPE von Jürgen Brauer (1991) gehören zu den letzten Produktionen des DEFA-Jugendfilms vor der Wende. In VERBOTENE LIEBE geht es um ein Gerichtsverfahren, in dem ein 18jähriger wegen sexuellen Mißbrauchs seiner 13jährigen Freundin angeklagt wird. Sie sind in einer ländlichen Gegend als Nachbarskinder zweier verfeindeter Elternhäuser aufgewachsen; aus der Kinderfreundschaft wird eine heimliche Beziehung und leidenschaftliche Liebe, die ernsthafte Konflikte mit den Elternhäusern, der Schule und den Ortsfunktionären auslöst und dennoch nicht tragisch endet. Mit seinem Plädoyer »Mut zum Gefühl« will Dziuba in einer auf Anpassung ausgerichteten Zeit dazu ermuntern, eigene Wege zu gehen und der Kraft und Macht von Gefühlen zu vertrauen.

TANZ AUF DER KIPPE entstand in der Umbruchstimmung der Wendezeit. Der 17jährige Gerat, ein Außenseiter und aufbegehrender Typ, geht eine Beziehung zu einer verheirateten Lehrerin ein, weil er sich von ihr Halt in seiner Orientierungslosigkeit erhofft. Mit seiner Familie liegt er quer, die Diskussionen mit seinem Vater über den richtigen Weg, eine Lehrstelle zu finden, enden regelmäßig mit Streit und Handgreiflichkeiten. Gerats Problem ist, daß er in den Bewerbungen offen und ehrlich ist, sich nicht anbiedert und nicht lügt. Ein solches Verhalten ist ungewöhnlich und löst Skepsis und Argwohn aus, denn »ganz ohne Lüge geht es nämlich nicht«. Gerat gerät zunehmend in Schwierigkeiten. Er bemüht sich um eine Arbeit bei der Stadtentsorgung und findet sich auf einer Mülldeponie am Stadtrand wieder. Als er sich mit aller Kraft gegen gebräuchliche kriminelle Machenschaften wehrt, wird er verprügelt und landet in einem Tümpel mit ätzender Lauge, was ihn beinahe das Augenlicht kostet.

TANZ AUF DER KIPPE spielt 1989. Die Gesellschaft befindet sich in Agonie; in den benachbarten sozialistischen Bruderländern öffnen sich immer mehr Fluchtwege in den Westen. Während im Fernsehen die endlosen Aufmärsche mit Pauken und Trompeten und FDJ-Fakkelzügen zum 40. Jahrestag der Republik übertragen werden, wehrt sich Gerat dagegen, daß »sie hinter ihrem Rücken verscheuert wird«. Aber seine Kräfte allein reichen nicht aus.

Gerat ist – auch wenn der Film sich noch nicht ganz von der Didaktik und Prüderie des überkommenen DEFA-Stils befreit hat – ein Held der achtziger Jahre, so wie es Peter und Alfred (DENK BLOSS NICHT, ICH HEULE und JAHRGANG 45) eine Generation zuvor waren. Zumindest in den letzten DEFA-Jugendfilmen – vor allem in den Filmen von Dziuba und Kahane – wurde der Anschluß an die erfolgversprechenden Ansätze der spannendsten und aufregendsten Ära versucht, aber für einen aussichtsreichen Neubeginn war es schon zu spät.

Identifikation und Akzeptanz

Eine direkte Gegenüberstellung der Jugendfilme aus Ost und West hat es nie gegeben, sie läßt sich im nachhinein auch nicht mehr aussagefähig rekonstruieren. Eine vergleichende Bewertung und Analyse der Filme ist bislang über bescheidene Ansätze nicht hinausgekommen, erlaubt aber einige Hypothesen, die zu einer intensiveren Auseinandersetzung einladen. Die DEFA-Produktionen entstanden unter großzügigen professionellen Bedingungen. War ein Filmvorhaben einmal beschlossen, wurde es von Anfang bis Ende dramaturgisch betreut. Der Film konnte ohne Zeitdruck realisiert werden, wobei die gesamte Studiotechnik zur Verfügung stand. Den fertigen Filmen sieht man diese Voraussetzungen an: Sie sind als gesamtkünstlerische Leistung in der Regel handwerklich perfekt und bruchlos. Die positiven Beispiele des Jugendfilms aus der Bundesrepublik insbesondere in den siebziger Jahren verfügten zwar nicht über solche Produktionsbedingungen, wirken demgegenüber aber authentischer und spontaner, weil der direkte Einfluß von Jugendlichen deutlicher spürbar wird und zu ihren Gunsten auf Perfektion und künstlerische Ausformung verzichtet wurde. Sie konnten sich in den Film einbringen und ihre Sprache beibehalten. Die starren Konzepte, der moralische Impetus und die ideologischen Vorgaben erschwerten den DEFA-Filmen eine vergleichbare Vorgehensweise. Um von Jugendlichen akzeptiert und verstanden zu werden, hatte jedes Wort seinen eigenen Platz, jede Einstellung ihre besondere Bedeutung. Die Identifikation der Jugendlichen – in den westdeutschen Filmen unmittelbar über die jugendlichen Hauptdarsteller – verläuft hier eher über typische Situationen und in dem Vertrauen darauf, daß Pausen und Auslassungen richtig gedeutet und interpretiert werden. In den gelungenen, Authentizität anstrebenden westdeutschen Filmen werden Probleme direkt angegangen; Gefährdungsbereiche wie Gewalt, Drogen und Kriminalität werden nicht umgangen, sondern dort, wo sie der Lebenswirklichkeit entsprechen, als wesentliche Handlungselemente genutzt. DEFA-Filme wirken aufgrund ihrer Produktionsbedingungen und gefiltert durch ihre Zielvorgaben auch dort, wo die Autoren und Regisseure parteilich auf seiten der Jugendlichen stehen, immer etwas theatralisch und überinszeniert. Dieter Wiedemann: »Der Erfolg vieler Filme lag häufig auch darin begründet, daß in ihnen als ›offizielle‹ Verlautbarer etwas Kritisches ausgesprochen wurde, was zwar allgemein bekannt war, aber erst dadurch eine quasi gesellschaftliche Dimension bekam. Hinzu kamen bei vielen dieser Filme ›jugendgemäße Zutaten‹ wie: Musikstücke, die zumindest international klangen, wenn sie schon nicht dem jeweiligen Hitparadengeschmack entsprechen konnten, oder die das Protestmaterial der DDR-Rockmusik nutzten; das ›out-fit‹ der jugendlichen Darsteller; das Verwenden von Elementen einer Jugendsprache, zumindest von gängigen Slogans; eine gewisse, wenn auch häufig steril vermittelte, sexuelle Freizügigkeit. Bemerkenswert ist aber, daß sich die genann-

JANA UND JAN: Kristin Scheffer und René Guß

ten Filme kaum durch einen flotten Erzählrhythmus auszeichneten, sondern daß sie eher behäbig und gelegentlich sogar langatmig ihre Geschichten erzählten. Konzessionen an die durch Videoclips und Werbespots geprägten Wahrnehmungsgewohnheiten des jungen Publikums wurden kaum gemacht. Das Publikum wurde auch nur selten von originellen Bildern bzw. Sichten auf die ›sozialistische Wirklichkeit‹ überrascht, diese Filme funktionierten vorrangig über das gesprochene Wort in seiner Vieldeutigkeit. Und sie funktionierten auch, weil dem jugendlichen Kinopublikum Vergleichsmaßstäbe mit internationalen Filmen zu ähnlichen Themen fehlten.«

Freiheit und Einsamkeit

Den nach der Wende entstandenen DEFA-Jugendfilm JANA UND JAN (1991) wollte Helmut Dziuba bereits 1984 drehen. Die Brisanz des Themas – die »Werkhöfe« in der DDR, eine Mischung aus Erziehungsheim und Jugendstrafanstalt – stand einer Darstellung im Spielfilm entgegen. Erst nach dem November 1989 eröffneten sich Dziuba Chancen, das Projekt zu realisieren. Die ursprüngliche Geschichte wurde umgeschrieben und den aktuellen Ereignissen angepaßt. JANA UND JAN ist in seiner Parallelität zu OSTKREUZ (vgl. S. 215 f.) der ostdeutsche Blick auf die Wende-Jugend – auch er endet in der »Stunde Null«. Der Film beginnt 1989 in einem der Werkhöfe. Hinter den festen Mauern eines alten Schlosses trifft der Neuling Jan – 15 Jahre alt und elternlos – auf die 17jährige Jana, die bei den Mädchen das Sagen hat. Leichtfertig geht sie eine Wette ein, aus dem »Kleenen einen Mann zu machen«. Aus dem Spiel wird Ernst. Die reifere Jana wird für Jan zur ersten Liebe; die Beziehung gibt beiden Kraft, das trostlose Werkhofleben auszuhalten. Als Jana schwanger wird, raten alle zur Abtreibung. Für eine Liebe mit Folgen ist hinter festen Mauern kein Platz. Obwohl die heruntergekommenen Verhältnisse im Heim und die extrem feindlichen Reaktionen ihrer Schicksalsgefährten Jana das Leben zur Hölle machen, will sie das Kind behalten. Eine Revolte im Schloß, ausgelöst von den politischen Großereignissen, lockert die alte Abgeschlossenheit ein wenig. Was sich aber nicht ändert, ist die Isolation von Jana und Jan. Der neue Heimleiter und die Behörden greifen ein. Jan verschwindet in der geschlossenen Anstalt von Torgau. Doch was auch geschieht, sie zu trennen: sie finden immer wieder zueinander. Als sich im Herbst 1989 alle Mauern öffnen, fliehen beide. Als sie den kahlen Todesstreifen der alten Staatsgrenze vor sich liegen sehen und ihn überqueren könnten, setzen bei Jana die Wehen ein. Jana und Jan haben die ersehnte Freiheit vor sich, aber sie kommen nicht weiter. Der Film läßt offen, ob sie aus ihrer Einsamkeit heraus die Kraft und den Mut für einen Neubeginn finden. In dieser Schlußsequenz ist der Film beinahe identisch mit den letzten Bildern aus OSTKREUZ, wo Elfie und Edmund sich in einer ähnlichen Situation befinden.

Das Drehbuch zu JANA UND JAN schrieb Dziuba frei nach Motiven einer Erzählung des Lehrers und Erziehers Manfred Haertel. Die Liebe zwischen Jana und Jan ist ein Spiegel der gesellschaftlichen Umstände. Viele der jugendlichen Darsteller kennen das Milieu der Jugendwerkheime aus eigenen Erfahrungen; es kam darauf an, sie für die Authentizität des Films zu nutzen. Für den Regisseur, der in den meisten seiner Filme mit Laien gearbeitet hat, war das kein großes

Problem, doch die Bedingungen für die Arbeit der DEFA-Regisseure haben sich nach der Wende auch in diesem Punkt verändert. Helmut Dziuba: »Neu war, daß zu unserem Filmteam zwei Streetworker gehörten – für die jungen Leute wichtige und anerkannte Ansprechpartner. Wir brauchten sie nicht zuletzt wegen der Vorurteile, mit denen Jugendliche aus der Umgebung auf unsere Truppe reagierten.«

12 Neue Filme – neue Jugend?

Ende der achtziger Jahre und zu Beginn der neunziger sind die Jugendkulturen am Ende. Sie zitieren sich zunehmend selbst. Die
Teddy Boys aus dem London der fünfziger Jahre sind jetzt selbst alte
Daddies geworden, aber ihre Kinder versuchen zum Teil die Jugendkultur der Väter wiederzubeleben. Es kommt zum »Ted-Revival«,
auch in der Bundesrepublik (vgl. den Dokumentarfilm RANDALE UND
LIEBE des WDR). Zwar sorgen die Skinheads für neue Provokation,
weil sie rechtsradikale Tendenzen in die Jugendszene tragen, und die
»neuen Bundesländer« reagieren auf Liberalisierung und Grenzöff-
nung mit starken Reaktionen auf seiten der Jugendlichen, die jetzt
unbehindert die Freiheit in der Straßensozialisation genießen können, einströmen in die Jugendszenen des Westens, aber auch selbst
ihre Szenen ausbauen, wobei auch hier rechtsradikale Strömungen
(hoffentlich kurzfristig) die Straßen beherrschen. Aber sonst ist die
Provokationskraft der Jugendszenen gebrochen. Die großen sozialen
Bewegungen (Friedensbewegung, Anti-Atomkraft-Demonstratio-
nen) artikulieren sich noch einmal etwa anläßlich des Golfkriegs Anfang der neunziger Jahre, aber sie verlieren ihre prononcierte Außen-
seiterstellung und damit ihre provozierende Kraft. Weiter gibt es
Punks, aber inzwischen entweder in der Form des Freizeit-Styling junger Manieristen oder aber in den Sphären der Verwahrlosung und des
Alkoholismus, in der die subkulturelle Kraft der Punks gebrochen
erscheint, sie sind zum Sozialfall geworden. Daß auch der jugendkulturelle Aufbruch »altert«, ist eine neue Erfahrung. In den fünfziger
Jahren hatte es begonnen. Gegen den deutschen Schlager, die politische und musikalische Restauration standen die neuen Wilden (Marlon Brando, James Dean), stand der Rock 'n' Roll, der freilich unpolitisch blieb, aber doch Ausdruck eines neuen, unbändigen Lebensgefühls war. Jetzt ist diese damals im Radio kaum gespielte, manchmal
verbotene Musik in die Radiosender eingegangen, die sich teilweise
zum sogenannten Dudelfunk degradieren.

Aber immer noch bleiben die Kinos ein wichtiger Treffort für Jugendliche, ja besonders in den Metropolen werden neue Filmpaläste gebaut. Gleichzeitig greift das Filmangebot, das uneingeschränkt von den USA dominiert wird, die neuen Tendenzen auf. Filme, die Jugendliche in authentischen Situationen zeigen, Protest- und Outsidertum artikulieren, finden sich allenfalls im neuen englischen Kino und in den französischen Jugendfilmen der letzten Jahre (vgl. hierzu das Kapitel »Freche Mädchen aus England und Frankreich«, S. 180 ff.). Das amerikanische Kino hingegen verstärkt die Feier der Künstlichkeit und Kunstfiguren und bietet einer Jugendgeneration, die den Aufbruch der Väter nur noch als Geschichte und Geschichten kennt, technisch perfekte Konstrukte, die nicht in den Alltag der Jugendlichen zurückwirken sollen, sondern Intensität des Sehens und des Hörens verbürgen – während der Filmrezeption selbst, aber nicht darüber hinaus.

Das Schwarzenegger-Syndrom

Im amerikanischen Actionkino waren starke Männer immer gefragt. Arnold Schwarzenegger ist der Urenkel von King Kong, dem Kraftmonster, das durch die Straßen von New York City wanderte (1933) – damals waren die Muskeln vor allem bei Tieren zu finden, jedenfalls im Kino. Doch gleichzeitig kam Tarzan, der Affenmensch, auf die Leinwand (1932), und Johnny Weissmüller, gut gebaut und im Lendenschurz, verkörperte ihn (im wörtlichen Sinn) allein in zwölf Filmen. Der Muskelmann wurde in Steve Reeves (dem »Mister Universum« des Jahres 1950) zum Halbgott, der in einem der ersten italienischen Herkules-Filme 1959 die Hauptrolle spielte, sozusagen ein Tarzan-Homer. Während Tarzan Wildheit und Zivilisation zu vereinen suchte, sind die neuen Typen vor allem harte Fighter, Männer, die sich zu wehren wissen. Zum Jugend-Idol wurde dementsprechend die fernöstliche Variante (an die Stelle schwellender Muskeln treten Schnelligkeit, Geschicklichkeit) Bruce Lee (FISTS OF FURY). Und wieder gab es eine neue Welle, in Steven Seagals HARD TO KILL und

Linke Seite: Arnold Schwarzenegger als CONAN

ABOVE THE LAW, nicht zu vergessen der Belgier Jean-Claude Van Damme in den Karate-Filmen KICKBOXER und BLOODSPORT. Alle spielten in Szenen, die mit jugendlichem Leben nichts zu tun hatten, aber Projektionen von Stärke und Unbesiegbarkeit an sich banden, Kunstfiguren einer neuen Unerschrockenheit. Sie handelten, kämpften, reagierten flächig. Aber der Muskelmann entwickelte sich weiter, Sylvester Stallone wurde als »Rambo« ein neuer Perfektionist in der Darstellung männlichen Einzelgängertums (übrigens, Stallone wurde durch Reeves-Filme, vor allem seine Herkules-Darstellungen, dazu veranlaßt, mit Bodybuilding zu beginnen). Aber Rambo ist nicht nur ein action-man, sondern ist auch nachdenklich, zeigt Gefühle. Tarzan war und blieb dumm, Bruce Lee war ein permanenter Fighter, Rambo aber ist nicht nur dies, er trägt eine Ideologie mit sich herum, und er zeigt, daß er einsam ist. So spricht das »Time-Magazin« (33/1991) vom »neuen Muskelmann«, dessen Eigenschaften darin bestehen, die Männlichkeit im Body zu verkörpern, zugleich aber Soul zu zeigen. Inzwischen hat der Film-Muskelmann weiter abgehoben, und der Mensch war nur eine Zwischenstation nach dem Ausgangspunkt King Kong. Denn jetzt hat er sich weiterentwickelt zum Androiden, und Arnold Schwarzenegger stellt ihn dar, eine Kunstfigur, in der neue Sensitivität und High-Tech sich untrennbar verbinden. In TERMINATOR II: JUDGEMENT DAY muß er sogar sterben – eine neue Figuration in der Darstellung des Muskelmanns, der zwar manchmal dumpf-schwermütig sein konnte, aber die Unsterblichkeit gepachtet hatte. Verschwunden ist der Halbgott Herkules, der vor allem die italienischen Jungen bis heute begeistert; Schwarzenegger ist der neue Typ einer Kino-Endzeit, hinter der eine weitere Steigerung kaum zu erwarten ist. Seine Botschaft ist, das Gute und Wahre zu retten, eigentlich die Menschheit vor dem Untergang zu bewahren – das ist Eschatologie und knüpft an irrationale Zukunftsängste an, die viele Jugendliche haben. Die Tricks sind überwältigend, die Handlung kann vergessen werden. Genau dies ist der neue Aspekt des Jugendkinos am Ende des zweiten Jahrtausends: Gegen die Verkleinerung im Fernsehen treten die vorübergehenden Ekstasen der Wahrnehmungs-Überwältigung.

Statt Storys Überwältigung der Sinne

Längst liegt das Zauberreich der Phantasie nicht mehr in der Vorstellungswelt, die wir in uns tragen. Das Kino und das Fernsehen, sie machen alles sichtbar, ohne Unterlaß: nicht nur Hexen und Zauberer, sondern ganz neue Fabelwesen, einen »E. T.« vom anderen Stern (Steven Spielberg), einen beseelten Roboter in NR. 5 ANTWORTET NICHT, Schwarzenegger in TERMINATOR usf. Fantasy und Science-fiction sind in den Alltag eingegangen. Fremde Länder und fremde Sitten, Teufelskulte und übersinnliche Botschaften, intime Geheimnisse eines Schlafzimmers und politische Machenschaften, alles können wir verfolgen. Comic-Figuren und Trick-Arrangements vervollständigen das Repertoire des Zeigbaren, das die Grenzen des Vorstellbaren längst überschritten hat. So schlägt die Totalität der Verbildlichung alles dessen, was ist oder vorstellbar ist, um in eine Über-Verbildlichung. Damit gibt es keinen »Standpunkt« mehr gegenüber dieser rasenden Bilderflut. Der Wettersatellit in 10 000 Meter Höhe wird für uns ebenso sichtbar wie der Himmel über Europa, den er für uns fotografiert. Wir sehen den Einschlag der Bombe aus der Nähe, oder wir verfolgen wie bei den Bildern aus dem Golfkrieg ihre Fluglaufbahn mit, und wir sehen die Erde von außen, als blauen Stern. Es gibt keine Zentralität der Einstellung oder der Perspektive mehr. Das Prinzip des sich vielfach bis ins Unendliche spiegelnden Spiegels wird zur Welt-Sicht. Action, Porno, Horror, sie alle wollen nur das eine: durch Über-Faszination erreichen, daß keiner mehr wegsehen kann.

Nun fand ästhetische Wahrnehmung schon immer ihre Unterhaltungslust im Überrumpelt- und Beeindrucktwerden. Inzwischen ist in der überverbildlichenden Filmproduktion, insbesondere aus den USA, an die Stelle des Schauens der Zweck getreten, durch die Perfektion des Tricks zu überwältigen, der die staunende Faszination an die Stelle von Illusion und Träumerei setzt. In Spielbergs Film IN-DIANA JONES UND DER TEMPEL DES TODES (USA 1984) wird dies zum ersten Mal eindrucksvoll ausprobiert. So gibt es eine minutenlange Szene, in der ein offener Karren in einem Bergwerk mit Helden und Heldin an Unholden vorbeijagt, vorbei an immer neuen Gefahrenstellen, stets rasend, mit quietschend-lärmenden Schrill- und Obertönen. Suspence in Perfektion wird geboten. Das Auge gibt sich den gezeigten Bewegungen und gerade immer wieder abgewendeten Katastrophen hin, und wenn schließlich alles überstanden ist, bleibt im Kopf ein leerer Wirbel, wie Staubkörner, die sich allmählich legen – und dann ist eigentlich nichts gewesen. Weder sprachliche Mittel noch die Kompetenz der Wahrnehmungsverarbeitung reichen aus, zu beschreiben oder auch nachhallen zu lassen, was gesehen wurde. Dem entspricht, daß Jugendliche bei diesen Filmen immer mehr darauf verzichten, die »Story« zu erzählen, die nach Schema abläuft und nicht das Wesentliche des Films ist; sie rekapitulieren vielmehr die eindrucksvollen »Stellen« (wie früher in einer Erzählung die erotischen Partien herausgesucht wurden). Die Ästhetisierung tritt an die Stelle der Botschaft. Ein typisches Beispiel ist TOP GUN (USA 1986; Regie: Tony Scott). Auf den ersten Blick ein Flieger- und Kriegsfilm, der von der Überwindung des inneren Schweinehundes berichtet und durchaus eine Geschichte erzählt. Aber vor allem kreiert er einen Star, und er zeigt (etwa im Anfang) im dröhnenden Sound das Starten und Landen der Flugzeuge. Es ist ein Technik-Film, der die Technik zum eigentlichen Thema hat, die Raffinesse möglicher Bewegungen in der Luft, das Zusammenspiel von Mensch und Maschine, und wieder geht es in permanenter Reihung um Extremsituationen; es blitzt und kracht, Großaufnahmen von Gesichtern, Gespräche werden dazwischengeschoben, und wieder rollt die Action an. Dieser Typus verherrlicht die Oberfläche, das bloße Schauen, komplexe Gefühle und komplizierte Storys gibt es nicht mehr.

Die Clip-Generation

Die neue Multisensualität findet ihre Entsprechung im Videoclip, der ja auch keine Geschichte erzählt. Epische Breite ist ersetzt durch hartgeschnittene Flackerbildsequenzen. Auf diese Weise wird technisch das kleine Format des Fernsehschirms ausgeglichen: Man muß hinschauen, will man verstehen. Gleichzeitig zeigt der Videoclip die enge Verbindung, die schon immer zwischen der Musik der Jugendszene und den Filmen bestand, die in ihr besondere Beachtung finden. Denn der Videoclip ist aus auf Synästhesie, auf das Ansprechen möglichst vieler Sinne, vor allem auf Auge und Ohr. Die Wahrnehmungswelt für Jugendliche, das Wahrnehmungsangebot des Films – wir übersehen dies oft – ist nicht nur die Bilder- oder Schnittfolge von

Bildern, sondern es ist die mitgelieferte Klang- und Tonwelt. Dabei ist das Ohr noch offener als das Auge, auch ungeschützter. Denn das Auge kann ich abwenden oder schließen, das Ohr nicht (man kann es allenfalls mit Ohropax verstopfen). Jugendliche erleben gerade dies als lustvoll: Sie können in den Sound sozusagen eintauchen und in ihm emotional ertrinken. Während die Bilder eher kleiner wurden (Fotos, Dias, Fernsehbilder), hat sich die Hör-Intensität ihr Timbre bewahrt: Von High-Fidelity über den Home Tuner bis zu den Verstärkeraufbauten in Popkonzerten und zum Quadro-Sound, der Klangtotalität anstrebt und keine Raumlücke ungefüllt läßt. Der Erfolg der Videoclips besteht darin, daß sie beides verbinden: rasendschnelle Bildabfolgen als surreale Montagen, die rhythmisch getimt sind nach den stampfenden Rhythmen der Pop-Nummer.

Die Verbindung von Rock, Pop und Film ist schon immer eng gewesen (Baacke 1987, S. 83 ff.). Dies gilt für ROCK AROUND THE CLOCK (1956) ebenso wie für die Elvis-Presley- und Beatles-Filme (z. B. A HARD DAY'S NIGHT, 1964), Cliff Richard (in Großbritannien), für populäre Teenie-Filme (SATURDAY NIGHT FEVER, 1977) oder für ABSOLUTE BEGINNERS (1986). Die Videoclips haben (neben Platten-Cover und Szene-Zeitungen) neue optische Präsentationsweisen, vor allem modisch-exzentrischer Selbstdarstellung, entwickelt. Auch hier tritt verstärkt an die Stelle von Konzepten und Storys als Transportmedien die pure Präsentation der über Mode vermittelten personalen Mythen der neuen Rockstars. Wurzeln dieser Entwicklung liegen beispielsweise im Glam-Rock, als David Bowie, Lu Reed, Gary Glitter, Slade Roxy Music u. v. a. das Outfit zum zentralen Bedeutungsträger machten. Was bei Dallesandro und Mick Jagger begann, wird jetzt perfektioniert. Die neuen Glamour-Stars traten auf im hautengen Silberdreß und in Samt und Seide. Rouge, Duftwässer, falsche Wimpern, der Gebrauch von üppigem Make-up führten zu absichtlich irritierenden Inszenierungen. In den achtziger Jahren wird Grace Jones, in Filmen häufig Partnerin von Schwarzenegger, mit betont männlichem Bodybuilding-Habitus ebenso zum Szenen-Idol wie Boy George oder Madonna, die sich in dem semi-dokumentarischen Film IN BED WITH MADONNA (USA 1990; Regie: Alek Keshishian) als jemand darstellt, der noch das Privateste der Kamera preisgibt und damit die traditionellen Unterscheidungen zwischen »gespielt« und »wirklich«, »Inszenierung« und »Realität« hinter sich läßt. Ähnliches gilt für Prince, der sich in seinen Filmen zum Popstar-Idol stilisiert, ohne sich völlig ans Showgeschäft zu verraten: Der Anspruch seiner spezifischen Art des Rock wird nicht aufgegeben. Die Ineinssetzung von Privatleben und öffentlichem Schicksal konnte schon bei James Dean studiert werden, dessen früher Tod sozusagen zu seinen Filmen und seinem Spiel hinzukam, um ihn zur Legende zu stilisieren. Zu Lebzeiten versucht dies schon Michael Jackson, der sich durch Gesichtsoperationen und Bleichungen aus einem schwarzen Sänger in ein weißes Traumidol verwandeln will, um auf diese Weise nicht nur der reichste, sondern auch der unvergeßlichste aller Popstars zu werden. Diese konsequent betriebene Selbst-Idolisierung nimmt auch in Kauf, daß auf ein Privatleben alten Stils verzichtet wird: Der neue Jugendstar ist Spieler seiner selbst, nicht einer Rolle. Diese manieristischen Übersteigungen finden bei vielen Jugendlichen ein starkes Echo. Geboten wird über die neuen Idole eine breite Palette von Auswahlmöglichkeiten, die eins gemeinsam haben: den »schönen Schein« in die »schöne und perfekte Selbstdarstellung« aufzuheben und sich in dem Spiegel wiederzufinden, für den sie ihr Leben arrangieren – in einer Übersteigerung von jugendlichem Narzißmus, der auch den jugendlichen Zuschauern und Fans erlaubt, ihrerseits ihre Träume von Größe und Glück in die stellvertretende Apotheose des Popstars hineinzuverlegen.

Aber man qualifiziere diese Produkte nicht insgesamt als unkünstlerisch ab. Gerade die Videoclips sind oft anspruchsvoll, etwa indem sie das Prinzip der Bricolage, wie es viele Jugendkulturen pflegen, zum Gestaltungsmittel machen. Der Anthropologe Lévi-Strauss hat den Begriff Bricolage, wörtlich »basteln«, in seiner strukturalen Anthropologie entwickelt. Er meint mit dem Begriff eine Neuordnung und Rekontextualisierung von Objekten und Objektbeziehungen sowie Menschen zwischen ihnen, um neue Bedeutungen zu kommunizieren, und zwar innerhalb eines Gesamtsystems von Bedeutungen, das bereits vorhandene Bedeutungen aufarbeitet und zitiert. Dabei ist entscheidend, daß die Verwendung eines Gegenstandes, eines Stils oder einer Mode in einem anderen Kontext als dem ursprünglichen nunmehr gestischen, demonstrativen Charakter gewinnt. Ein klassisches Beispiel aus den frühen fünfziger Jahren (nichts ist ganz neu) ist die Nachahmung des Oberklassenstils durch die Teddy Boys in London, die dadurch eine neue Bedeutung schaffen. Ihren Mangel an Status,

Bildung und sprachlicher Artikulationsfähigkeit gleichen sie aus durch Übersteigerung der Erscheinung. Die Bricolage-Techniken von Jugendlichen beziehen sich vor allen Dingen auf ihre Kleidung. Aber es geht nicht allein um diese, sondern um das szenische Environment, in das alles eingelagert wird: Stil wird zum Styling, und die Videoclips sind die optischen Motoren dieser Bewegung. Zum einen geht es dabei um die Feier der Oberfläche. Schon Andy Warhol hat mit seinen Filmprodukten, etwa indem er in SLEEP seinen schlafenden Freund stundenlang zeigte, auf dieses Prinzip hingewiesen, nicht auf Tiefendeutung aus zu sein, sondern das Gesehene selbst in seiner Vielbezüglichkeit zu genießen. Es sind die Zitate und Dinge, die in ihren Kombinationen und Anspielungen faszinieren. Die Videoclips sind insofern auch esoterisch, als Erwachsene, die die szenischen Botschaften nicht erfassen können, an ihnen vorbeisehen. Sie kennen das Material nicht, das in neuer Bricolage verbunden wird.

Ein Beispiel dafür ist die Diskussion um Heavy-Metal-Videoclips. Pädagogen sehen in diesen Clips eine direkte Gefährdung von Kindern oder Jugendlichen, weil in ihnen Gewalt gezeigt und verherrlicht werde, untermalt von aggressiver Popmusik als Strukturelement, die die Emotionen verstärkt aufpeitscht. Body, Soul und Emotion werden vom Heavy Metal auf die Szene gerufen. Untersuchungen haben gezeigt, daß die Fan-Gemeinde »ihre« Videoclips sehr genau und differenziert versteht, während andere sie kaum noch nachvollziehen können. Dies gilt auch für viele Jugendliche, wenn sie nicht Heavy-Metal-Fans sind. Da Heavy-Metal-Videoclips häufig Lebenswelten und Artikulationsformen unterer sozialer Schichten aufgreifen, finden sie dort auch eine große Anhängerschaft; die andere Gruppe besteht eher aus Studierenden, die den rauhen, provokanten Ton als letzte Bastion von Protesten benutzen, die der Jugend von heute offenbar geblieben ist. Ausschnitthafte Bilder um die Musikgruppe; Bild, Gags und Musiker im Schachtelsystem verbunden; Spielfilmteile und Musik zitathaft eingestreut oder aber abstrakte Konfigurationen – der Videoclip hat sich zu einem eigenen Ausdrucksgenre mit vielen Untergruppen entwickelt, die ebenso viele Fan-Gemeinden repräsentieren. Eins ist allen gemeinsam: die Faszination durch die Verbindung von Bild und Ton und der Spaß an Entzifferungsleistungen, die die Bricolage anbietet (darum auch das Vergnügen vieler

Jugendlicher an der Werbung – sie bietet inzwischen ebenso einen Zitatenschatz an wie etwa früher die klassische Literatur).

Damit ist die Entwicklung derzeit an ein gewisses Ende gekommen. Über die neuen Ausdrucksweisen werden die jugendlichen »Rezipienten« und die darstellenden »Stars« nicht mehr kategorial getrennt, denn beide inszenieren ihren persönlichen Mythos als Spiegelungsverhältnis und erleben so Zusammengehörigkeit und damit möglicherweise ein Gefühl von Akzeptiert-, ja Geliebtsein. Die Videoclips sind nicht mehr Transporteure, und sie verbreiten nicht mehr Botschaften, sondern sie sind die Bedingung dafür, daß das Outfit, das Styling »zu sich selbst kommen«, und damit sind sie untrennbarer Bestandteil der Szene und füllen das Vakuum an Intensität aus, das viele Jugendliche heute empfinden.

Die Clip-Ästhetik ist nicht den Videos vorbehalten, sondern sie hat Eingang gefunden in die Filmproduktionen des letzten Jahrzehnts. Ein besonders gutes Beispiel ist der Kultfilm ABSOLUTE BEGINNERS – JUNGE HELDEN (Großbritannien 1986; Regie: Julien Temple). Das Film-Musical mit David Bowie erzählt die Geschichte des jungen Fotografen Colin und seiner Freundin, des Mannequins Suzette. Weniger wichtig als diese eher durchschnittliche Liebesgeschichte inmitten von Straßenunruhen und Rassenkämpfen im London der fünfziger Jahre ist die Gestaltung in Form einer Reihe greller Videoclips, in denen die Geschichte sozusagen außer Atem erzählt wird. Damit wird eins aufgegeben, daß dem erzählenden Kino, aber auch authentischen Filmen noch zu eigen war: die Möglichkeit zur Reflexivität. Diese besteht darin, daß das Medium – hier: der Jugendfilm – seine Eigengesetzlichkeiten zur Sprache bringt und es damit erlaubt, seine Glaubwürdigkeit, die Ansprüche seiner Inhalte kontrollierbar zu machen. Der auf Einzel-Höhepunkte und einprägsame Szenen montierte Film, der seine ästhetischen Muster aus dem Videoclip bezieht, gibt solche Verarbeitungsdistanz auf und nötigt auch nicht, *nach* dem Sehen des Films noch über seine wie auch immer geartete »Botschaft« zu sprechen. Das Schau-Ereignis hat sich im Seh-Akt erledigt. Die durchaus zitierten und angespielten Inhalte haben sich gleichsam in der Form (Verbindung von Präsentation und Soundtrack) aufgelöst, ohne noch eine Sinnspur zu legen – der Reiz besteht darin, sich an sich selbst zu entzünden und zugleich wieder auszulöschen, damit ein anderer folgen kann.

13 Rück-Projektionen und Ausblicke

Mit AMERICAN GRAFFITI aus dem Jahre 1973 fing es an: Eine geballte Ladung gefälliger Rockmusik, verpackt in bonbonfarbene Bilder verklärter Jugendzeit, traf den Nerv einer Zeit, in der die Altstars des Rock 'n' Roll in Revivalveranstaltungen wieder ihre großen Auftritte hatten. Der Film stellt ein eigentlich kleines Ereignis – eine heiße Sommernacht in einer kalifornischen Kleinstadt im Jahre 1962 – groß heraus. Steve, Curt, Terry und John, vier Freunde der Abschlußklasse einer Mittelschule, treffen sich mit ihren Freundinnen zum letzten gemeinsamen Abend. Zwei von ihnen, Steve und Curt, wollen am nächsten Morgen die Stadt verlassen, um an einer Universität an der Ostküste zu studieren. Doch Steve fällt es schwer, sich von seiner Freundin Laurie zu trennen; er überdenkt seine Entscheidung. Terry erlebt eine durch Mißgeschicke angereicherte Beziehung mit der blonden Debbie, und John, der selbststilisierte Rebell in James-Dean-Attitüde, zieht einsam seine Bahnen. Das Timing der Handlung und die Choreographie der Bewegungen bestimmt der sagenhafte und in den Autoradios allgegenwärtige Discjockey Wolfman Jack – mit seinen Platten, Ansagen und Anreden der große Kommunikator der Szene. Welche Wege die einzelnen auch gehen, welche Straßen sie auf ihren lässigen Autotouren auch kreuzen; die Beach Boys, Bill Haley and His Comets, Fats Domino, Lee Dorsey, Chuck Berry, Buddy Holly und alle anderen sind immer dabei – und alle Wege führen zumindest einmal am Abend zu »Mels drive in«, wo junge Girls auf Rollschuhen, in engen Hosen und großzügigen Blusen den Petticoats, Pferdeschwänzen und Schmalzlocken Fast food ans Auto tragen. Die Szene wird zum Boulevard der Selbstdarstellungen und Eitelkeiten; man will sehen und gesehen werden, auffallen um jeden Preis, auf sich aufmerksam machen. Wenn es nicht das Outfit ist oder die beachtliche PS-Stärke unter der Motorhaube, dann sind es die lockeren Sprüche, waghalsigen Mutproben oder eine Gelegenheit, sich mit anderen anzulegen und die Cops zu provozieren.

Wie kaum ein anderer Film verdichtet AMERICAN GRAFFITI Typen, Themen und Treffpunkte zu einem in sich stimmigen Nostalgie-Ensemble. Der Film einer außergewöhnlichen, exzellenten Crew (Produktion: Francis (Ford) Coppola; Kamera: Haskell Wexler; Regie: George Lucas), der für eine Reihe von Jungstars (u. a. auch Richard Dreyfuss) zur entscheidenden Stufe der Karriereleiter wurde, ist ein Klassiker des Jugendfilms und genießt heute zu Recht den Status eines Kultfilms, an dem sich viele Nachfolger orientierten. Wie kaum ein anderer Film hat er es verstanden, den Abschied von der Jugend und die gemischten Gefühle gegenüber dem Erwachsenwerden so unprätentiös und sensibel einzufangen, daß er – obwohl er an eine bestimmte Zeit gebunden ist – zeitlos bleibt. Der Film löste die gleiche Wirkung wie die Wiederauftritte von Little Richard und Chuck Berry aus: Die Eltern nahmen ihre Kids mit – oder umgekehrt. Nun waren auch die Oldie-Filme mit ihren alten Tönen und Themen wieder »in«; neue entstanden in schneller Folge. Sie alle rekonstruierten oder beschworen den Sound und die Stimmung früherer Generationen. Waren die Rückblicke auf die fünfziger Jahre verklärend-melancholisch und realitätsentrückt, so mischten sich in die Filme über die sechziger Jahre auch kritische, traumatische Reflexionen. Für viele der Macher, die in den Filmen sehr oft ihre eigene Jugend einholten, bildete der Vietnamkrieg – die Einberufung oder der Protest dagegen – einen entscheidenden Einschnitt in ihrem Leben.

Zu den zahlreichen Filmen, die diesem Trend folgten, gehören u. a. STARDUST (Großbritannien 1974; Regie: Michael Apted – die Geschichte einer Popband), I WANNA HOLD YOUR HAND (USA 1978; Regie: Robert Zemeckis – Ereignisse am Rande der Beatles-Tournee in den Vereinigten Staaten), DINER (USA 1982; Regie: Barry Levinson – eine Jugendclique in Baltimore 1959), PURPLE HAZE (USA 1982; Regie: David Burton Morris – Abschied von Hippie-Träumen im Sommer 1968), BACK TO THE FUTURE (ZURÜCK IN DIE ZUKUNFT, USA 1985; Regie: Robert Zemeckis – mit der Zeitmaschine ins Jahr 1955), PEGGY SUE GOT MARRIED (PEGGY SUE HAT GEHEIRATET, USA 1986; Regie: Francis (Ford) Coppola – eine 40jährige Geschäftsfrau wird 25 Jahre jünger), HEARTBREAK HOTEL (USA 1988; Regie: Chris

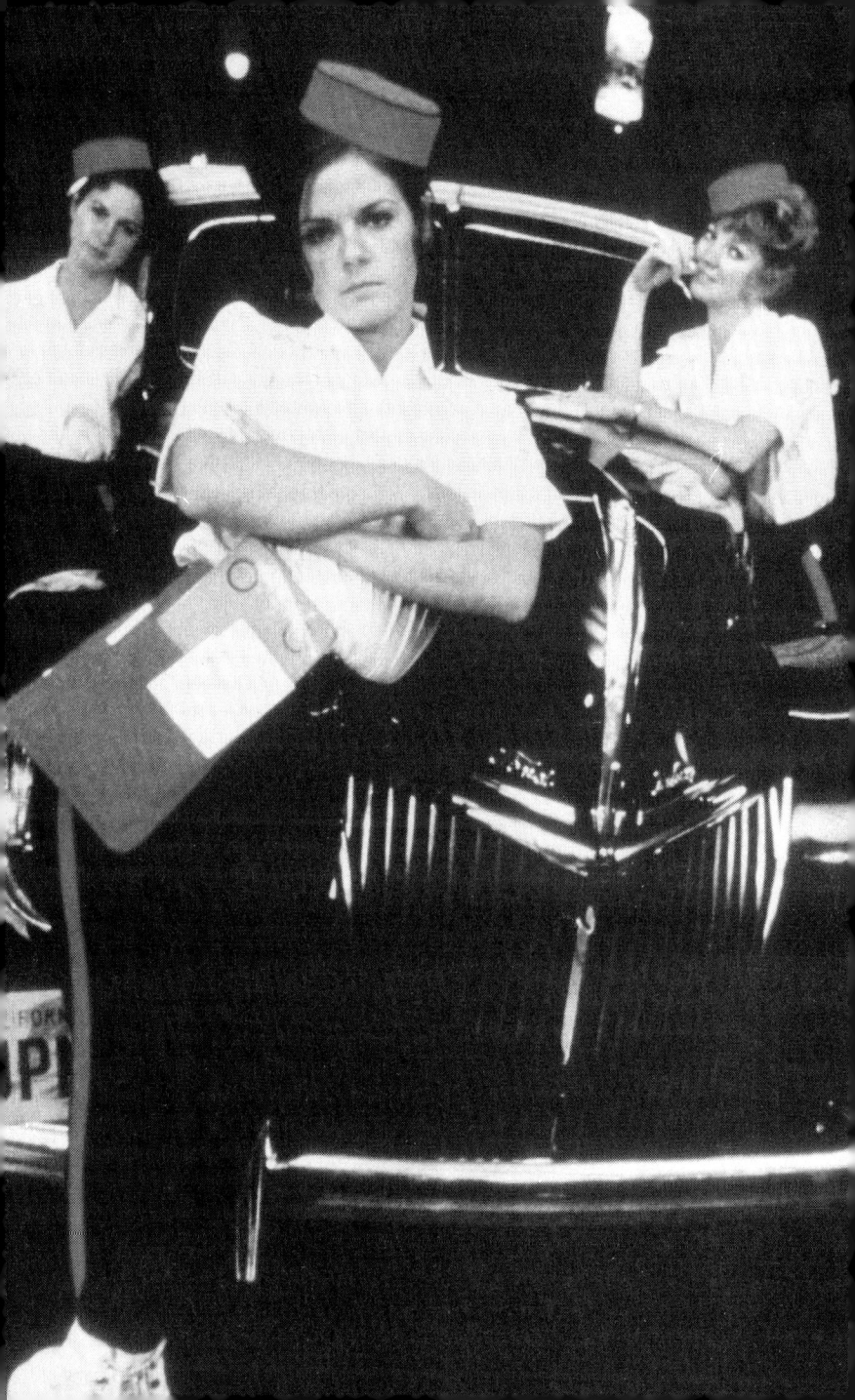

Tumulte um THE DOORS – Val Kilmer als Jim Morrison

Columbus – ein Junge in Ohio entführt »King« Elvis, um seiner Mutter eine Freude zu machen) und AMERICAN BOYFRIENDS (Kanada 1989; Regie: Sandy Wilson – Hippie-Kult, Flower-Power, Petting und Vietnam-Verweigerung in Kanada Mitte der sechziger Jahre). Als 1978 im Rahmen der Berliner Filmfestspiele ESKIMO LIMON / LEMON POPSICLE (Israel 1977; Regie: Boaz Davidson) uraufgeführt wurde, ahnte wohl nicht einmal das anwesende Fachpublikum, daß sich der nostalgisch-heitere Rückblick auf die fünfziger Jahre zu einer der erfolgreichsten Komödienserien des internationalen Kinos entwickeln würde. Der EIS AM STIEL-Zyklus brachte es – bis heute, 1993 – auf acht Folgen, die den Lebensweg dreier Jungen über zehn Jahre begleiten: die übermütigen Streiche der Schulzeit, erstes Liebesglück und -leid, schließlich der sogenannte Ernst des Lebens, die Militärzeit und der Start ins Berufsleben.

Einige der Filme, die in diesem Umfeld entstanden, konnten sich durch ihr besonderes Gespür bei der Besetzung der Hauptrollen, die Gestaltung des Ambientes und die gelungene Ausstattung oder eine sensible Stoff- und Themenauswahl vom Durchschnitt abheben und werden heute als Kultfilme gefeiert: THE OUTSIDERS (USA 1982; Regie: Francis (Ford) Coppola – die Auseinandersetzungen zwischen einer Bande armer und reicher Jugendlicher), STAND BY ME (USA 1986; Regie: Rob Reiner – Jugenderinnerungen nach einer Novelle von Stephen King) und ABSOLUTE BEGINNERS (Großbritannien 1985; Regie: Julien Temple – eine synthetische Londoner Szene des Jahres 1958 als Choreographie irrer und überdrehter Typen). Zu den letzten Erfolgen dieser Serie zählen DEAD POET'S SOCIETY (DER CLUB DER TOTEN DICHTER, USA 1989; Regie: Peter Weir – ein unangepaßter Lehrer animiert in einem ehrwürdigen Internat Ende der fünfziger Jahre mit unkonventionellen Methoden seine Schüler zum eigenständigen Denken) und THE DOORS (USA 1990; Regie: Oliver Stone).

Seit über zwei Jahrzehnten ist der Prominentenfriedhof Père-Lachaise in Paris Ruhestätte von Jim Morrison und Wallfahrtsort seiner Fans. Der legendäre Bandleader der »Doors« starb am 3. Juli 1971 unter mysteriösen Umständen in Paris. 1991 waren es mehr denn je, die sich, mit Walkman, Kassetten, Kerzen, diversen Rauchwaren und Getränken ausgestattet, dort einfanden. Das Grab ist eine generations- und kontinentübergreifende Kultstätte. 1991 war das Jahr Jim Morrisons – und THE DOORS das dazu passende Medienereignis. Der langjährige Doors-Fan Oliver Stone zog bereits 1987 eine mögliche Verfilmung der wechselvollen Band-Historie von Morrison & Co in Erwägung. Für den Morrison-Part hatte er damals noch Billy Idol vorgesehen, was durch einen schweren Motorradunfall des Stars vereitelt wurde. Val Kilmer rückte nach und besticht durch seine nahezu unglaubliche Präsenz und psychische Identifikation mit Jim Morrison. Beginnend mit den Anfängen am Strand von Venice, Kalifornien, über die Skandalkonzerte von New Haven bis hin zum Untergang im Alkohol- und Drogenrausch, zeichnet Stone die Stationen einer extremen und selbstzerstörerischen Musikerkarriere nach. Sein Inszenierungsstil bei den Konzerten gleicht einer dokumentarischen Kamera, die spontan wirkend – aber perfekt arrangiert und getimt – auf Morrisons Provokationen, auf die Tumulte und das Chaos reagiert. Insgesamt wurden über 30 000 Statisten eingesetzt, um spektakuläre Live-Auftritte vor der Kulisse der Flower-Power-Atmosphäre zu wiederholen. So aufwendig und gründlich wie Stone in THE DOORS hat kein anderer Regisseur die Zustandsbeschreibung der 68er Generation ins Bild gesetzt. Das geht hin bis zu filmischen Anleihen: In den

Trip-Sequenzen bedient sich der Film der meditativen und explosiven Stimmungen des Undergroundfilms der sechziger Jahre. Mit den Mitteln des psychedelischen Films werden die Drogen-Erfahrungen versinnbildlicht und Wahrnehmungsebenen visualisiert, die Morrison bis zur Schmerzgrenze in Musik umsetzte.

Mit THE DOORS wurde ein vorläufiger Schluß- und Höhepunkt einer nostalgischen Rückwärtswelle des Films gesetzt – einer Entwicklung, der sich auch deutsche (Jugendfilm-)Regisseure angeschlossen haben: Hark Bohm mit HERZLICH WILLKOMMEN (BRD 1989 – ein junger Mann flüchtet in der Adenauerzeit aus der DDR in den Westen) und Arend Agthe mit WUNDERJAHRE (BRD 1990 – im Wirtschaftswunderjahr 1957 kommt ein 13jähriges Mädchen vom Heim in eine Pflegefamilie, in der es sich allerdings nur als »Lückenbüßerin« für ein auf der Flucht verlorenes Kind sieht). SCHULD WAR NUR DER BOSSA NOVA von Bernd Schadewald (BRD 1992) führt zurück in eine kleine Ruhrgebietsstadt im Frühsommer 1963. Eine Lehrabschlußfeier wird für eine Clique zum Anlaß, über Zukunftsträume und Lebensplanung nachzudenken. Weniger nostalgisch, aber dafür bissiger und treffender leistet DAS SCHRECKLICHE MÄDCHEN von Michael Verhoeven (BRD 1989) eine Aufarbeitung der Kriegs- und Nachkriegszeit. Im Mittelpunkt der nach einem authentischen Fall gedrehten Filmsatire steht eine Schülerin, die durch Recherchen über die Nazizeit die Honoratioren einer bayerischen Bischofsstadt aufschreckt. Verhoevens filmisches Plädoyer für Zivilcourage konnte sich in den deutschen Kinos nicht durchsetzen und errang im Ausland weitaus mehr Beachtung und Anerkennung als in Deutschland.

Nostalgie und Konservatismus

Solche nostalgische Rück-Projektionen im Film stehen nicht allein, sondern sind Bestandteil eines allgemeinen Zeitgefühls der späten achtziger Jahre. Es gibt einen Zusammenhang zwischen Nostalgie und Konservatismus in dem Sinne, daß sowohl utopische Zukunftsentwürfe als auch allzusehr dem Alltag verhaftete Beschreibungen jugendlichen Lebens nicht ausreichen, Seele und Emotionen aufzufüllen. Festzustellen ist eine Klimaveränderung im gesellschaftlichpolitischen Bereich, die mit Wiederentdeckungen verbunden ist: der deutschen Innerlichkeit in der Literatur und der Feier des Subjekts, der Romantik in der Malerei, dem neuen Interesse am Okkultismus und einem erlahmenden Interesse an kritischen Gesellschaftstheorien.

Natürlich sind nostalgische Strömungen dieser Art nicht völlig neu. Schon in den sechziger Jahren, der Zeit der großen jugendkulturellen Aufbruchsbewegungen, gab es eine Rückwendung zur Natur, eine Ablehnung der »kalten«, von Technokraten beherrschten Gesellschaft. »If You Want To Be Free!«, dieser bekannte Song könnte auch ein Motto abgeben für die Subkultur der »New-People«, der Hippies und grünen Kommunen. Damals hieß es »We cant be together!«: Es gab einen Aufbruch mit dem Risiko des Abenteuers – durch Poesie, Liebe, Gemeinschaft – und die Verherrlichung natürlichen Lebens. Freilich, auch damals waren die Bilder, nach denen diese jungen Leute lebten, selbst nostalgisch: zeitlose Abziehbilder der eigenen Wünsche. Damit fehlt eine Tiefendimension, die gleichzeitig ein analytisches Instrument sein könnte: die *Geschichte*, denn zu analytisch-historischer Durchdringung, zum wirklichen Verstehen dessen, was war, ist Nostalgie, so stark sie subjektiv empfunden sein mag, nicht fähig. Die Wiederentdeckung des Rock 'n' Roll, die Feier der fünfziger Jahre in vielen Filmen, all dies dient weniger dazu, Geschichte zu bearbeiten, als vielmehr dazu, das eigene Unbehagen an der Gegenwart ein Stück weit durch diffuse Rückerinnerungen zu beschwichtigen.

Etwas anderes kommt hinzu: Nostalgische Bewegungen gibt es offenbar immer dann, wenn eine stilistische Weiterentwicklung der Jugendkulturen nicht in Sicht ist. Dies ist derzeit der Fall. Nach Punk, Reggae und Rap gibt es mehr Zitate als neue Stilrichtungen. So werden die Anfänge der Rockmusik wieder lebendig, etwa im Film THE WONDERBEATS. (Siehe auch »Hard Days, Hard Nights, Hard Movies – die deutsche Szene«, S. 134f.) Hinter dieser fiktiven Gruppe verbergen sich die »Rattles«, die einstige deutsche Antwort auf die Beatles aus Liverpool. Es ist ein Film über die Anfänge der Rockmusik in Deutschland. Nicht technische Perfektion des Studios, sondern der Charme ganz unprofessioneller Anfänge wird gefeiert: Achim Reichel und Herbert Hildebrandt – von Jürgen Vogel und Ralph Richter dargestellt – trainieren in Hamburg-Maschen an der Mistforke für Baß und E-Gitarre. Die beiden anderen Jungen des Quartetts waren zunächst Bademeister und Apothekersohn. Der Aufstieg der Gruppe ist wie ein Märchen: Sie hatte in drei Jahren fünfzehn Hits in den Charts und wurde 1966 zur beliebtesten Rockgruppe der Bundesrepublik gewählt, vor dem Medium-Terzett und den Lords. In den Szenen zwischen Bienenbüttel und Buxtehude genießen die Rattles, die erste Generation von Rockprofis, die Wonnen des Anfangs und des Aufstiegs: Achim leistet sich eine Couchgarnitur, Rudie spricht dem Racke-Rauchzart-Whisky zu, die beiden anderen kaufen sich eine Lederjacke und einen Sportwagen. Damit lösen sie sich von der dörflichen Szene und lassen in den »In«-Clubs die Sau raus, begleitet vom Gekreische ihrer Anhängerinnen.

Daß die Vergangenheit nicht vollständig zu rekonstruieren ist, wird in der Musik des Films deutlich: Die Songs des Films THE WONDERBEATS sind alle neu geschrieben und natürlich auch neu eingespielt, eine ahistorische, in Ausdrucksweise und Stimmung dennoch auch den heutigen Nerv treffende Darstellung.

Zwanzig Jahre später gibt es dann »Die toten Hosen«, die in dem Film DIE TOTEN HOSEN – DREI AKKORDE FÜR EIN HALLELUJA (BRD 1991; Regie: Trini Trimpop) ihr zehnjähriges Jubiläum feiern. Auch damit entsteht nostalgische Geschichte, denn die Gründerzeiten der Toten Hosen sind längst vorbei, die Herausforderung des Punk ist alltäglich geworden. Trini Trimpop, ursprünglich Schlagzeuger und jetzt Manager der Band, hat aus Super-8 und 16-mm-Stücken, Konzertmitschnitten, Amateurvideos, Interviewfetzen und Fernsehauftritten einen Film über die vergangene Ära der Popmusik zusammengestellt. Das Bürgerschreck-Image der Punks haben die Toten Hosen in diesen Film hinübergerettet. Aber auch hier bleibt der Widerstand, der Aufruhr gegen die wohlanständige Gesellschaft eher im Zitat. Es ist ein Gestus, von dem sich die neuen Kids noch immer überwältigen lassen können, aber auch dieser Film blickt eher zurück – nicht im Zorn, sondern im genußreichen Wiederbeleben der schönen, wilden, alten Zeiten.

Derzeit teilt der Film das Schicksal mit der Rockmusik, eher in Bricolagen und Zitaten Ausdrucksformen zu finden als in neuen Themen und Tönen. Alles ist heute möglich und wird zum Teil parallel produziert: ästhetisch-avantgardistische Produkte, neue Manierismen, Suche nach religiös-spirituellen Erfahrungen, Mainstream-Unterhaltung – alles bietet sich an, ist möglich, wird aufgegriffen und bearbeitet. Die großen jugendkulturellen Strömungen haben sich zur Zeit verästelt in viele kleine Zitat- und Erinnerungsgewässer: Body, Action und Emotion binden zwar in ihrer Unbedingtheit und Stärke an die Gegenwart, aber diese findet ihre Ausdruckszeichen eher in der Rückwendung auf schon durchlebte Zeiten, Stile und Mythen.

Die frühgeübte Mediengeneration

Wie es weitergehen wird mit Jugend und Jugendfilmen, ist zur Zeit schwer abzuschätzen. Zu bedenken ist, daß eine neue Generation heranwächst, die von früher Kindheit an, vor allem über den Fernsehapparat, die Audiokassetten und das Videogerät, mit Medien-Mythen versorgt wird. Wie Untersuchungen zum Sehverhalten von Vorschulkindern gezeigt haben, sind diese bereits gewohnt, schnell faszinierende Bildfolgen zu konsumieren, die sie langen Einstellungen in der Regel erheblich vorziehen. Kinderprogramme gewinnen neue Inhalte und Formen; die privaten Anbieter bieten Action- und Zeichentrickserien neueren Typs, die die »Kids« schon sehr früh in die popkulturellen Ausdrucksformen einführen. Handele es sich um Michael Knight aus KNIGHT RIDER oder Huckleberry Hawke aus AIRWOLF oder HI MAN: »Helden in Action- und Cartoon-Serien des Fernsehens spielen schon im Leben von Kindergarten-Kindern eine ganz besondere Rolle: Sie treffen den Nerv der Kinder von heute, deren Alltag ein festgespanntes Netzwerk von Ge- und Verboten, Leistungs- und Liebeserwartungen Erwachsener überzieht und deren Lebensräume zunehmend einschränkt und reduziert, wenn sie nicht schon ›kaputt‹ sind. Im Spannungsfeld von kindlichem Autonomiestreben und Abhängigsein bieten ihnen die Phantasiewelten der Serienprodukte eine Möglichkeit, sich ›Freiräume‹ zu verschaffen. Ihre mehrfach medial vermarkteten Helden werden zu ›Stellvertretern‹, ›Gefährten‹ im Kinderalltag. In ihre Symbolgewänder sicher eingehüllt, geben Kinder ihren Träumen, Ängsten, Wünschen und Hoffnungen Ausdruck« (Paus/Haase, 1991, S. 1).
Erfahrungen mit bewegten Bildern machen bereits Kinder im Kindergarten; in ihre Spiele gehen nicht nur die alten Märchen und Abzählreime ein, sondern ebenso die neuen Werbesprüche und eben die se-

rienhafte Vervielfältigung zu bewundernder Helden und Heldinnen, die zur Identifikation einladen. Hier wächst eine frühgeübte Mediengeneration heran, die das Historische oft gar nicht erkennt, weil die Medien eben Geschichte eher auslöschen. Denn gerade auch die Kinoleinwand bezieht ihre Wirkung ja aus der Überwältigung, nicht der reflektierenden Analyse. Zu erwarten ist, daß die Jugendszenen, wie sie hier dargestellt wurden, bald von Kinderszenen grundsätzlich nicht mehr zu trennen sind, weil die moderne Kindheit sich schon schnell auflöst in die auch Jugendlichen und Erwachsenen zugänglichen Mythen und Wiederholungen – ohne daß diese immer als solche erkannt werden. Wichtig ist darum eine Film- und Medienerziehung, die ästhetisches Qualitätsbewußtsein fördert und Kindern deutlich macht, daß auch Filme ihre Geschichte haben. Sollten sie dies lernen, können wir mit Jugendlichen rechnen, die neue Szenen und Szenenentwürfe in ihren Alltag hineinbauen, und wir dürfen hoffen auf Filme, die aus der Inspiration neuer Jugendszenen leben und ihnen möglicherweise gleichzeitig ein Stück weit voraus sind, weil große Regisseure und Schauspieler wie Schauspielerinnen es immer wieder schaffen, den Alltag als pure Wiederholung zu transzendieren.

Die Welt der Neunziger – das ist Wayne's World

Der Kultfilm dieser »frühgeübten Mediengeneration« ist WAYNE'S WORLD von Penelope Spheeris (USA 1992). Die Regisseurin drehte zuvor harte, unkonventionelle Actionfilme vor dem Hintergrund des Alltags Jugendlicher am Rande der Gesellschaft. Beachtung fand vor allem ihre zweiteilige Dokumentation über Punk- und Heavy-Metal-Musik und deren Publikum. Der internationale Hit WAYNE'S WORLD, der gleich nach dem Start die Spitze der US-Charts eroberte und innerhalb der ersten vier Wochen 70 Millionen Dollar einspielte, tanzt nur beim ersten Augenschein aus der Reihe. Die Regisseurin, die zuvor auch mehrere Sketche für »Saturday Night Live« produzierte – mit dieser populären TV-Show verbinden sich Namen wie John Belushi, Dan Aykroyd, Chevy Chase –, hat die Banalitäten des Alltags, Background ihrer früheren Filme, auf die Spitze getrieben und in einem Knalleffekt voller Komik platzen lassen. Seit 1989 gehören die Heavy-Metal-Freaks Wayne und Garth zu den festen Bestandteilen der Sendung, aus deren Gagfabrik auch der Kultfilm BLUES BROTHERS hervorgegangen ist.

Die Story um Wayne (Mike Myers) und Garth (Dana Carvey) ist Nebensache: Es geht um zwei verrückte, liebenswerte Fans ohrenbetäubender Musik, die im Keller des Elternhauses eine private Cable-TV-Station betreiben. Mit dem Leben außerhalb dieser schallisolierten Welt können sie nicht viel anfangen. Dennoch läßt sich ihr flippiger Anti-Chic gut vermarkten. Ein schmieriger Manager (Rob Lowe) legt die beiden aufs Kreuz, bis ein Mega-Happy-End den in die Jahre gekommenen Jungs alle Träume erfüllt. Gleichzeitig hat die von Wayne angebetete Sängerin Cassandra (Tia Carrere) ihren ersten großen Erfolg.

Wayne und Garth sind synthetische Geschöpfe, die sich mit flotten Sprüchen und albernen Gesten selbst inszenieren. Indem sie sich direkt an die Zuschauer wenden und diese in ihre Medien-World einbeziehen, unterlaufen sie absichtsvoll die Spielregeln, auf die sie sich eingelassen haben. Die Handlung des Films ist in ihrer Abfolge beliebig wie eine Endlosschlaufe; es kann jederzeit ein- oder ausgestiegen werden. Die Lebenserfahrungen von Wayne und Garth kommen aus den TV-Serien, und ihre Lebenserwartungen sind darauf ausgerichtet, selbst zu einem Teil dieser Medienwelt zu werden. Die nicht alternden Kids machen eine Show für ihresgleichen; alle Macht gehört den Sponsoren, und den Lebensrhythmus bestimmen die Minuten zwischen den Werbespots. Selbstverständlich gibt es in WAYNE'S WORLD auch einen Stargast: Dieser heißt Alice Cooper – und der scheint aus einer anderen, früheren Welt zu kommen.

In den fünfziger Jahren gehörte Typen wie Marlon Brando und James Dean die Welt, später waren es die »Easy Rider«, die »Wild Angels« und »Warriors«. Die achtziger Jahre waren die des Stallone- und Schwarzenegger-Kults. Die Welt der Neunziger – das ist »Wayne's World«: das Imperium der postmodernen Beliebigkeit mit Fernbedienung, Studioeffekten, CDs und Videospielen, Partys, Donuts und Fast food.

Literatur

BAACKE, D.: Jugend und Jugendkulturen. Darstellung und Deutung. Weinheim/München 1987 (2. Auflage 1992)

BAACKE, D.: Medienkulturen – Jugendkulturen. In: M. Radde/U. Sander/R. Vollbrecht (Hg.): Jugend – Medienzeit. Daten, Tendenzen, Analysen für eine jugendorientierte Medienerziehung. Weinheim/München 1988

BAACKE, D./SANDER, U./VOLLBRECHT, R.: Medienwelten Jugendlicher. Leverkusen 1991

BARTHEL, M.: So war es wirklich. Der deutsche Nachkriegsfilm. Berlin/München 1986

BAST, W.: James Dean – Idol einer Jugend. München 1957

BATTOCK, G. (Hg.): The New American Cinema. A Critical Anthology. New York 1967

BECKER, H. J./EIGENBRODT, M./MAY, M.: Unterschiedliche Sozialräume von Jugendlichen in ihrer Bedeutung für pädagogisches Handeln. In: Zeitschrift für Pädagogik, Heft 4, 1984

BEHNKEN, I./DU BOIS, R./ZINNECKER, J.: Stadtgeschichte als Kindheitsgeschichte. Lebensräume von Großstadtkindern in Deutschland und Holland um 1901. Opladen 1989

BLUNK, H.: Die DDR in ihren Spielfilmen. München 1984

BODY, V./WEIBEL, P. (Hg.): Clip Klapp Bum. Von der visuellen Musik zum Musikvideo. Köln 1987

BONDY, C., u. a.: Jugendliche stören die Ordnung. München 1957

BONFADELLI, H., u. a.: Jugend und Medien. Eine Studie der ARD/ZDF-Medienkommission und der Bertelsmannstiftung. Frankfurt/M. 1986

VON BREDOW, W./ZUREK, R.: Film und Gesellschaft in Deutschland. Dokumente und Materialien. Hamburg 1975

BRINKMANN, R. D. (Hg.): Silverscreen. Köln 1969

BUFORD, B. Geil auf Gewalt. Unter Hooligans. München 1992

BUNDESMINISTERIUM FÜR GESAMTDEUTSCHE FRAGEN (Hg.): Das Filmwesen in der sowjetischen Besatzungszone Deutschlands. Bonn/Berlin 1963

DIECKMANN, C.: My Generation. Cocker, Dylan, Lindenberg und die verlorene Zeit. Berlin 1991

DIENST, R.-G.: Pop-Art: Eine kritische Information. Wiesbaden 1965

ENGELHARD, G./SCHÄFER, H./SCHOBERT, W. (Hg.): 111 Meisterwerke des Films. Frankfurt/M. 1989

EISENBERG, G./GRONEMEYER, R.: Jugend und Gewalt. Reinbek bei Hamburg 1993

EPD FILM: Gemeinschaftswerk der Evangelischen Publizistik (Hg.), Frankfurt/M.

EVANGELISCHER FILMBEOBACHTER: Filmbeauftragter der Evangelischen Kirche in Deutschland (Hg.), München

FARIN, K./SEIDEL-PIELEN, E.: Krieg in den Städten. Berlin 1991

FARIN, K./SEIDEL-PIELEN, E.: Skinheads. München 1993

FERCHHOFF, W./SANDER, U./VOLLBRECHT, R.: Jugendkulturen und Medien. In: Kulturpolitische Mitteilungen, 1989

FILM-DIENST: Katholisches Institut für Medieninformation (Hg.), Köln

FILM-KORRESPONDENZ: Katholisches Institut für Medieninformation (Hg.), Köln

FILMKRITIK: Filmkritiker-Kooperative (Hg.), München

FISCHER FILM ALMANACH: H. Schäfer/W. Schobert (Hg.), Frankfurt/M.

FISCHER FILM GESCHICHTE, Bd. 3: W. Faulstich/H. Korte (Hg.), Frankfurt/M.

FISCHER, R./HEMBUS, J.: Der neue deutsche Film 1960–1980. München 1981

GENDOLLA, P.: Idole in den Massenmedien. Forschungsschwerpunkt Massenmedien und Kommunikation (MuK) an der Universität-Gesamthochschule Siegen (Hg.), Nr. 51, 1988

GREGOR, U./PATALAS, E.: Geschichte des Films 1940–1960. Reinbek bei Hamburg 1976

HEIN, B.: Film im Underground. Frankfurt/M. 1971

HEIN, B./KOCHENRATH, H.-P.: Unabhängiger Film – Underground / Das andere Kino. In: Film 1969, Velber bei Hannover

HEINZLMEIER, A./MENNINGEN, J./SCHULZ, B.: Road Movies. Action-Kino der Maschinen und Motoren. Hamburg 1985

HEINZLMEIER, A./MENNINGEN, J./SCHULZ, B.: Kultfilme. Hamburg 1983

HEITMEYER, E.: Rechtsextremistische Orientierungen bei Jugendlichen. Weinheim/München 1992

HEMBUS, J.: Der deutsche Film kann gar nicht besser sein. Ein Pamphlet von gestern – Eine Abrechnung von heute. München 1981

HOWLETT, J.: James Dean – A Biography. London 1975

JACOBS, L.: The Rise of the American Film. New York 1939 (Neuausgabe: New York 1968)

Jugendliche heute. Hörerforschung des NWDR (Hg.), 1955

Jugendwerk der Deutschen Shell (Hg.): Jugend '81. Lebensentwürfe, Alltagskulturen, Zukunftsbilder. 3 Bände. Hamburg 1981

Jugendwerk der Deutschen Shell (Hg.): Jugendliche + Erwachsene '85. Generationen im Vergleich. Bd. 2: Freizeit und Jugendkultur. Opladen 1985

KAHLENBERG, F. P.: Film. In: W. Benz (Hg.): Die Bundesrepublik Deutschland. Bd. 3. Frankfurt/M. 1983

KAISER, R.: Randalierende Jugend. Eine soziologische und kriminologische Studie über die sogenannten ›Halbstarken‹. Heidelberg 1959

KERSTEN, H.: Film in der DDR. München 1977

KLUGE-JINDRA, H. D./SCHÄFER, H. (Hg.): Jugend-Film '85. Zur Situation des Jugendfilms in der Bundesrepublik Deutschland Mitte der 80er Jahre. Oberhausen 1985

KÖNIGSTEIN, H.: James Dean. Hamburg 1977

KREIMEIER, K: Kino und Filmindustrie in der BRD. Kronberg/Ts. 1973

LENZ, K.: Alltagswelten von Jugendlichen. Eine empirische Studie über jugendliche Handlungstypen. Frankfurt/New York 1986

LENZ, K.: Die vielen Gesichter der Jugend. Jugendliche Handlungstypen in biographischen Portraits. Frankfurt/New York 1988

LIPPARD, L. R.: Pop-Art. London 1966 (deutsche Ausgabe: München/Zürich 1968)

MASTERS, R. E. L./HOUSTON, J.: Psychedelische Kunst. München/Zürich 1969

MEHNERT, K.: Jugend im Zeitbruch. Woher – Wohin? Stuttgart 1976

MÜCKENBERGER, C.: Prädikat: Besonders schädlich. Berlin 1990

PAETEL, K.-O. (Hg.): Beat. Eine Anthologie. Reinbek bei Hamburg 1962

PATALAS, E. (Hg.): Andy Warhol und seine Filme. Eine Dokumentation. München 1971

PAUS-HAASE, J. (Hg.): Neue Helden für die Kleinen. Münster/Hamburg 1991

PFLAUM, H. G./PRINZLER, H. H.: Film in der Bundesrepublik Deutschland. Frankfurt/M. 1982

PLEYER, P.: Deutscher Nachkriegsfilm 1946–1948. Münster 1965

PRINZLER, H. H./RENTSCHLER, E. (Hg.): Augenzeugen – 100 Texte neuer deutscher Filmemacher. Frankfurt/M. 1988

PROKOP, D.: Soziologie des Films. Frankfurt/M. 1982

RENAN, SH.: An Introduction to the American Underground-Film. 1967

ROESSLER, W.: Jugend im Erziehungsfeld. Haltung und Verhalten der deutschen Jugend in der 1. Hälfte des 20. Jahrhunderts unter bes. Berücksichtigung der westdeutschen Jugend der Gegenwart. Düsseldorf 1957

SCHÄFER, H.: Werner Nekes Filme. Mülheim/Ruhr 1985

SCHÄFER, H.: Das Zweite Kino. Schondorf/Ammersee 1980

SCHÄFER, H.: Film im Film. Selbstporträts der Traumfabrik. Frankfurt/M. 1985

SCHEUGL, H./SCHMIDT, E. jr.: Eine Subgeschichte des Films. Lexikon des Avantgarde-, Experimental- und Underground-Films. 2 Bände. Frankfurt/M. 1974

SCHLEMMER, G. (Hg.): Avantgardistischer Film 1951–1971: Theorie. München 1973

STRUCK, J.: Rock Around The Cinema. Die Geschichte des Rockfilms. München 1979

THIER, M./LAUFFER, J. (Hg.): Medienbiographien im vereinten Deutschland. Bielefeld 1993

TYLER, P.: Underground film. New York 1969 (deutsche Ausgabe: Frankfurt/M. 1970)

VERBAND DEUTSCHER FILMCLUBS (Hg.): Neuer Deutscher Film. Eine Dokumentation. Mannheim 1967

WALDEKRANZ, R./ARPE, W.: Knaurs Buch vom Film. München/Zürich 1956

WEISS, P.: Avantgarde Film. Stockum 1956

ZINNECKER, J.: Jugendkultur 1940–1985. Opladen 1987

ZINNECKER, J.: Jugend und Kultur 1940–1985. Opladen 1987

ZURHORST, M.: Die neuen Gesichter Hollywoods. München 1988

Quellenhinweis

Walter Kempowski, Tadellöser & Wolff
© Albrecht Knaus Verlag GmbH, München 1978

Jürgen Theobaldy, Sonntags Kino
© Rotbuch Verlag, Berlin 1978
© Palmenpresse, Neuausgabe Köln 1992

Der Abdruck von Textbeispielen aus diesen Büchern erfolgt mit freundlicher Genehmigung der Verlage.

Fotos: Deutsches Filmmuseum, Frankfurt/M., Filmarchiv Heiko R. Blum, Köln, sowie Archiv der Autoren.

Register

Personen

Ackermann, Anton 218
Adorf, Mario 158
Aghte, Arend 254
Anders, Günter 11
Anders, Helga 102
Anderson, Lindsay 99, 104, 105
Anger, Kenneth 40, 125
Antonioni, Michelangelo 99, 104, 108
Apted, Michael 250
Arkoff, Samuel Z. 70
Assayas, Olivier 195f.
Aykroyd, Dan 259

Baal, Karin 73, 75
Bademsoy, Tayfun 181
Badham, John 129
Bär, Dietmar 181
von Baky, Josef 52
Bardot, Brigitte 59
Bauer, Ottmar 29f., 30
Belmont, Véra 183f.
Belushi, John 259
Benedek, Laszlo 76
Bergman, Ingmar 120
Bernard, Chris 185
Berry, Chuck 250
Bertolucci, Bernardo 31
Bieler, Manfred 219
Bitomsky, Hartmut 36, 127
Blackburn, Paul 117
Blunk, Harry 229
Bodrow, Sergej 204f.
Bogart, Humphrey 112
Bogdanovich, Peter 54f.
Bohm, Hark 19, 144, 212, 254
Böttcher, Jürgen 222
Boukhanef, Kader 194
Bowie, David 245, 248
Boy, George 245

Brakhage, Stan 125
Brando, Marlon 59, 63, 81 f., 85, 112, 165, 196, 260
Brauer, Jürgen 233
Braun, Alfred 66f.
Brauners, Artur 66
von Bredow, Wilfried 74
Brendler, Julia 232
Bringmann, Peter F. 136
Brinkmann, Rolf Dieter 113f.
Brisseau, Jean-Claude 193
Brooks, Richard 63
Bros, Günter 29
Brühl, Hanno 200, 213
Brühl, Heidi 64, 67
Buchholz, Horst 71 f.,73
Büld, Wolfgang 131, 210
Burrough, William S. 113, 117
Bushell, Anthony 59
Byrne, Niall 191

Cage, John 114
Cain, Christopher 169
Camus, Albert 112
Carné, Marcel 98f.
Carow, Heiner 225
Carrere, Tia 258f.
Cavani, Liliana 31
Chabrol, Claude 98
Charef, Mehdi 193
Chase, Chevy 259
Clark, Dan 112
Clarke, Alan 199
von Collande, Volker 65
Columbus, Chris 250
Conner, Bruce 109
Coppola, Francis (Ford) 165f., 250f.
Corman, Roger 71, 174

Costard, Hellmuth 125
Courau, Clothilde 197
Cruise, Tom 85, 157, 165, 172
Cube, Ice 173

Dafoe, Willem 167
Dahm, Hans-Peter 232
Dallesandro, Joe 91, 119, 121, 126, 245
Davidson, Boaz 252
Dean, James 63, 77f., 81f., 85, 112, 165, 196, 260
Depp, Johnny 85
Deren, Maya 40
Dern, Bruce 71
Dichter, Ernest 95
Dieckmann, Christoph 224
Dillon, Matt 157, 163, 165f., 172
Disselkamp, Sascha 137
Doermer, Christian 102
Doillon, Jacques 196
Dos Passos, John 88
Doyle, Roddy 188
Dreyfuss, Richard 250
Driest, Burkhard 147
Dutschke, Rudi 97 f.
Dylan, Bob 108, 130
Dziuba, Helmut 230f., 236

Edel, Ulrich 148, 152
Eichenseher, Mark 137
Eichinger, Bernd 152
Enke, Werner 102
Estevez, Emilio 157, 165

Farin, Klaus 160f., 199
Farocki, Harun 36, 127
Fassbinder, Rainer Werner 104
Fellini, Federico 76, 99

Filmtitel